東京商工会議所編

ビジネス実務法務 検定試験®
3級公式テキスト

【2024年度版】

発行所／東京商工会議所
発売元／中央経済社

ビジネス実務法務検定試験®
3級公式テキスト2024年度版について

　近時、ビジネスの世界ではもちろん一般社会においても法律の知識は不可欠となっています。さらに企業においてはコンプライアンス（法令等遵守）が強く求められています。このような状況の中で、企業が法的な対応を適正に行うには、法務部門だけでなく、営業や製造等すべての部門で法律的な知識を修得している人材が必要となります。

　本検定試験は、開始以来の受験者数が90万人に上ります。

　2021年度からは、IBTおよびCBT形式という、インターネットを経由しての試験に変わり、これまで以上に受験しやすくなりました。

　2024年度版では、グローバル化・デジタル化などによるビジネスを取り巻く環境の急速な変化に対応し、また、学習内容の重要度や理解のしやすさ等を高めるための改訂を行いました。

　特に、DX（デジタルトランスフォーメーション）などによるデジタル社会の進展がビジネスに与える大きな影響に対応するため、各種の関連法規についての記述内容を充実させています。

　主要な改訂の内容は、次の通りです。

❶グローバル化やデジタル化などにより急速に変化するビジネスを取り巻く環境への対応や、学習内容の重要度や理解のしやすさ等の観点から、デジタル社会形成基本法等の記述を一新しています。

❷DX（デジタルトランスフォーメーション）などによるデジタル社会の進展がビジネスに与える影響に対応するため、サイバーセキュリティや電子商取引などに関する内容を掲載しました。

❸知的財産の分野におけるデジタル化や国際化の更なる進展などの環境変化を踏まえた、デジタル空間における模倣行為の防止、デジタル化に対応した知的財産手続等の整備などに関する内容を新たに掲載しました（不正競争防止法、第3章）。

❹著作権等の適切な保護に資するための著作物等の公衆送信等を可能とする措置などに関する内容を新たに掲載しました（著作権法、第3章）。

❺デジタル社会の基盤であるマイナンバー、マイナンバーカードについて、マイナンバーの利用範囲の拡大、マイナンバーカードの普及・利用促進などに関する内容を新たに掲載しました（マイナンバー法、第4章）。

❻ステーブルコインや電子マネーに対する規制に関する内容を掲載しました（資金決済法、第5章）。

❼消費者が事業者との間で締結した契約について、消費者保護を厚くするための改正（取消権の対象の追加、事業者の努力義務の拡充など）に関する内容を掲載しました（消費者契約法、第4章）。

❽民事訴訟手続の全面デジタル化に続く、民事関係手続のIT化等への対応に関する内容を新たに掲載しました（民事執行法・破産法・民事再生法等、第4章）。

東京商工会議所

目　次

第4章　企業活動に関する法規制

法律改正等に伴う修正や正誤等がある場合はホームページに掲載いたします。
（URLはhttps://kentei.tokyo-cci.or.jp/houmu）

CHAPTER

1

Legal system of business law

【第1章　ビジネス実務法務の法体系】

はじめに－ビジネス実務法務とは

　ビジネスパーソンが企業に所属し、ビジネス活動を日常的に進めるにあたり、法律の規定を意識することは少ないでしょう。

　しかし、普段はそれで問題がなくても、トラブルが発生した場合や例外的な取扱いが必要になった場合には、法律に対する理解や知識の有無で、適切な対応がとれるかどうかが決まることは明らかです。

　そして、会社のためによかれと思った行為でも、対応の仕方が不適切であれば、会社に重大な損害を与えることになりかねません。

　業務を効果的に遂行するため、多くの企業において、各種の標準契約書（あるいは標準約款）を用意し、実務処理マニュアルや実務慣行が作られており、ビジネスパーソンはこれらを学び、マスターすることにより業務を修得していきます。しかし、これらの契約書、マニュアル、慣行は、標準的・典型的実務の処理方法を定めているだけで、その背景や根底にある法的な考え方についての説明はあまりないのが実態です。

　そこで、本テキストでは、法律の体系を示しつつ、ビジネスに関係する法律を取り上げ、その原理や考え方のポイントを、実務に即して説明する構成をとっています。そのことによって、読者が、実際のビジネスで使用している契約書やマニュアル等に関する理解が深められ、イレギュラーな場合を含めた様々な状況に安定した対応ができるようになることを目指しています。

　本3級テキストの修得により、ビジネスパーソンが最低限心得ておくべき法律的なセンスや思考方法を体系的に身につけられ、日常業務で何らかの問題が生じても、その意味を的確に認識し、自信を持って次のような対応ができるようになります。

① 　法律を根拠として、どこにどのような問題があるのかを発見し、分析する。
② 　一定範囲の事項については、正しい判断で迅速に処理する。
③ 　自分だけで処理するのは危険であると判断した事項については、直ちに

　上司や関係部門の専門家に相談する。

　このような判断を円滑に行える実力を備えた人材を養成し、法的トラブルを未然に回避することが、ビジネス実務法務の教育目標であるといえます。

　本テキストは、企業活動の主要分野を広くカバーしていますので、これを理解・修得できれば、将来他部門に異動したり、担当業務が変わっても、スムーズに新しい仕事を処理する幅広い応用能力が身につくことが期待されます。

　また、本テキストは、将来、ビジネスの世界で活躍することを目指す学生の方々にも、ビジネス社会で必要とされる法的ルールは何かを学ぶにふさわしい基本書でもあります。

　ビジネス実務法務検定は、ビジネスパーソンに必要とされる基本的な法律実務知識の有無を検定する制度です。本テキストの内容を学習することにより、ビジネス実務法務検定試験3級合格に必要な知識を習得することができます。

第①節
ビジネスを取り巻くリスクと法律のかかわり

Ⅰ ビジネスと法律のかかわり

　私たちが生活している資本主義経済社会では、個人や企業が様々な財産やサービスについての取引を行い、また財産を支配し利用しています。こうした取引や支配の秩序や利用関係については、法律によってきわめて細かい規律がなされています。その意味で、私たちの生活すべてが、法律と無関係ではあり得ないのです。ここでは特にビジネスの場において、法律がどのようにかかわっているのかを説明します。

❶ ビジネスパーソンと法律とのかかわり

　ビジネスパーソンは、対外的な活動で取引先とかかわりを持つほか、取引相手ではない第三者、社会とも様々な接点を持ちます。また、ビジネスパーソンは企業組織の一員であり、所属する企業と深いかかわりを持っています。

　これらのかかわりは、経済的関係であるとともに、様々な法的関係を形成し、それぞれの法的性格に応じたルールにより、法的手順を踏んで取り扱われる必要があります。

（1）　ビジネスパーソンと取引先との関係

　ビジネスパーソンは企業の従業員として営業活動を遂行（すいこう）する中で、取引先の信用を調査・確認し、契約を締結し、契約から生じた債務を履行するとともに、相手方に対する債権を管理・回収します。また、金融機関から資金を借り入れ、原材料を調達し、保険に加入するといった活動を日常的に営んでいます。これらのすべての局面で、法制度の利用、法的調整が必要となります。

(2)　ビジネスパーソンと第三者との関係

　ビジネスパーソンは取引の直接の相手方でない第三者ともかかわりを持ちます。メーカーであれば、製品を小売店で購入した消費者から苦情が来るかもしれないし、製品が第三者の知的財産権を侵害しているかもしれません。また、従業員が交通事故を起こし、第三者に損害を与える危険もあります。これらの場面では、主に不法行為責任の問題として法律的な対応が不可欠です。

(3)　ビジネスパーソンと所属企業との関係

　ビジネスパーソンは役員や従業員として会社と法的な関係を有します。役員であれば取締役・監査役・会計参与等として、その活動について商法・会社法を中心とする法的な規制を受け、また、従業員であれば労働法・就業規則・労働協約等の法的なルールが適用されます。現代社会で大きな力を持つ企業は、社会の公器であると位置づけられており、業務の効率化と公共の福祉との調和の下で運営される必要上、関係法令の趣旨の理解と諸規定の遵守が求められています。

(4)　ビジネスにおける法律の重要性

　このように、現代はビジネスのあらゆる場面において法律がかかわっており、法律の規制を守り、それに従って行動することが求められています。例えば、従来の業界の慣行とは異なる法律が制定された場合には、それ以後は従来の慣行ではなく、制定された法律の内容に従わなければならないのです。その意味で、ビジネスパーソンにとって、法律の知識は必要不可欠なものということができます。

２　ビジネス実務法務の具体例

(1)　ビジネスパーソンとしての立場

　Ａは、あるメーカーＸ社の営業部の部員であり、自社および国内子会社3社の電気製品の販売（輸出を含む）業務を担当するとともに、上司である課長Ｂの指揮のもと子会社3社の経営をサポートする職務に従事しています。

子会社のうち1社はその株式を証券市場に店頭登録するに至っており、また新製品の開発に伴い、子会社をさらに2社新設する計画が進行中です。

Aは、日常業務において、1日平均2〜3件の取引にかかわるとともに、ほかにもBの指導のもとに社内案件の処理にかかわり、その調整・実施のため取引先や社内関係部門等との折衝も行っています。

(2) 業務の遂行とその方針

Aは、X社の従業員であり、業務を遂行する上で、上司をサポートするほか、法務部、人事部、経理部などの管理部門のスタッフにも報告・相談すべき立場にあります。

したがって、法律的な問題を含む案件についても、その大部分はBに相談してその指示に従うとともに、他部門との調整連絡を行う必要があります。

(3) Aをとりまく法律的問題

Aのこれまでの業務経験からすると、日常的に直面する法律関連の問題は、次のように整理することができます。

Aが処理すべき法律問題（Aに望まれていること）			課長Bが処理すべき法律問題
	（関連する法務リスク）	（本書の該当箇所）	（2級テキスト参照）
①取引を行う際、当社および相手方の法的な立場をどのように理解すべきか。 ②A自身が取引に関与する場合、どのような立場で行動するのか。その場合、法律上注意すべき点は何か。	・契約締結権限を有しない者と契約を締結するリスク ・会社の設立に関するリスク	第2章「企業取引の法務」 第2節「契約の成立」 Ⅱ　権利・義務の主体 Ⅳ　代理制度 第6章「企業と会社のしくみ」 第1節「法人と企業」 Ⅰ　法人 Ⅱ　企業の種類と機能 Ⅲ　企業が行う取引の特徴 第2節「会社のしくみ」 Ⅰ　会社の種類 Ⅱ　株式会社	株式会社、一般社団法人等の設立、運営を行うにはどのような法理論と手続を理解しておかなければならないか。 a.子会社の設立、他社の買収、他社との業務提携、合併、会社分割を進めるには、どのようなチェックと手続が必要か。 b.既存の子会社の運営（株主総会の招集・運営、取締役・監査役・執行役・会計参与の選任・解任、取締役会の招集・運営、（代表）取締役・（代表）執行役の業務執行、株主名簿の管理、利益・配当の管理等）を法的に問題なく行うにはどのような点に注意する必要があるか。 c.他社と共同して同業会社を設立し、運営したいが、法的に問題はないか。設立後の運営はどのように行えばよいか。
①契約（取引）が成立すると当社にはどのような権利・義務が発生するのか。 ②債務が履行されないとどのようなペナルティがあるのか。 ③契約の違いにより当社の権利・義務の内容にどのような影響があるのか。	・契約締結交渉に内在するリスク ・契約の効力、内容、解釈などにつき相手方と法的紛争が発生するリスク ・契約の履行に関するリスク	第2章「企業取引の法務」 第2節「契約の成立」 Ⅰ　売買契約の成立 Ⅲ　意思表示 Ⅴ　契約の効力の発生 第3節「契約成立後の法律関係」 第4節「売買以外の契約形態」	取引締結の決裁にあたっては、契約の種類ないし性格に応じてどのような点に注意すべきか。 a.売買、請負、委任等の典型契約は、それぞれどのような特徴を持ち、当該取引の約定にどのような影響を及ぼすか。 b.経営上重要な意味を持つ合併契約、業務提携契約、特許実施許諾契約等は、それぞれどのような点を法律的注意事項として交渉すべきか。 c.自社の海外取引に関して紛争が生じた場合、どのような法的手続に基づき解決されるか。また、紛争に備えてどのような法的対策を講じるべきか。
①取引の相手方から手形や小切手を受け取る場合、どのような点に注意すべきか。 ②手形を紛失したときどういう処置をすべきか。	・受け取った約束手形の不渡りのリスク ・裏書の連続のない約束手形を受け取るリスク	第5章「債権の管理と回収」 第2節「取引の決済（手形・小切手等）」	

①契約書など取引関連文書を作成するには、どのような決まりがあるか。 ②契約書作成上の注意点は何か。 ③契約書はどのように保管すべきか。	・合意した内容と契約書上の記載内容が異なるリスク ・契約書の管理に関するリスク	第2章「企業取引の法務」 第5節「ビジネス文書の保存・管理」	ビジネス実務の一部である文書の作成、管理、廃棄について、今後発生する法的諸問題を予測しつつ、どのような個別的取扱いを行えば法律的に必要な水準をクリアできるか。
①自社の関連施設内の事故で通行人などが負傷した場合どういう法的問題が生じるか。 ②営業中交通事故にあったらどう対応すべきか。	・管理施設において事故が発生するリスク ・営業活動を通じて交通事故が発生するリスク	第2章「企業取引の法務」 第6節「契約によらない債権・債務の発生〜不法行為等」	交通事故など、不測の事故の発生にはどのように対処すべきか。 a. 不法行為の成立によってどのような損害賠償義務が生じるか。 b. 従業員による不法行為などの事故について会社はどのような責任を負うのか。 c. 会社施設内で来客等が負傷した場合、いかなる責任が生じ、どのような対応が必要か。 d. 賠償責任保険はどのようなしくみか。
①会社財産といわれるものにはどのようなものがあるか。 ②会社ないし関連会社所有の不動産についてどのような点に注意して管理すべきか。 ③自社の製品は知的財産として保護されるか。	・固定資産の管理に関するリスク ・他者の知的財産権を侵害するリスク ・自社の知的財産権を侵害されるリスク	第3章「企業財産の管理と法律」 第1節「企業の財産取得にかかわる法律」 第2節「企業財産の管理と法律」 第3節「知的財産権」	会社財産を管理し、資金調達を行う際、心得ておくべき法律上のポイントは何か。 a. 預金、有価証券、不動産等の財産管理には、どのような法的知識が必要か。 b. 借入れ、新株発行、社債発行等による資金調達に際して法律上注意すべき点は何か。 c. 知的財産関連法は、何をどのように保護しているか。自己の業務に関連して保護の対象となっているものは何か。それをどのようにして保護すべきか。
①取引を開始する場合、相手方の信用についてどのような調査が必要か。 ②会社の売掛代金などの債権を回収するにはどうすべきか。 ③債権の担保とは何か。 ④取引の相手方から担保を取るにはどういう点に注意すべきか。	・債権回収に関するリスク ・納品した商品の引揚げに伴うリスク	第5章「債権の管理と回収」 第1節「通常の債権の管理」 Ⅰ　債権管理の必要性と信用調査 Ⅱ　日常的な債権の管理回収 第3節「債権の担保」	取引によって生じた債権を的確に管理するためには、どのような法的手続が必要か。 a. 取引先に対する与信に際してはどのような調査が必要か。 b. 債権を担保する法的手段としてどのようなものがあり、各担保の特徴をもとにそれをどのように活用すればよいか。

①取引の相手方が倒産した場合、自社の債権を回収するためにはどうしたらよいか。 ②倒産処理手続にはどのようなものがあるか。	・自社の倒産リスク ・取引先の倒産リスク ・債権回収が困難となるリスク	第5章「債権の管理と回収」 第4節「緊急時の債権の回収」	a. 取引先の経営が危うくなったときに、債権保全のためにどのような法的対策を講じればよいか。 b. 取引の相手方との法的トラブルについて、その紛争の解決にはどのような方法があるか。 c. 取引先が倒産してしまったときの処理手続と対応策にはどのようなものがあるか。
①同業他社との間で商品価格の取決めをしても問題ないか。 ②消費材を製造販売している場合に注意すべき法律上の規制は何か。	・規制法規の内容を知らずに取引をすることに起因するリスク ・自社商品の性質等につき虚偽の説明をすることのリスク ・消費者から契約を取り消されるリスク ・個人情報が漏えいするリスク	第4章「企業活動に関する法規制」 第1節「取引に関する各種の規制」 Ⅰ　経済関連法規 Ⅱ　消費者保護関連の規制 Ⅲ　その他の取引に関する規制	独占禁止法、消費者保護法等の経済法の重要性が高まっているが、ビジネスパーソンとしてはそれぞれどのような点に注意しながら活動すればよいか。 a. 独占禁止法は、どのような企業活動を禁止・規制し、どのようなことをすれば同法に抵触するのか。その場合の法的ペナルティは何か。 b. 消費者保護関連法は、具体的にどのような手段で消費者を保護しているか。自社製品で注意しなければならない点は何か。
ビジネスパーソンが陥りやすい犯罪にはどのようなものがあるか。	・役員や従業員が犯罪をなすリスク ・自社が犯罪の被害者になるリスク	第4章「企業活動に関する法規制」 第2節「ビジネスと犯罪」	会社法や経済法の違反行為はどのような刑事上の制裁を受けるか。
Aを含めて会社の従業員は法律上のような立場にあるか。	・セクシュアル・ハラスメントやパワーハラスメントが発生するリスク ・労務管理上のリスク	第7章「企業と従業員の関係」 第1節「従業員の雇用と労働関係」 第2節「職場の労働環境等にかかわる問題」 第3節「派遣労働における労働形態」	従業員（労働者）は、会社との雇用契約において、どのような保護を受けているか。 a. 労働基準法、労働組合法等において、経営者が承知しておくべき事項は具体的にはどのようなものか。 b. 社会保険はどのように運用されており、企業はこれにどのようにかかわっているか。
①取引の内容によっては妻が行った取引について夫も債務を負担することがあることを知っているか。 ②取引の相手が個人の場合、その相手が死亡したときはどのように処理すべきか。	・個人顧客に身分関係の変動が生じることに起因するリスク ・個人顧客に相続が発生することに起因するリスク	第8章「ビジネスに関連する家族法」 第1節「取引と家族関係」 第2節「相続」	

❸ これからのビジネス環境の変化に対する法律の影響

　経済社会の発展に伴い、法律がビジネスのルールとして果たす役割が増大しています。これは次のような要素が相互に作用しているからです。

① **経済の高度化**により新しい権利、例えば知的財産権（P.180参照）や環境権などが質的・量的にその比重を増しています。

② **経済の国際化・自由化**により、外国のビジネスパーソンを含めたすべてのビジネスパーソンに理解・納得できる透明なルールの制定が求められています。

　例えば、行政指導の透明性をより高め、法律に各種の基準を明記して、競争のルールを誰の目にも明らかにする法改正が相次いでなされています。独占禁止法の適用強化、金融商品にかかる不公正取引の罰則強化もこの流れと連動しています。

③ 社会における**権利意識の高まり**に伴って企業に対する責任追及も厳しくなっています。従来からの公害や各種事故に対する賠償請求のほか、製造物責任についても特別法の制定により企業の責任が追及されるケースが増大しています。

　また、企業活動の方針を決定し実際に運営する取締役・監査役に対しても、株主の代表訴訟による責任追及が活発になっており、役員の適正な経営判断が求められています。

④ **消費者保護の徹底**が進んでいます。消費者が事業者と契約をする際、情報の質・量や交渉力の差を踏まえて消費者を保護する一般的な法律としては、消費者契約法が挙げられます。さらに、訪問販売・通信販売など、特定の取引形態について、消費者を保護する法律として、特定商取引法が機能しています。どちらも、社会実態に合わせて実効的に消費者を保護するよう、改正を重ねています。

　また、金融商品取引法も、金融商品の取引については、適合性原則など特に事業者に義務を負わせて、消費者を保護しています。このほかにも定型約款制度の創設、オンラインモールや暗号資産（仮想通貨）などの新たなビジネスの形態に対する法規制など、消費者保護のための法律的整備が

大きな進展を見せています。

⑤ **情報化社会の進展**により、現代のビジネス社会においては、企業が活動していく上で様々な情報を活用することが必要不可欠です。企業は、入手した情報を分析・処理し、商品開発などに利用することにより、消費者や社会のニーズに応えていくとともに、自らも経営にかかわる情報や様々な商品・サービスなどの情報を、消費者や社会に提供することにより、経営を拡大しています。このように情報化社会においては、個人情報保護法の改正にも現れているように情報をどのような手段で入手するか（不正な手段による情報入手の回避）、また入手した情報をどのように利用するか（プライバシーの保護）、といった問題に重大な関心が払われています。

⑥ インターネットに代表される**IT**（information technology）**の発達**に伴い、社会基盤あるいは電子商取引の手段として利用されるようになったインターネットの分野でも、急速に法整備が進められています。

　例えば、電子署名・認証法（「電子署名及び認証業務に関する法律」）では、電子文書における本人確認の方法として、電子署名制度およびその認証機関について定められています。

　IT書面一括法（「書面の交付等に関する情報通信の技術の利用のための関係法律の整備に関する法律」）により、従来様々な行政サービスや商取引の手続として義務付けられていた書面交付に代えて、電子メールなどのデジタル通信手段やCD−ROMなどのデジタル記録による方法が書面交付とみなされることになりました。また、交付のみならず保存に関しても、会計帳簿等の電子保存を容認する電子帳簿保存法（「電子計算機を使用して作成する国税関係帳簿書類の保存方法等の特例に関する法律」）があります。

　また、電子消費者契約法（「電子消費者契約に関する民法の特例に関する法律」）は、インターネット取引契約において利用者の申込みのキー操作が誤操作であった場合、錯誤による取消しの主張を容易にしています。

⑦ 昨今の食品の偽装表示や自動車のリコール隠しなどに代表されるように、近時、企業の不祥事が企業内部からの通報（**内部通報**）によって発覚するケースが増えています。このような不祥事の通報者は、企業から解雇

その他の人事上の不利益な取扱い等を受けることがあり、企業のコンプライアンス（法令等の遵守）の推進の観点からも、内部通報に関するルールを定め、通報者を適切に保護することが必要です。こうした背景から、公益通報者保護法が制定・施行されています。この法律では、公益通報をしたことによる公益通報者の解雇の無効、降格・減給その他の不利益な取扱いの禁止等が定められるとともに、公益通報に関し事業者および行政機関がとるべき措置を定めることにより、公益通報者の保護等が図られています。

⑧ 近年のコンプライアンス（法令等の遵守）が重要視される状況の下で、企業は、暴力団を始めとする**反社会的勢力と一切の関係を持たないように**することが求められています。企業は、反社会的勢力に対しては、「暴力団員による不当な行為の防止等に関する法律」（暴対法）や地方自治体の条例に基づいて適切に対応しなければなりません。また、実際に反社会的勢力との関係で具体的な問題が生じたときは、警察その他の関係機関等とも連携して適切に対処することが必要です。

⑨ 近年では、国連において持続可能な開発目標（SDGs）が採択されたことから、わが国もこれを目標として、ビジネスとイノベーション・地方創生・次世代と女性のエンパワーメントのための施策が進められています。

このように、現在は企業活動を行っていく上で、法務リスクを適切に把握・管理するためにも、また法令等を遵守するコンプライアンス経営を進めるためにも、法令等の知識が不可欠な時代となっています。

Ⅱ ビジネス実務法務とコンプライアンス

❶ コンプライアンスとは

コンプライアンスとは、日本語では「**法令等の遵守**」と訳されます。企業がその活動を適正かつ妥当に行うために求められるものとして、「法令等の遵守」すなわちコンプライアンスの考え方が浸透してきています。

コンプライアンスという言葉の語源となった英語の「compliance」は、も

ともと「従うこと」あるいは「遵守」という意味であって、何に従うのか、何を遵守するのかを限定する言葉ではありませんでした。この言葉が日本語の「コンプライアンス」として広まるにつれ、それが遵守する対象が限定されることとなりました。

その対象が、法令（法律、政省令、条例等）や業界団体の自主ルール、企業の内規その他企業倫理や社会規範等のルールであることから、コンプライアンスはわが国では「法令等の遵守」として定着しました。

企業がその活動を適正かつ妥当に行うためには単に法令だけでなく、業界団体の自主ルール、各社の内規その他企業倫理や社会規範等のルールをも遵守しなければならないことはいうまでもありません。したがって、コンプライアンスがこれらを含めた法令「等」の遵守とされたことはいわば自然な流れということができます。

現在では、企業がその活動を適正かつ妥当に行うためには、「法令等の遵守」すなわちコンプライアンスは不可欠となっています。

❷ コンプライアンス違反の影響

企業がその活動においてコンプライアンス違反を惹起した場合の影響は、直接には、企業が遵守すべき対象のどれに違反したかによって次の通り異なります。

(1)　法令への違反

法令がその違反に対して罰則を定めているときには、その違反を行った役職員に罰則が科されます。また、その罰則が**両罰規定**であるときには、企業自身にも罰金等の罰則が科されることとなります。なお、行政法規などでは多くの場合、違反行為に対しまず監督当局等の勧告・命令等の行政処分があり、それにも従わないときにはじめて罰則が科されるという段階を踏みます。

罰則が定められていない場合であっても、法令に違反する違法行為を行えば、その結果として損害を被った者からは民事上の不法行為に基づく損害賠償請求等を受けることがあります。

また、罰則が定められていない場合であっても、例えば業法上の許可制や

登録制の定めがある場合に、その許可ないし登録が停止され、あるいは取り消されることもあります。従来営んでいた事業をそれ以後半永久的に行うことができなくなる可能性もあり、その意味でコンプライアンス違反が企業の存続に重大な危機をもたらすおそれもあります。

(2) 業界自主ルールへの違反

　業界自主ルールに違反した場合、その行為が同時に法令にも違反していれば、前記（1）と同様の結果となります。さらに法令への違反の有無にかかわらず、業界自主ルールに当該業界独自の制裁措置（せいさいそち）が定められていれば、その定めに従った制裁措置が発動されることがあります。

(3) 内規違反

　内規違反行為が同時に法令にも違反していたときには、前記（1）と同様の結果となることは業界自主ルールへの違反の場合と同じです。内規違反行為が単に役職員の個人的行為であるにとどまらず、企業自身の行為として、あるいは客観的にみて企業活動の一環と捉えられる態様の行為であった場合で、しかもそれが業界の自主ルールにも違反していれば、前記（2）と同様の結果となります。

　また、内規違反行為が当該企業の就業規則等によって懲戒事由（ちょうかいじゆう）として具体的に定められている場合には、行為者はそれに基づいて懲戒処分を受けることがあります。懲戒事由としての具体的な定めがなければ懲戒処分を受けることはありませんが（こうした定めがないにもかかわらず懲戒処分を行う、またはこうした定めよりも重い懲戒処分を行うことは企業の違法行為です）、昇給・昇格または賞与の査定等において不利に取り扱われることもあり得ます。

　内規違反行為が単なる役職員個人の行為でかつ企業外への影響がない場合であっても、それは顧客等企業の外部への影響が生じる潜在的可能性や、企業活動そのものが違法不当なものへと傾斜するおそれを持つ場合もあり、コンプライアンス違反はなお放置し得ないものです。

❸ ビジネス実務法務とコンプライアンス、CSR

コンプライアンスで遵守すべきものは、法令のみならず、業界団体の自主ルール、各社の内規その他企業倫理や社会規範等にわたります。しかし、その中でも法令がなお重要な位置を占めることは疑いがありません。

コンプライアンスと並んで最近しばしば取り上げられる概念に **CSR**（Corporate Social Responsibility）があります。CSRは、一般に「企業の社会的責任」と訳され、企業が利益の追求のみならず、様々な**ステークホルダー**（**利害関係者**；stakeholder）との関係で企業としての行動規範を策定し、これに従い適切に行動することを求める考え方です。このCSRとコンプライアンスの関係では、コンプライアンスがCSRの重要な一要素ないし前提であるとされます。コンプライアンスとビジネス実務法務との関係もこれと類似しており、ビジネス実務法務はコンプライアンスの重要な要素ないし前提であるということができます。

このようなビジネス実務法務とコンプライアンス、CSRの関係を視覚的にまとめると、次の図のようになります。

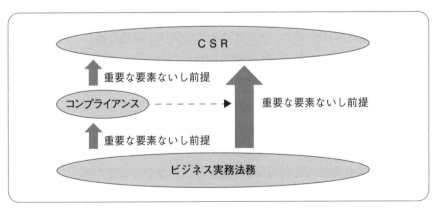

なお、コンプライアンスにおいて遵守すべき対象は法令にとどまるわけではありませんが、法令を遵守することの重要性はいささかも軽んじられるべきではありません。法令を遵守しない限りコンプライアンスが達成されることはあり得ません。

CSRとコンプライアンスとの関係についても同様に考えることができま

す。CSRにおいてはコンプライアンスはその一要素ないし前提にすぎません
が、コンプライアンスを実現しない限り決してCSRを実現することはでき
ないのです。

　すなわち、法令を遵守しない限りコンプライアンス、ひいてはCSRの達成・
実現はあり得ないということになります。そして、企業活動が適正・妥当に
行われるためには、個々のビジネスパーソンが主要な法令に精通しているこ
とは必須です。個々のビジネスパーソンがそれぞれの職務を遂行する場面に
おいて、法令を遵守していない限り、企業活動が適法に行われることはあり
ません。そして現在のように、法規制が複雑化し、かつ頻繁に法改正が行わ
れる時代には、個々のビジネスパーソンが施行中の法令やその改正予定の内
容に通じていなければなりません。

④ リスクマネジメントとコンプライアンス、CSR

　リスクマネジメントは、把握できるリスクを効率的に管理して、その予防
対策と事後処理対策を策定することであり、これにより事業の継続、発展を
目指すものです。そして、リスクマネジメントを考える上でコンプライアン
スは重要な概念の1つです。コンプライアンスは、前述の通り、一般に法令
等遵守と訳され、法令だけでなく業界団体の自主ルールや内規その他の社会
規範を遵守することを意味します。企業がコンプライアンスを効率的に実践
するには、企業活動に内在する法務リスクを的確に把握し管理すること、す
なわちリスクマネジメントが重要です。つまり、コンプライアンスを確立す
る上でリスクマネジメントは重要な前提となっています。

　一方、CSRは企業の社会的責任を意味し、企業を取り巻く様々なステーク
ホルダーとの関係で、単に法令等遵守（コンプライアンス）にとどまること
なく、より広範な視点から企業としての行動規範を自ら策定し、それを遵守
することを求める考え方です。近時、国際的にもCSRの考え方が重視され
つつあります。そのため、企業経営においてCSRの観点を重視することの
重要性は高まってきています。したがって、企業としてのリスクマネジメン
トの一環として、CSRの観点を取り入れ、CSRの観点から適切でない行動を

とることによるリスクを十分に考慮していく必要があります。

III ビジネスとリスク

　私たちが生活している資本主義経済社会では、個人や企業が様々な財産やサービスについての取引を行い、また財産を支配しています。とりわけ、企業は、営業所や工場を管理し従業員を雇用して、多くの取引先とかかわりを持ちつつビジネスを展開します。このように企業活動は広範囲にわたり、そこには多数のステークホルダーが存在するため、企業を取り巻く環境には様々なリスクが潜んでいます。ここでは、企業を取り巻く様々なリスクと法律とのかかわりについて説明します。

❶ 企業を取り巻く様々なリスク

　リスク（risk）とは、一般に、何らかの事態が発生する可能性のある不確定な要素をいいます。企業活動に関連するリスクには、取引先や第三者との法的紛争（訴訟リスク）、地震や火災の発生（災害リスク）、または投資の失敗による経済的損失の発生（投機リスク）などがその例として挙げられます。

　企業が、このような企業活動上のリスクを適切に管理しないと、思わぬトラブルにつながり、当該企業はその処理のために想定外の費用負担を強いられ、場合によっては、行政上の処分、刑事罰といった不利益を被ることがあります。さらに、情報漏洩事故や環境汚染事故などは、大きな社会的問題に発展することがあり、これらの事故を引き起こした企業は、その社会的信用を大きく失墜させ、時として企業の事業活動に致命的ともいえる打撃を受けることにもなりかねません。

　企業活動においては、様々なリスクを可能な限り把握した上でその予防を図るとともに、事故が発生した場合に備えて適切な対処方針を定めておくことが重要となります。

② リスクマネジメントの基本的考え方

(1) リスクマネジメントの視点

　企業活動においては、多数のステークホルダーを介在させながら様々な活動を広範囲に営む上、リスクとビジネスチャンスとを比較考量した結果、リスクの存在を認識しつつ活動をするという経営判断もあるため、その活動に伴うあらゆるリスクを完全に除去することは困難です。そのため、継続的・安定的に企業活動を行う前提として、リスクを適正に管理する必要があります。もっとも、企業は、利益の追求を本質とする存在ですから、個別具体的なリスクが顕在化した場合の損失に見合った費用を負担するという観点から、効率的なリスク管理が求められます。そこで、企業活動に伴うリスクを的確に把握し、リスクの顕在化による損失の発生を効率的に予防する施策を講じるとともに、リスクが顕在化したときの効果的な対処方法を予め講じることが重要となります。**リスクマネジメント**（risk management）は、このようなリスクの予防対策と事後処理対策を効率的に行う経営手法のことをいいます。

(2) リスクマネジメントのプロセス

　リスクマネジメントは、①リスクの洗出し、②リスクの分析、③リスクの処理、④結果の検証というプロセスを経て行われるのが一般的です。

　すなわち、まず、当該企業活動に存在すると予測されるあらゆるリスクを的確に把握し（①リスクの洗出し）、次に、①において把握したリスクはどの程度の確率で発生するか、また発生した場合の損害はいかなる規模かを推定します（②リスクの分析）。そして、分析されたリスクを回避・除去等するための方策を実施し（③リスクの処理）、最後に実施した方策に関する結果を検証し、必要な見直しを図ることになります（④結果の検証）。

（リスクマネジメントのプロセス）

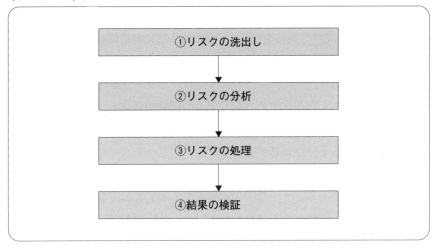

❸ リスクマネジメントとビジネス実務法務

　リスクマネジメントは、継続的・安定的に企業活動をする上で不可欠の要素です。この点、企業活動は法令等に適合している必要があり、企業が法令等に違反しては継続的・安定的な活動は望めません。その意味では、ビジネス実務法務の観点からも、リスクマネジメントを確立することは重要な課題となります。企業活動にかかわるリスクの中には、法令違反や契約違反、さらにこれらに伴う罰則の適用や損害賠償責任等の損失が生じることにより当該企業が被るリスク（以下、このようなリスクを「**法務リスク**」といいます）があります。法務リスクを認識し適切に管理することは、ビジネス実務法務の課題そのものといえます。以下では、企業活動におけるいくつかの側面につき、それぞれに関連する法務リスクを概観します。

（1）　企業取引にまつわる法務リスク

　企業取引にまつわる法務リスクとして、まず契約に関するリスクを挙げることができます。

　契約に関するリスクには、様々なものが想定されます。例えば、契約の効力、内容または解釈に関して、取引先等との間で法的紛争が生じ得る契約を

締結してしまうこと自体が1つのリスクであるといえます。また、商品の納期や代金支払いの遅延といった、契約の履行（りこう）に関するリスクがあります。さらに、契約締結に向けて交渉を開始したが、結果的に契約締結には至らなかった場合であっても、その交渉過程における企業対応いかんによっては責任が発生することがあり、契約締結前の交渉過程にもリスクが存在します。

　これらのリスクが顕在化すると取引先との関係が悪化し、ともすれば訴訟などの法的紛争が生じるおそれがあるため、契約を締結する際には、これらのリスクに対する十分な対処が必要です。

　また、契約の履行にかかわるリスクとして最も重要なものの1つに、取引先の倒産リスクがあります。取引先が倒産した場合には、自社の債権を回収することが著しく困難となるばかりか、それにより自社の資金繰りも悪化し、最悪の場合、連鎖倒産を引き起こす結果となるおそれもあります。したがって、企業としては取引先の信用状況については細心の注意を払い、十分にリスクマネジメントをする必要があります。

(2)　労務管理にまつわるリスク

　企業は、従業員との間で雇用契約を締結し、従業員に指揮命令することで実際の活動を営むため、企業活動においては労務管理上のリスクが存在します。

　例えば、セクシュアル・ハラスメント（セクハラ）や上司等が優位な立場を利用するなどして部下等に対して行われるパワー・ハラスメント（パワハラ）に関するリスク、従業員から社内に設置した内部通報窓口になされた内部通報が放置されて問題が深刻化し、外部への告発を招くといった内部告発のリスク、従業員が業務に従事中に災害に遭った場合の労働災害のリスクなどです。

　これらのリスクが顕在化すると、当該企業が高額の損害賠償責任を問われ、また行政処分や刑事罰の対象となるばかりか、当該企業に対する社会的信頼が大きく揺らぐことにもなります。そのため、企業としては、労務管理を徹底して、セクハラに関する男女雇用機会均等法、パワハラに関する労働施策総合推進法などの労働関連法規を遵守し、リスクを低減する努力が求められ

ています。

(3) 企業経営と株主対応にまつわるリスク

　企業経営における株主対応にまつわるリスクの例には、いわゆる株主代表訴訟リスクがあります。

　株式会社において、経営者である取締役は、会社に対して善管注意義務_{（ぜんかんちゅういぎむ）}や忠実義務等の義務を負い、取締役がその任務に反して会社に損害を与えた場合には、その取締役は、会社に対して損害賠償責任を負います。そして、この損害賠償責任は、第一次的には当該会社が追及するものの、第二次的に当該会社の株主が株主代表訴訟により追及することができるため、取締役等の経営者は責任を追及されやすい立場にあるといえます。

　株主代表訴訟は、取締役等に対し、会社への損害賠償を求めるものですから、直接的には企業のリスクはないともいえます。しかし、株主代表訴訟のリスクが大きいと、企業の経営判断が萎縮したり、取締役として優秀な人材の確保が困難になるなど、間接的に企業活動に対する影響が大きくなる可能性があります。この株主代表訴訟については、訴訟提起の手数料が低額である反面、近年、損害賠償額が高額化する傾向にあることから、そのリスクは企業経営に重大な影響を与える可能性があります。

　また、株主は、一般に、企業の経営基盤である財務状況を正確に把握することにより投資行動をします。そのため、企業経営者が違法または不適正な会計処理により、財務諸表や計算書類等の財務関連書類に虚偽記載をした場合、株主は重大な影響を受ける立場にあります。これにより、財務諸表等に虚偽記載がある場合には、株主が当該企業に対して責任追及をする可能性があります。したがって、株主対応にまつわるリスクとして財務関連書類の虚偽記載のリスクも重要です。

(4) 知的財産にまつわるリスク

　経済社会が高度化した現在では、技術や信用といった知的財産の価値が重要視されるとともに、知的財産を法的に保護すべき要請が高まっています。そのため、企業活動においては、知的財産に関して権利（知的財産権）を取

得するなどして、自社の知的財産が他者から侵害されないようにする必要が
ある一方で、他者の知的財産を侵害しないようにする必要があります。すな
わち、知的財産にまつわるリスクとして、知的財産について取得した権利が
喪失するリスクが存在するとともに、他社の権利を侵害することによる損害
賠償リスクが存在します。

　近年、知的財産に関する権利意識の高まりから、競合他社との間において
知的財産に関する紛争が多発しているだけでなく、職務発明をめぐる紛争が
生じ、その賠償額等も高額になっていることから、知的財産リスクは企業活
動にとって重大なリスクとなっています。

(5)　情報管理にまつわるリスク

　企業は、その活動に伴って多数の個人情報を取得することがあるだけでな
く、取引先等の機密情報を取得することもあります。企業活動においては、
これらの情報管理にまつわるリスクが存在します。

　情報化社会の進展により、顧客情報などの個人情報に一定の価値が認めら
れる一方、個人情報保護法の認知度が数次にわたる改正で上がること等によ
り、個人情報に対する権利意識が高揚しています。そのため、個人情報を漏
えいした企業は、多数の顧客等から損害賠償請求を受けるだけでなく、大き
な社会的非難を受けることもあります。また、企業の有する機密情報には、
通常一定の価値が認められるため、自社の機密情報が漏えいすると多大な損
失が発生することとなります。逆に、例えば、自社の従業員が他社の機密情
報を不正に取得・漏えいした場合などには、多額の損害賠償を請求されるお
それもあります。特に近年、雇用の流動化により中途退社・中途採用が増加
する中、中途退社をした者が自社の機密情報を持ち出したり、中途採用者が
他社の機密情報を持ち込むリスクが増加しています。

　企業としては、これらの情報管理にまつわるリスクを適切に管理すること
が必要です。

第2節
企業活動の根底にある法理念

Ⅰ ビジネス実務法務における契約の重要性

　すでに述べた通り、ビジネスと法律のかかわりは種々の局面で生じますが、そのうち最も重要なのは「契約（取引）による法律関係の形成」です。

　そこで、各法律の具体的説明に入る前に、契約（取引）には通常どのような法律的側面があるかを整理します。

COLUMN　　　　契約と取引

　厳密にいえば、契約と取引とは同じではありません。契約という言葉は、後に述べる通り（P.40参照）、当事者間での権利・義務に関する相対立する意思の合致（売買の場合には、売主の売るという意思と買主の買うという意思の合致）を意味する法律用語であるのに対して、取引という場合には、契約が結ばれる以前の段階での両者間の交渉、駆引きといったことまで含めた日常用語として使われるのが一般的だからです。

　ここでは、よりなじみのある取引という言葉を契約とほぼ同じ意味で用います。

❶ 契約（取引）に関する法律問題

　例えば、商品の売買契約（取引）に関しては、次のような法律関係が問題となります。
① 契約の内容をどのように定めるか（契約の締結の問題）
② 日常的に行う商品発注は契約としての効果があるか（反復継続的な契約の問題）

③　商品の品質や数量、商品引渡しの時期などが取決め通りに履行されるか（売買の内容および売主の債務履行の問題）

④　商品代金が取決め通りに支払われるか（買主の債務履行の問題）

⑤　売買契約を締結した後、目的物の引渡しをする前に、買主・売主のいずれにも責任がなく、売買目的物が滅失してしまったとき、買主は代金を支払わなければならないか（危険負担の問題）

⑥　商品代金の支払手段として、手形や小切手を用いるか（有価証券の問題）

⑦　取引の相手方の支払能力など信用をどのように把握するか（日常的債権管理）

⑧　取引の相手方が支払困難に陥ったときにはどのように代金を回収するか（緊急時の債権回収）

2 法律的に見た契約（取引）

　取引に関するルールには様々なものがあります。例えば、卸売商・小売商間の比較的少額の日常的取引は、注文書によって発注し、注文請書によって受注することが行われていますが、注文書・注文請書の契約上の意味や契約としての拘束力をどう考えるかが問題となります。

（1）　契約（取引）の有償性と対価性

　企業は収益を上げるために取引をしているのですから、企業間の取引はほとんどが**当事者双方の経済的な負担を内容とする有償契約**です。そして、経済的な負担は、一方が他方に比べて極端に大きいというような不均衡な関係ではなく、均衡した関係（**対価的関係**）にあります。

　例えば、「売買」契約では、売主が買主に商品を引き渡すという経済的負担と、買主が売主に代金を支払うという経済的な負担が、対価的関係に立つ有償契約です。また、利息を受け取って金銭を貸す「利息付金銭消費貸借」契約では、貸主が金銭を借主に渡して利用させるという経済的負担と、借主が貸主に利息を支払うという経済的負担が、対価的関係に立つ有償契約です。

　相互の経済的負担が対価的関係にあるかどうかは、客観的に決まるわけで

はなく、当事者の主観で決まります。したがって、製造原価に相当額の利益（利潤）を見込んで商品を販売する場合も、当事者が合意し、納得して売買したのですから、代金と商品の間には対価的関係があります。

　このように、ビジネスにおいて行われる契約はほとんどが有償契約ですが、契約の中には**無償契約**という契約類型もあります。**無償契約は、取引当事者の双方が対価的な経済的負担を負うことを内容としない契約**です。例えば、災害の被災者に金銭や品物を贈ったり、慈善団体に寄付したりする「贈与」契約や、利息なしに金銭を貸す「無利息金銭消費貸借」契約などがあります。

(2)　契約（取引）の成立により発生する効力

　いったん契約（取引）が成立すると、次のような効力が生じます。

① 　当事者の一方の意思のみでは契約関係を解消できないのが原則です（契約の拘束力）。解消することができるのは、一方に債務不履行があった場合（契約の解除）や、両当事者の合意がある場合（合意解除）などに限られます。

② 　債務が履行されない場合には、裁判手続等を経た上で強制執行を求めることができます。

③ 　契約によって生じた義務（債務）の履行に関し、当事者の一方が他方に損害を及ぼした場合、損害賠償請求や契約解除などが認められます（債務不履行責任、契約不適合責任、P.87、P.95参照）。

(3)　契約（取引）内容の確定時期

　契約は、通常は取引当事者の意思が合致した時に成立します。当事者の意思の合致とは、誰が契約の相手方なのか、取引の対象となる商品（取引の目的）は何か、また、商品の数量や代金はいくらか、商品の納期はいつか（履行期）、納品場所はどこか（履行場所）、代金支払時期はいつか、といった主要な取引内容・取引条件について両当事者が合意することです。

II ビジネス実務と私法の基本原理

　ビジネス実務法務に主にかかわる法律は私法（P.34参照）ですが、私法の中でビジネスにかかわる中心的な法律は、**民法**と**商法**および**会社法**です。特に民法は、私法の根本となる法律であり、商法などの他の私法や社会法においても、民法の考え方が前提となっていることが多いのです。ビジネス法務における基本的な考え方は民法に規定されているといっても過言ではなく、民法の考え方を理解することが極めて重要です。そこで、次に民法がどのような考え方に基づいて定められているのかを考えます。

❶ 個人の平等性と権利主体性

　第一は、**すべての個人が平等に権利主体として扱われる**という原則（**権利能力平等の原則**）です。なお、個人に権利主体性が認められるといっても、個人だけが権利主体たり得るというわけではなく、会社や各種の団体にも一定の要件の下で法人格が認められ、ビジネスの世界においては量的にも質的にも極めて大きな役割を果たしています（権利主体および権利能力については、P.54参照）。

❷ 私的自治の原則

　第二は、**権利主体（個人・法人）は、私法上の法律関係を自己の意思に基づいて自由に形成することができる**とする原則であり、これを**私的自治の原則**といいます。この原則は、取引については、**契約自由の原則**として現れます（P.43参照）。契約自由の原則とは、契約するかしないか、誰を相手とするか、いかなる契約内容とするか等について、当事者間で自由に定め得るとするものです（民法521条・522条2項）。

　しかし、私的自治の原則は、対等な力関係に立つ当事者間では健全に機能しますが、企業と消費者、大企業と中小企業など当事者間に力の差がありすぎるときは、ややもすると強者の要求を一方的に弱者に押しつけることを手

助けする役割を演じかねません。そこで、弱者保護・実質的平等確保のために、当事者の合意によっても修正できない強行法規（P.33参照）が設けられるなど、私的自治の原則が修正されることがあります。

❸ 私有財産制－財産権の保障

第三は、**個人が物を全面的に支配する私有の権利（所有権）は、不可侵のものとして尊重され、他人によっても、国家権力によっても侵害されない**とする、**所有権絶対の原則**です。

財産権を保障するこの原則も行き過ぎると、戦前の日本において見られたように大地主と小作農のような極端な貧富の差を生み出すことになります。そこで、現代においては、**私有財産権は公共の福祉により制約される**（憲法29条2項）ものとされ、所有権絶対の原則も修正されています。

❹ 過失責任主義

第四は、**過失責任主義**と呼ばれる原則で、**人はたとえ他人に損害を与えても故意・過失がなければ損害賠償責任を負わない**とするものです。これにより、過失（故意を含む）さえなければ責任を問われることはなく、その結果、企業は自由な経済活動を行うことができることとなります。現在の企業の発展もこの原則に負うところが大きいのです。

しかし、危険を伴う活動によって、一方では損害を受ける人達がいるのに対し、他方ではそのような企業活動を行って多大な利益を得ている者があるという不公平が目に余るようになりました。そこで、この不公平を是正しようとする考え方が生まれています。いわゆる**無過失責任**論です。

一方、加害者側に無過失の立証責任を課す立証責任の転換によって不公平の是正を図ろうとする立法制度も増えつつあります。従来の過失責任の原則を修正・否定する法律の例として、具体的には、自動車損害賠償保障法、各種の環境保全関係法、製造物責任法などがあります。

Ⅲ 財産権の多様化

　例えば、A社がB社に商品を売る場合、A社からB社に商品の所有権が移転し、他方B社からA社に代金が支払われます。このように企業取引などの経済的取引は、財産的価値の取得や移転を目的として行われます。

　財産的価値を対象とする権利を財産権といいます。民法上の財産権は、物権と債権に分けられます。

❶ 物権とは

　物権とは、所有権（民法206条）**のように特定の物を直接的・排他的に支配できる権利**です。例えば、自分の所有する土地に他人が無断で入り込んで占拠している場合、その他人に自分の所有権を主張し、土地からの退去を請求することができます。ビジネスに関しては、商品の売買（商品の所有権が移転する）や不動産の取得（財産の所有権を取得する）などの場面で問題となります。

　財産権といえば、一般にこうした物の所有権をいいますが、所有権に一定の制限を加える物権として、**用益物権**と**担保物権**があります（両者を合わせて「制限物権」といいます）。**用益物権とは、他人の物を利用することを内容とする物権**であり、地上権や地役権などがあります。地上権は、他人の土地に建物や橋などの工作物や竹木を所有するために、その土地を使用する物権です（民法265条）。また、地役権は、自分の土地から公道に出るために他人の土地を通る場合のように、自分の土地の便益のために、他人の土地を利用する物権です（民法280条）。

　担保物権とは、物の利用を目的とするのではなく、債権の担保のために物の価値を把握する物権であり、留置権や質権・抵当権などがあります（第5章第3節参照）。

❷ 債権とは

　債権とは、特定の人に対して一定の行為を請求できる権利です。例えば、売主が買主に対して商品の代金を支払えという場合は代金債権の問題となり、買主が売主に対して商品を引き渡せという場合は商品の引渡債権の問題となります。債権のその他の例として、銀行預金の払戻請求権、賃貸借契約における賃料請求権、自動車事故の被害者の損害賠償請求権などがあります。

❸ その他の財産権

　先に述べたような物権や債権以外に、現在は個人や企業の知的な活動により創造された財産が重要な地位を占めています。このような財産を対象とする権利を**知的財産権（知的所有権）**といいます。知的財産権には、特許権・実用新案権・意匠権・商標権・著作権などがあります。これらは、権利の対象となる知的財産自体を公にして保護するものですが、逆にノウハウ・トレードシークレット（営業秘密）・顧客関係（顧客リスト）のように、財産的価値のあるものを公にせずに保護する場合があります。こうしたものについても現在は権利性が認められています（第3章第3節参照）。

COLUMN　　所有権の対象

　民法上、所有権の対象となるのは「物」です（民法206条）。そして、ここでいう「物」は「有体物」です（民法85条）。民法が、所有権の対象を「有体物」に限っているのは、所有権の客体を確定する必要があったからです。

　もっとも、現代では「情報」にも財産的価値があることは常識となっています。発明や著作物のように人の知的活動によって生み出された知的財産は「情報」なので、民法による所有権の対象とはなりません。しかし、高い財産的価値があるので、知的財産権として、特許法・著作権法・実用新案法・意匠法などの知的財産法によって保護されています。

法律の基礎知識

　私たちの職場や家庭での生活は、様々な部分で法律とかかわりを持っています。特に企業取引に代表されるビジネスの場面では、法律のルールを守りながら、財産上の利益確保（営利性）を求める必要があり、ビジネスに関係する法律の内容を理解しておくことが望まれます。

　そこで、わが国にはどのような法律があり、それらがビジネスにどのように関係してくるのかを考えてみましょう。

1 法律の体系

(1) 法律とは

　法律は、道徳や習俗・宗教などとともに、私たちが取引を行ったり日常生活をしていく上で、行動の指針となり、また善悪を判断する基準となるものです。このような基準を社会規範といいますが、法律は社会規範の重要な部分であり、道徳と似た面があります。例えば中世ヨーロッパでは、キリスト教の影響で貸金に利息を付けることが法律で禁じられていました。これは、法律が宗教的ないし社会的強制力を伴う道徳的な規範であった1つの例ということができます。

　しかし、法律は、その内容が組織的な社会の力、特に国家権力によって強制的に実現される点で、道徳など他の社会規範と大きく異なっています。例えば「約束は守らなければならない」という道徳の強制力は主に心理的なものですが、法律では契約（約束）の履行は国家権力（主として裁判所）によって強制的に実現され、違反すればペナルティとして損害賠償など様々な現実的不利益が違反者に跳ね返ってくることになります。

（2）「法律」に含まれるもの

　一言で「法律」といっても、実際にはいろいろな意味で使われています。最も狭い意味では、憲法・民法・商法・刑法・独占禁止法などのように、国会で制定されたものをいいます。

　しかし、日常の生活の中で「法律」といった場合には、必ずしもこのような狭い意味だけで使われているわけではありません。例えば、内閣が制定する命令である政令、各省が制定する命令である省令、都道府県などの地方公共団体が定める条例、国会や最高裁判所が定める規則なども含めた意味で「法律」という言葉が使われることもあります。特に、政令や省令は、主として法律の規定を実施するための細目を定めており、ビジネスにおいては法律と同様に重要なものです。

　さらに、最も広い意味では、こうした文書の形で表されたもの（成文法）だけでなく、慣習法や判例法のように文書の形には表されていないもの（不文法）の、国家権力による強制力が認められているものを含めて「法律」という言葉が使われています。

　なお、法律ではないものの法律と同様にビジネスと重要なかかわりを持つものとして、通達があります。通達は各省大臣や行政委員会などの長が法令の解釈や運用方針などについて発するものであり、ビジネスを行う上で重大な影響があるものです。

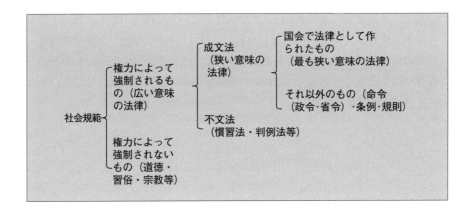

法律の成立、公布、施行

　法律案は、憲法に特別の定めのある場合を除いては、衆議院および参議院の両議院で可決したとき法律として成立します（憲法41条・59条1項）。

　法律は、成立した後、議院の議長から内閣を経由して奏上された日から30日以内に公布されなければなりません（国会法65条1項・66条）。法律の公布は、公布のための閣議決定を経た上、天皇の国事行為として行われます（憲法7条1号）。公布された法律は、官報に掲載されます。

　公布は、成立した法律を一般に周知させる目的で、国民が知ることのできる状態に置くことをいいます。法律が現実に発効し、作用するためには、その前に公布されることが必要です。

　実際の社会で法律の運用が始まることを法律の施行といい、通常、国民への周知の観点から公布後一定期間をおいて施行されています（ただし、公布の日から施行される法律もあります）。

　一般に、法令は国民の権利義務に影響を与えるものであることから、新しい法令をその施行の時点よりも遡って適用すること、すなわち法令の遡及適用は、法的安定性を害し、国民の利益に不測の侵害を及ぼす可能性が高いため、原則として行うべきではないとされています（法律不遡及の原則）。とりわけ、罰則については、罪刑法定主義の観点から、憲法39条において遡及処罰の禁止を明文で規定しています。ただし、国民の利益になる場合や、国民の権利義務に影響がない場合には、遡及適用が許されることもあります。

　なお、それまでの法制度から新しい法制度に円滑に移行できるようにするための工夫のひとつとして、「経過措置」と呼ばれるものがあり、多くの場合法律の附則で規定されます。附則の規定内容は様々であり、新旧法令の適用関係や従来の法令による行為の効力、罰則の適用に関する経過的な取扱いなどを挙げることができます。

❷ 法律の分類方法

　法律には、その目的や機能を異にした多くの種類があり、様々な観点で分類されます。分類の仕方には次のものがあります。

(1)　法律の形式による分類

ア) 成文法と不文法

　法は、文書の形に表わされているか否かによって成文法と不文法に分けられます。成文法は、現代では立法機関である国会が定める制定法とほぼ同じです。

　これに対し、不文法には、慣習法や判例法などがあります。慣習法とは、慣習（人の行動様式のうち反復して繰り返されるもの）のうち法的効力を認められたものをいいます。また、判例法とは、裁判所の判決に含まれている法理のうち、他の類似の事件についても繰り返し判断基準とされることにより法的効力を有するに至ったものをいいます。

イ) 一般法と特別法

　法の適用領域が限定されず、一般的なものを一般法といいます。これに対して特別法は、対象となる事柄や人または地域など法の適用領域が限定されている法律です。

　例えば、私人間の取引一般には民法が適用されますが、その中でも特に、企業などの商人間の取引には商法が適用されます。すなわち、民法と商法とでは、民法が一般法、商法が特別法となります。

　特別法は一般法に優先して適用されるのが原則です。したがって、同じ取引でも商人間の取引には、民法に優先して商法が適用されます。

　同様に労働法も民法（雇用に関する規定）の特別法に位置付けられています。

ウ) 強行法規（強行規定）と任意法規（任意規定）

　強行法規と任意法規は、当事者間で法律の規定と異なる別の定めができるか否かによる区分です。

強行法規とは、当事者がこれと異なった内容を取り決めることができない、つまり当事者の意思にかかわりなくその適用が強制される規定をいいます。これに対し、任意法規とは、当事者が別の定めをするなど、当事者がそれに従う意思がないと認められるときは、その適用が強制されない規定をいいます（民法91条）。当事者が任意法規と異なる内容の取決め（約定）をした場合、その約定が法律の規定に優先します。

法律のある規定が任意法規か強行法規かの区別は実際には容易ではありません。強行法規であると明示されていることもありますが（借地借家法9条・30条）、そうでない場合には規定の趣旨を考慮し、当事者の意思によってその規定を排斥することを許すものか否かで判断されます。

私法関係の規定でも、例えば、所有権などの物権や会社に関する規定など社会経済の基本的秩序を維持するための規定には、強行法規が多くみられます。これに対して、契約の自由を基本原則としている契約・債権に関する規定には任意法規とされるものが多いのですが、弱者保護規定には強行法規とされるものもあります。

このほか、法律の規定の中には、**取締規定**と呼ばれるものがあります。

取締規定とは、経済政策や行政目的（取締目的）に基づき、国民に対してある行為を制限し、または禁止することを定める規定をいいます。

取締規定に違反した場合には、通常、行政罰や許可の取消しなどの制裁が科されることになりますが、私法上の効力には一般に影響がありません。例えば、道路運送法で白ナンバー車によるタクシー業（俗に白タクと呼ばれるもの）は禁止されていますが、客との間で結んだ運送契約の効力自体が無効とされることはありません。

ある規定が取締規定か否かは、その規定の文言だけでは明白でない場合が多く、法の趣旨・目的などに照らして判断されることになります。

（2） 法律の内容による分類

ア）公法と私法

法律は、その法の規律を受ける者が誰であるかによって、公法と私法に分けられます。法の規律を受ける当事者の双方が私人の場合に適用される法を

私法といいます。これに対して、その双方または一方が国家機関（国・地方公共団体など）である場合、私人間とは異なる規律がなされる必要がありますが、そのような規律のための法は公法といわれます。

公法（広義のもの）には、憲法・刑法・行政法などがあり、また私法には民法や商法などがあります。ビジネス実務法務に関係するのは、主として私法です。

COLUMN　　公法と私法の区別

　公法と私法の区分は、現在では次第にあいまいになってきています。本来は私法の領域であるとされてきた市民や企業間の法律関係についても、社会の発展・複雑化に伴い、社会的弱者の保護など一定の公益的見地から国家の積極的干渉を根拠づける法律（社会法と呼ばれる）が制定されています。労働基準法を始めとする労働法や独占禁止法などがその例です。これらは、ビジネス実務法務においても重要です。また、国や地方公共団体も私人と同じ活動をすることがあり、その場合には私法が適用されます。

イ）民事法と刑事法

　民事法とは、私人間の紛争を解決する民事裁判の基準となる私法の実体法（民法や商法など）とその手続法（民事訴訟法など）の総称です。また、刑事法とは、国家が国民に対して刑罰を加えるための刑事裁判の基準となる実体法（刑法など）とその手続法（刑事訴訟法など）の総称です。

ウ）実体法と手続法

　実体法は、権利・義務など法律関係の内容（実体）を定める法律です。これに対し手続法は、実体法の内容を実現するための手続を定める法律です。

　例えば、実体法である民法は、他人の過失によって財産上の損害を受けた者は、加害者に対して損害賠償請求権を有することを規定していますが、被害者が実際に裁判で加害者に損害賠償を請求するには、民事訴訟法という手続法による必要があります。

民法・商法・会社法・刑法などは実体法に属し、民事訴訟法・刑事訴訟法などは手続法に属します。

❸ 権利の実現方法

（1） 権利・義務とは

私たちがビジネスで、あるいは日常生活で行っている行為には、法律にかかわりのあるものが多くあります。例えば、会社への通勤のために交通機関を利用したり、会社の運転資金について金融機関から融資を受けたり、身近なところでは食料品を購入したり、といったことまでがすべて法律にかかわりのある社会生活関係です。

このように法律にかかわりのある社会生活関係を法律関係といいますが、法律関係は一般に**権利と義務の関係**として表されます。**権利とは、相手方（他人）に対して一定の行為をすること（あるいはしないこと）を法によって主張できる力**をいい、**義務とは相手方（他人）に対して一定の行為をすること（あるいはしないこと）を法によって強制されること**をいいます。

例えば、自動車の売買では、売主には代金を支払えという権利と自動車を引き渡す義務が生じ、買主には自動車を引き渡せという権利と代金を支払う義務が発生します。

（2） 権利の行使—自力救済の禁止

権利の内容を実現する行為、例えば売主が代金の支払いを請求し、買主が自動車の引渡しを請求することを権利の行使といいます。権利の行使に対して相手方が応じればよいのですが、応じない場合はどうすればよいでしょうか。代金を支払ったにもかかわらず、売主が自動車を引き渡さない場合、買主としては自らその自動車を力ずくで自分の支配下におくことができるでしょうか。

このような実力行使を**自力救済**といいますが、**権利を有する者が自力で権利を行使することは原則として許されません**。自力救済を認めてしまうと、本来は権利がないにもかかわらず、実力行使がなされるといった誤った権利

行使がなされるおそれがありますし、また権利がある場合でも過度の暴力が用いられるおそれがあり、社会秩序が保たれなくなるからです。

そこで、権利の行使に対して相手方が応じない場合には、裁判所の手続を通じて権利を実現していくことが大原則となっています。

（3）　裁判による権利の実現

法律上のトラブルは最終的には裁判所によって解決されることになります。裁判を受ける権利は、国民の基本的人権として憲法で保障されています（憲法32条）。

ア）裁判所の種類

裁判所には、最高裁判所、高等裁判所、地方裁判所、家庭裁判所、簡易裁判所の5種類があります。それぞれの裁判所は、管轄する事件の種類が定まっており、階層をなしています（次頁図参照）。

イ）裁判所で扱う訴訟の種類

裁判所で扱う訴訟は、**民事訴訟**（私人と私人の間の権利義務に関する争いの解決を目的とする訴訟）、**刑事訴訟**（犯罪を犯した人に対して国家が刑罰を科すことができるかどうかを決めるための訴訟）と**行政訴訟**（行政権の行使その他の公法上の権利関係についての争いを解決することを目的とした訴訟）に分けられます。

このように裁判といっても、民事訴訟、刑事訴訟と行政訴訟では性質が異なることに注意しなければなりません。

民事訴訟、刑事訴訟、行政訴訟のいずれについても、ある事件についての裁判に対して不服があるときには、より上級の裁判所に対して再審査を求める（これを**上訴**という）ことができます（これを**審級制度**という）。

上訴には、**控訴**と**上告**とがあります。控訴とは、第一審の判決に不服のある当事者が上級の裁判所に再審査を求めることであり、上告とは、第二審（控訴審）に不服のある当事者がさらに上級の裁判所に再審査を求めることです。

〈裁判制度〉

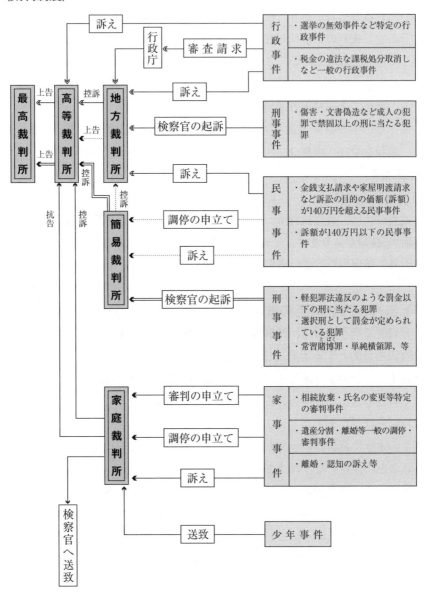

訴え

審査請求

行政庁

| 行政事件 | ・選挙の無効事件など特定の行政事件 |
| | ・税金の違法な課税処分取消しなど一般の行政事件 |

最高裁判所

高等裁判所

地方裁判所

簡易裁判所

家庭裁判所

上告　控訴

上告

上告

控訴

控訴

抗告　控訴

控訴

訴え

検察官の起訴

| 刑事事件 | ・傷害・文書偽造など成人の犯罪で禁固以上の刑に当たる犯罪 |

訴え

調停の申立て

訴え

| 民事事件 | ・金銭支払請求や家屋明渡請求など訴訟の目的の価額（訴額）が140万円を超える民事事件 |
| | ・訴額が140万円以下の民事事件 |

検察官の起訴

| 刑事事件 | ・軽犯罪法違反のような罰金以下の刑に当たる犯罪
・選択刑として罰金が定められている犯罪
・常習賭博罪・単純横領罪、等 |

審判の申立て

調停の申立て

訴え

家事事件	・相続放棄・氏名の変更等特定の審判事件
	・遺産分割・離婚等一般の調停・審判事件
	・離婚・認知の訴え等

送致

少年事件

検察官へ送致

CHAPTER

2

Legal affairs on business transactions

【第2章　企業取引の法務】

第1節
契約とは

1 契約と約束との違い

(1) 契約と約束の比較

　わたしたちの生活は、「契約」とは切っても切れない関係にあります。例えば、会社に出社するため鉄道やバスを利用することは運送契約に当たります。駅の売店で新聞を買うことは売買契約に当たりますし、また、会社で働くのは会社との関係で雇用契約が成立しているからです。

　このように、人が生活していく上で契約は不可欠の要素・事項といえます。では、この契約とはどのようなものでしょうか。

　契約は、相対立する2個以上の意思表示の合致により成立する法律行為であり、当事者間に権利・義務を生じさせるなどの法律効果を発生させるものです。契約は、契約を結ぼうとする当事者間の合意で成立する点で、約束に似た制度といえます。しかし、単なる約束と最も大きく異なる点は、契約は一定の権利・義務の発生・変更・消滅を意欲する当事者の意思の合致であり、その契約内容の実現が法律上の強制手段に裏打ちされている点です。単なる約束であれば、約束を破った者は道義的に非難されることはあっても、それ以上その者の責任を追及する手段はありません。

　しかし、契約が成立している場合には、法律上の権利や義務が発生しますから、契約を破った相手に対して、裁判所に訴えて、損害賠償や契約内容を履行するようその強制力の行使を求めることもできます。このように契約に法的拘束力が認められるからこそ、取引社会を維持することができるのです。すなわち、契約とは法的な強制力を背景とする権利ないし義務を発生・変更・消滅させることを目的とした当事者の合意をいいます。そして、とりわけ重要なのは、契約が当事者に債権・債務を発生させる点です。

COLUMN 意思表示・法律行為とは

意思表示とは、一定の権利の発生・変更・消滅（法律効果）を生じさせようとする意思を外部に対して表示する行為をいいます。また、意思表示に基づいて、その意思表示通りに法律効果を発生させる行為を**法律行為**といいます。契約は申込みと承諾という2つの意思表示の合致によって成立する法律行為であり、法律行為の典型的なものです。

(2) 契約の拘束力

契約関係（債権・債務関係）があるということは具体的にどういうことを意味しているのでしょうか。

債権・債務とは、単に道徳上あるいは道義上「～をしなければならない」または「～をするよう求めることができる」ということを意味するだけのものではありません。契約は単なる約束ではなく、契約内容実現について法律的な強制力が及ぶところに意味があり、債権・債務も債権内容実現についての法的強制力の観点でとらえなければなりません。

法的強制力は具体的には次の形で現れます。

ア) 契約の拘束力

いったん成立した契約については、債務を履行したくない場合でも、当事者の一方が勝手に内容を変更したり、取り止めたりすることは、原則としてできません。法律が強制力をもって実現するのは、まさに当事者が意欲したことだからです。したがって、いったん合意された内容は当事者の一方の事情によって簡単にはくつがえすことができません。いったん成立した契約を取り止めることができるのは、次の場合に限られています。

①　相手方の債務不履行などを理由として債権者が契約を解除する場合（法定解除）
②　契約で定められた解除権が行使される場合（約定解除）
③　法律上定められた事由に基づく意思表示の取消しが認められる場合
④　契約の両当事者が合意によって取り止める場合（合意解除）

契約の解除とは、契約が成立した後に当事者の一方の意思表示で契約が最初からなかったことにすることをいいます（民法540条1項、P.93参照）。これに対して、**契約（法律行為）の取消しとは、一応有効に成立した契約を、一定の事由がある場合に、一定の者が取り消すという意思を表示することにより、はじめに遡って無効にすることです**（民法120条・121条）。過去に遡らず将来に向かって契約の効力を消滅させることを解約という場合もあります。また、無効とは、外形上は契約が成立していますが、一定の事由がある場合に、その契約によって発生するはずの効果が発生しないことをいいます。

契約の解除および取消しのいずれがあっても、契約は最初からなかったことになります。そして、契約に基づき引き渡された物や支払われた金銭がある場合、各当事者は、これらを保有する権限を失うため、相互に返還する義務を負います。この義務を原状回復義務といいます。

なお、一部の取引では、消費者保護の観点から、一定の要件の下に消費者が無条件で、成立した契約の申込みを撤回（法律効果の将来の発生を止めること）することが認められています（クーリング・オフ制度、P.225参照）。

イ）履行の強制

ケース1

製菓会社		菓子問屋
生産者 （A）	←売買→	卸売商 （B）

契約が成立し、債権・債務が発生すると、その債権の実現が法律上保障されます。裏返していえば、債務者は、債務を履行することを法的に強制されることになります。

ケース1では、買主である菓子問屋Bは、売主である製菓会社Aとの売買契約によって代金の支払債務を負い、期日の到来にもかかわらず自発的に債

務を履行せず、代金を支払わない場合には、国家権力によって代金の支払いを強制されます。

このように、この強制力は、債務者が債務を自発的に（任意に）履行しないときに現れます。

しかし、ケース1で、菓子問屋Bが代金を支払わない（代金債務を履行しない）場合に、製菓会社AがBの店舗に納入した菓子をBの承諾もなく勝手に引き揚げたり、金庫から菓子代金相当分の現金を勝手に持ち去るというようなことは許されません。仮に債務者が債務を履行しない場合でも、債権者が法律上の手続によらず、勝手に自分の実力で債権内容を実現すること（自力救済）は、社会秩序を守る観点から禁止されているためです。

法律は、自力救済を禁止するかわりに、裁判所という国家機関によって強制的に債務を履行させる制度を設けています（強制執行、民法414条1項、民事執行法、P.84、P.319参照）。

② 契約自由の原則とその修正

わが国は自由主義社会であり、個人と個人がどのような契約を結ぼうと原則として自由です（**契約自由の原則**、P.26参照）。お互いに自らの責任で任意に損得を判断して契約を結ぶ以上、その内容や方式に国家といえども干渉しないのが妥当と考えられるからです。契約自由の原則は、具体的には次のような内容を含んでおり、いずれの点についても、原則として自由です。（民法521条・522条2項）

① 契約を締結するか否か（締結の自由）
② 契約の相手方を誰にするか（相手方選択の自由）
③ 契約をどのような内容とするか（契約内容に関する自由）
④ 契約の締結につき一定の方式を採用するか（方式の自由）

しかし、実際にわれわれが日常接する契約は、契約条件についての細かな交渉なしに、すでに出来上がっている契約条件をそのまま受け入れる形で締結されることも多くみられます。

例えば、ガスの供給契約は、供給側が独占企業であり、消費者としては他

の契約相手がいないため、相手方選択の自由はありません。電車やバスに乗る際の運送契約についても同じことがいえます。

　また、銀行や保険会社は、約款という形で契約内容を一方的に定めており、ここでは消費者には約款記載の契約内容に従って契約を結ぶか、契約を結ばないかの自由があるだけです。

　このように、相手方当事者の作成した契約条項通りに契約するか、あるいは契約しないかの自由しかない契約のことを「附合契約」といいます。また、そこで使われるあらかじめ作成された契約条項のことを「約款」といいます。

　約款は、不特定多数の者を相手とする大量取引を画一的にし、効率的かつ平等に行うためには便利なものですが、他面で力の弱い一般の消費者が不利な条件を押しつけられる危険性があります。そこで、広く使われるある種の約款では、約款の内容が公平・適切なものとなるように、民法上、定型約款として規定が設けられているほか、約款の作成過程で行政庁が関与したり、約款を使用するには主務官庁の認可や届出が必要とされたりするなど、一定の規制が課されることがあります。

COLUMN　　定型約款

　民法では、約款について、「定型約款」という概念を設け、規定しています。

　まず、不特定多数の者を相手方として行う取引であって、その内容の全部または一部が画一的であることが、両当事者にとって合理的なものを「定型取引」といい、定型取引を行うことの合意を「定型取引合意」といいます（民法548条の2第1項）。

　定型取引において、契約の内容とすることを目的として、準備された条項の総体を「定型約款」といいます（民法548条の2第1項）。一定の条件の下、定型取引に合意をした者は、定型約款の個別の条項についても合意をしたものとみなされます（みなし合意、民法548条の2第1項）。

　ただし、定型約款の条項のうち、信義誠実の原則（民法1条2項）に反して相手方の利益を一方的に害するなどの要件を充たす場合には、合意をしなかったものとみなされます（みなし合意除外規定、民法548条の2第2項）。

また、定型約款を準備する者（定型約款準備者）には、相手方に対する内容表示義務が課されています（民法548条の3第1項）。定型約款を変更する場合の要件も法定されています（民法548条の4第1項〜第3項）。

3 契約の種類と分類

（1）契約の種類

契約自由の原則からは、どのような内容の契約を結ぶことも自由ですが、民法は、典型的な契約として次の表の13種類の契約を定めています。これらを「**典型契約（有名契約）**」といいます。

移転型の契約	贈与（民法549条）・売買（民法555条）・交換（民法586条1項）
貸借型の契約	消費貸借（民法587条）・使用貸借（民法593条）・賃貸借（民法601条）
労務型の契約	雇用（民法623条）・請負（民法632条）・委任（民法643条）・寄託（民法657条）
その他の契約	組合（民法667条）・終身定期金（民法689条）・和解（民法695条）

しかし、現実に行われる取引は、必ずしもこれら13種類のいずれかにあてはまるわけではなく、多種多様な内容を含んでいます。経済取引の発展により民法制定時に予期できなかった複雑な内容や、新しい内容を持つ契約が多く結ばれています。これらを「**非典型契約（無名契約）**」といいます。

無名契約の例としては、ファイナンス・リース契約などがあげられます。ファイナンス・リース契約は賃貸借契約と金銭消費貸借契約の両方の性格を持った契約であり、問題となる局面ごとにどちらの性格を重視するのかが決定されます。このように無名契約の解釈にあたっては、契約の趣旨や経済的機能を考え、個別にその内容が検討されることになります。

（2）契約の分類

売買契約のように、契約が成立することによって当事者双方が対価的な債務を負担する契約を双務契約といいます。また、当事者双方が対価的な経済的価値を支出すること（売買契約では、売主が買主に商品を引き渡すという

2章 企業取引の法務

経済的支出と、買主が売主に代金を支払うという経済的支出が生じます）を内容とする契約を有償契約といいます。企業間の取引の多くは有償契約です。

　これに対して、**当事者双方が対価的な経済的価値を支出することを内容としない契約を無償契約**といいます。当事者の一方のみが経済的価値を支出することを内容とする贈与契約がその典型です。また、**当事者双方が対価的な債務を負担することを内容としない契約を片務契約**といいます。当事者の一方のみが債務を負担することを内容とする贈与契約がその典型です。

　有償契約の多くは双務契約ですが、有償契約であっても片務契約であるものもあります。例えば、利息を取って金銭を他人に貸す利息付金銭消費貸借契約は、契約成立の時点で貸主は借主に金銭を貸し渡していますから、契約成立後、借主の側に元金と利息の支払債務が残るのみであり貸主に債務は残りません（民法587条）。このように、利息付金銭消費貸借契約は、有償契約ですが片務契約です。

　なお、**当事者の合意のみで成立する契約を諾成契約**といいます。これに対し、消費貸借契約のように、**契約が成立するためには当事者の合意のほかに物の引渡しが必要となる契約を要物契約**（例えば消費貸借契約や質権設定契約）といいます。

（3）一時的契約と継続的契約

　契約の中には、契約関係が一定の期間継続するものがあり、このような契約を**継続的契約**といいます。賃貸借契約や雇用契約などがこれに当たります。継続的契約に対して、売買契約のように、1回の履行で契約関係が終了する契約を**一時的契約**ということがあります。

　継続的契約では、契約当事者間には契約を継続させることについての信頼関係が存在しているはずですから、契約に関する問題を取り扱うにあたっては「信頼関係」が重視されます。

　売買契約は、本来は典型的な一時的契約ですが、企業間の製品（完成品・部品）や原材料の売買契約においては、同じ当事者間で同種の取引が長期的・継続的に繰り返されることが多くみられます。一時的契約より継続的契約に

よった方が、数量と品質両面での安定的な製品または原材料の供給が期待でき、また製品の仕様等を細かく指示できるなど当事者双方にメリットがあるからです。そして、このような継続的な取引関係が開始される際には、当事者間で基本契約が取り交わされるのが一般的であり、その上で、個々の契約（基本契約と区別する意味で個別契約やスポット契約といいます）が繰り返されます。この基本契約では、個別契約の成立要件、当事者の権利・義務、履行方法などの基本的な事項が定められます。

　このように個々の契約・取引は一時的契約に属するとしても、企業間に継続的な取引関係が存在する場合には、両当事者に契約の継続的締結に向けた期待（信頼）が生じます。したがって、継続的契約においては、一般の契約上の原則が修正され、この両当事者の信頼関係を裏切ることがないよう、契約締結義務が生じたり、解約権が制限されたりすることがあります。

第❷節
契約の成立

Ⅰ 売買契約の成立

　ビジネスにかかわる取引は種々ありますが、ここでは典型的な取引としての売買契約を取り上げ、それがどのようなルールで行われているのかを説明します。

　なお、売買契約は有償契約の典型例であり、民法の売買に関する規定は、契約の性質がこれを許さないときを除き、他の有償契約に一般的に準用されます（民法559条）。また、売買契約については商法にも規定がありますが、このような商事売買に関する規定も、個別の規定により他の商行為に準用されています（商法556条など参照）。このように、売買契約に関するルールは、ビジネスにかかわる取引に共通する基本的なルールであるといえ、その内容を十分に理解しておくことが必要です。

COLUMN　契約と民法・商法

　商品は、様々な流通の段階を経て生産者から消費者の手元に届けられますが、流通の各段階で行われる取引は売買取引が中心です。商法上、利益を得る目的で行う不動産・動産の売買（これを投機売買といいます）や賃貸する目的で行う動産・不動産の売買は基本的商行為とされ（商法501条1号・502条1号）、売買取引は典型的な商行為です。商行為としての売買取引は、民法および商法で規律されますが、商法の規定は極めて簡略です。商法は、民法の売買に関する規定を前提として商事売買につき5か条を置くにすぎません。これは、売買の目的物、履行の方法などの取引条件や経済的機能が様々に分かれる売買取引については、法律で一律に規律するよりも、利害状況に応じて契約の中で当事者が個別に取決めをする（特約）方が妥当だからです。

① 契約成立に至る過程

　ビジネスの場で現実に行われる契約は、直ちに契約の申込みがなされることもあれば、契約締結に先立って、長期間の交渉を経る場合もあります。

　特に企業間の取引では、販売活動の一環として、新聞への広告掲載・カタログ送付などの様々な広告活動が行われます。ここでは、このような行為が法律的にどのような意味を持つのかを考えてみます。

　一般に、新聞への広告掲載やカタログの送付のような行為は、「**申込みの誘引**」すなわち他人からの申込みを誘う行為であると考えられています。したがって、広告を見た者やカタログを受領した者が広告主やカタログ送付者に商品を購入したい旨を連絡したとしても、それは契約の申込みにすぎず、広告主やカタログ送付者が承諾することにより、はじめて契約が成立することになります。つまり、申込みと申込みの誘引とは、相手方がそれに応じた場合に契約が成立するのか（申込みの場合）、それとも自分の側に相手方の意思表示を承諾するか否かの自由を留保しているのか（申込みの誘引の場合）という点で異なります。

　これに対して、デパートやスーパーマーケットにおける商品の陳列は、通常、申込みであると考えられています。したがって、買い物客が商品を店員に渡したり、レジに提示したりすればそれが承諾であり、その時点で契約が成立します。

② 契約準備段階の信義則

　契約は、申込みの意思表示と承諾の意思表示が合致して成立します。ただ、企業間の取引では、例えば継続的取引に関する基本契約を締結する場合のように、交渉を通じて徐々に契約内容が形成される場合も多く、契約交渉という契約締結に向けた準備段階であっても、当事者間に一種の信頼関係が形成されることがあります。そこで、**契約が成立するに至らなかった場合でも、契約交渉の段階で相手方に契約の成立に対する強い信頼を与え、その結果相手方が費用の支出や資金手当をして損害を受けた場合には、契約準備段階に**

おける信義則上の注意義務違反により相手方の損害を賠償する義務を負うとされています（**契約締結上の過失**、最判昭59・9・18）。ただし、契約締結上の過失における損害賠償の範囲は、契約が履行されていれば得られたであろう利益（履行利益）には及ばず、契約が有効だと信頼したことにより失った利益（信頼利益）にとどまるとされています。

COLUMN 信義則

　信義則とは、「**信義誠実の原則**」ともいわれ、民法の基本原則の1つです（民法1条2項）。具体的には、互いに相手方の信頼を裏切らないよう、信義に則り、誠実に行動しなければならないという法原則です。信義則は、当初は債権者と債務者との間における法原則とされていましたが、今日では、各種の契約の解釈の基準などとしても広く用いられ、民法以外の法律でも用いられることがある重要な法原則です。

COLUMN 履行利益・信頼利益とは

　履行利益とは、契約が有効であれば得られたであろう利益をいいます。転売利益などがこれに該当します。一方、**信頼利益**とは、有効でない契約を有効であると信じたために失った利益をいいます。例えば、契約が有効であると信じて契約成立のために使った実費（交通費など）がこれに該当します。

❸ 契約の成立要件

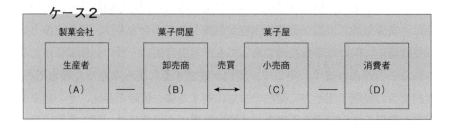

ケース2での菓子問屋（卸売商）Bと菓子屋（小売商）Cとの間の菓子の売買契約について考えてみます。

　「売買契約」は商品を売りたいと希望する売主（B）と商品を買いたいと希望する買主（C）の意思が合致することによって成立しますが、契約が成立してはじめて、

① 売主（B）の側に商品を買主（C）に引き渡す義務（引渡債務）
② 買主（C）の側に商品代金を売主（B）に支払う義務（代金債務）

が発生することになります。

　契約が成立するために必要な要件（成立要件）は、ケース2におけるBC間の菓子の売買契約の場合を例にとると、

① **当事者が存在すること**（売主Bと買主Cが存在すること）
② **目的（物）が存在すること**（Cが購入する菓子が存在すること）
③ **意思表示が合致すること**（Bの「菓子を売る」という意思とCの「その菓子を購入する」という意思が合致していること）

です。

　当事者とは、ある法律関係について、直接これに関与する者です。

　つまり、**契約は通常、「買いたい」（または「売りたい」）という申込みの意思表示とそれに対応する「売りましょう」（または「買いましょう」）という承諾の意思表示のそれぞれの内容が一致（合致）した時に成立します**（民法522条1項）。

　意思表示の効力は、その通知が相手方に到達した時から生じます（民法97条1項）。したがって、契約は、承諾の意思表示が相手方（申込者）に到達した時に成立します。なお、商法上の商人である隔地者間において、承諾期間を定めないでなされた申込みの意思表示に対して、相当の期間内に承諾の意思表示をしない場合には、申込みの意思表示が効力を失い（商法508条1項）、契約は成立しません。

　契約の成立要件のうち、当事者については、「Ⅱ 権利・義務の主体」で説明します。以下では、契約の目的および意思表示の合致について説明します。

④ 契約の成立と契約書

　本来、契約の成立には原則として特別の方式は要求されておらず、前述の契約の成立要件を充たしていれば契約は成立します（民法522条2項）。文書・口頭・電話のいずれによる合意（意思表示の合致）であっても、すべて契約として認められます。しかし、契約の存在を証明する上では取引条件（契約内容）を書面にしておくべきだとされます。また、取引条件を明確にするためにも、契約内容を十分に検討した上で契約書を作成するべきです。

　日常生活では、出前・デリバリーの注文等、簡単な契約は、原則として口頭・電話で行っていますが、土地・家屋等の不動産の売買や賃貸等の重要な契約は文書（契約書等）で行うのが通常です。

⑤ 売買目的物と売買代金

（1）　売買の目的物の内容

　売買の目的物の内容、例えば商品の品名・数量・品質等は明確に定めておく必要があります。特に品質については問題が生じやすい事項です。民法上、契約書等の文言により品質を特定できない場合は、売主は中等の品質のものを給付（納品）しなければならないとされています（民法401条1項）。しかし、後日の紛争を回避するためには契約書において品質を一義的かつ明確に定めておく必要があります。品質指定の売買方法としては、見本売買・仕様書売買・規格品売買・銘柄売買・標準物売買などがあります。

　目的物の数量は、個数で定めることができる場合にはあまり問題は生じません。他方、個数で定めることができない場合は、重量や容積等で定めざるを得ませんが、この場合、指定数値通りの履行が極めて困難であるため過不足についての許容範囲を定めておくべきです（アローアンス条項）。許容範囲の定め方については、国際商業会議所が作成する信用状統一規則が参考になります。

（2） 売買代金額

　売買代金は売買契約において最も重要な要素の1つです。契約や商慣習で代金額が確定できない場合は、納入時点までにかかった費用や運賃などの費用は、原則として売主が負担し（民法485条）、本来買主の費用である目的物の検査（P.83参照）にかかる費用は買主が負担することになるでしょう。しかし、双方の合意した内容を確認するためにも契約で明確に定めておくことが望まれます。さらに、輸出入関連商品を外貨建てで取引する場合は、為替レートの変動も無視できないため円貨への換算レート（いつの時点、どこの市場など）を明確に定めておく必要があります（民法403条参照）。

（3） 手付・内金の性質

　売買契約が成立したときに買主が売主に一定額の金銭を交付することがあります。この金銭を手付といいます（民法557条1項）。手付は、売買契約が成立したことの証拠としての意味を持つ（これを「証約手付」といいます）ほか、売買契約当事者が契約を解除する権利（解除権）を留保する趣旨で授受されることがあります（これを「**解約手付**」といいます）。

　解約手付が交付された場合には、相手方が債務の履行に着手するまでは、買主は手付を放棄することによって売買契約を解除でき（手付損）、売主も手付の倍額を買主に現実に提供することによって契約を解除することができます（手付倍戻し）。

　なお、債務不履行の場合には当然に没収される趣旨で手付を交付することもあります（「違約手付」といいます）。

　手付に類似したものとして内金があります。内金は売買代金の一部前払いとしての意味があるにすぎず、手付のように特別な法律的意味があるわけではありません。ただ、内金という名目で金銭が授受されたとしても、法律的には手付と解釈される場合もあり、単に名称のみで両者が区別されるわけではありません。

❻ 意思表示の合致

　契約は申込みと承諾の合致があって成立するのが原則ですが、申込みに対応した承諾がなくても契約が成立する場合があります。

　例えば、商法509条では、商人が平常取引をしている者からその営業の部類に属する契約の申込みを受けた場合、遅滞なくその諾否の通知を発しなければならず、通知を発しなかったときは（何ら返答をしない場合など）契約の申込みに対し承諾したものとみなすと規定されています（諾否通知義務）。商人間の継続的取引では迅速性が求められるところから、このような規定が置かれています。この諾否通知義務に関する規定は、売買取引に限らず、他のタイプの取引にも適用されますが、対話者間（対面している者）での取引には適用されません。

　現実の企業間の取引では、一般に、注文（申込み）に対して注文請書を発行する（承諾）ことで個別の売買取引が行われますが、一度継続的な取引関係に入った場合、注文（申込み）に対してその都度個別の請書（承諾）を発行することなく商品が納入されることも多くみられます。後者のような処理でも売買契約は成立するのです。

　意思表示については、「Ⅲ　意思表示」で詳細に説明します。

Ⅱ 権利・義務の主体

　物の売買や物の製作依頼、事務処理の依頼などの取引において売主や買主などの当事者となる者を、権利・義務の主体といいます。

　権利・義務の主体には、個人（人）と、個人とは別の独立した地位を持つ法人とがあります。ここでは、権利・義務の主体のうち、個人（人）とその活動について説明し、法人については、「第6章　企業と会社のしくみ」で説明します。

❶ 権利・義務の主体となる者

　例えば、売主と買主が不動産の売買契約を結んだ場合の権利・義務関係は

次のようになります。

　すなわち、売主は代金を請求する権利を持ち、不動産の引渡しおよび登記を移転する義務を負います。買主は、不動産の引渡しおよび登記の移転を請求する権利を持ち、代金を支払う義務を負います。

　このように、権利を持つ者や義務を負う者は法律関係の中心となりますが、こうした者を「権利・義務の主体」、または単に「権利の主体」といいます。そして、契約当事者がそれぞれ相手方に対して、権利を取得し義務を負担する資格、つまり権利・義務の主体となることができる法律上の資格のことを**権利能力**といいます。

　民法は、すべての人が権利能力を有する、すなわち権利・義務の主体となると定めています（**権利能力平等の原則**、民法3条1項参照）。

　そして、民法上、権利能力が認められている者としては、

① 　個人（法律用語で「自然人」ということがあります）と、

② 　権利能力を付与された団体および一定の集合財産、すなわち「法人」とがあります。

❷ 意思能力・行為能力

　人には権利能力がありますが、注意しなければならないのは、権利能力があるということは、権利・義務の主体となることが「できる」ということにすぎず、有効な法律行為を行うことができるかどうかとは別問題です。例えば、**契約を締結する場合のように、自ら権利を取得し、義務を負担する行為を法律上有効に行うためには、権利能力のほかに意思能力と行為能力が必要**です。例えば、生後1か月の嬰児も自然人であるから権利能力はあります（権利義務の主体となることができます）が、嬰児が契約書の内容を理解して契約を結ぶということはあり得ません。この場合、親などの法定代理人を通じて契約を締結することとなります（代理については、「Ⅳ 代理制度」参照）。

　このように、有効な法律行為が行えるか否かは、権利能力とは別に意思能力や行為能力の問題が別途検討されなければなりません。

（1） 意思能力とは

　意思能力は、**自分の行った行為の法的結果を判断することができる精神的能力**のことで、この意思能力を持たない者を意思無能力者といいます。意思能力の有無は、個別具体的に判断されます。意思無能力者の例として、重度の精神障害者や泥酔者が挙げられます。また、幼児も意思無能力者であるとされ、意思能力が備わるのは概ね6歳～10歳程度とされています。意思無能力者は、たとえ契約を行っているという意識はあっても、それによって生じる結果（売買契約の場合、物を売るとその物の所有権を失い、その代わりに代金を受け取る権利を取得するということ）までは理解できるわけではありません。

　法律行為の当事者が意思表示をした時に意思能力を有しなかったときは、その法律行為は無効（法律上効力を生じないこと）です（民法3条の2）。泥酔中に不動産の売買契約書に署名・押印しても、その契約は無効であり、買主に不動産を引き渡す必要はないのです。

（2） 行為能力とは

　契約締結などの法律行為を単独で有効に行うことができる能力を行為能力といいます。**ある人が有効に契約などの行為を行うには、意思能力のほかに、行為能力が必要**です。行為「能力」といっても、意思能力とは異なる程度の精神的能力を意味するわけではありません。

　行為能力（制度）とは、意思能力のない者やその不十分な者を、一定の年齢または手続によって、画一的に制限行為能力者として定め、**制限行為能力者の行為は取り消すことができる**とするとともに、保護者を付してその能力の不足を補う制度です。民法では制限行為能力者として、未成年者・成年被後見人（せいねんひ）・被保佐人（こうけんにん　ひほさにん）・被補助人が規定されています（民法5条以下・7条以下・11条以下・15条以下）。

❸ 制限行為能力者とは

　制限行為能力者には、未成年者のほか、成年被後見人・被保佐人・被補助

人があります。

（1）未成年者

未成年者とは、満18歳未満の者をいいます（民法4条参照）。

未成年者は、社会人としての知識や経験、家計管理能力などが未熟であるため、単独で契約締結などの判断をすると、不利益を被る危険があります。そこで民法は、**未成年者が契約などの法律行為をするときは、親権者（通常は両親）や未成年後見人等、法律により未成年者の代理人として法律行為を行う権限を与えられた者（法定代理人）の同意を得る必要があり、同意がない契約は原則として取り消すことができる**と定めています（民法5条）。この取消しは、法定代理人・未成年者本人のいずれからでも行うことができます（民法120条1項）。

ただし、①未成年者が単に権利を取得（贈与を受けるなど）したり、負担している義務を免れたり（債務を免除されるなど）する場合、②法定代理人から使用目的を定めて処分を許された財産（金銭など）をその目的の範囲内で処分する場合、③自由に使える「小遣い」として金銭を渡されその範囲内で処分・契約する場合には、法定代理人の同意を得ることなく単独で処分・契約の締結をすることができます（民法5条1項但書・5条3項）。

また、法定代理人が未成年者に営業の許可（自営業を行う場合等）を与えた場合は、その営業に関する取引に限り法定代理人の個別の同意を得る必要はありません（民法6条1項）。

さらに、法定代理人が未成年者を代理して契約を締結した場合は、法定代理人・未成年者本人のいずれもこの契約を取り消すことはできません。

（2）成年被後見人

成年被後見人とは、精神上の障害によって事理弁識能力を欠く常況にある者で家庭裁判所の審判を受けた者をいいます（民法7条・8条）。成年被後見人については、成年後見人が家庭裁判所の職権で選任されます（民法8条・843条1項）。**成年被後見人は、日用品の購入その他日常生活に関する行為を除いて、単独で確定的に有効な法律行為を行うことはできません**（民法9条

参照）。成年被後見人を当事者とする契約などの法律行為は、法定代理人である成年後見人が代理して行うことになります。また、成年後見人が事前に同意を与えても、成年被後見人がその通りに行為するとは限らないため、成年後見人に同意権は与えられていません。

　成年被後見人が単独で行った行為については、先述の日常生活に関する行為を除き、成年被後見人および成年後見人がこれを取り消すことができます（民法9条・120条1項）。また、成年後見人は、当該行為を追認することもできます（追認権、民法122条）。

(3)　被保佐人

　被保佐人とは、精神上の障害によって事理弁識能力が著しく不十分な者で家庭裁判所の審判を受けた者をいいます（民法11条・12条）。**被保佐人が一定の重要な行為、例えば借金や重要な財産の処分等をするには、保佐人の同意が必要です**（民法13条）。同意なく被保佐人がこれらの行為を行った場合、被保佐人および保佐人は、取り消すことができます（民法120条1項）。また、審判により、当事者の選択した特定の法律行為について、被保佐人の申立てまたは同意を要件として、保佐人は代理権を付与されます（民法876条の4）。

(4)　被補助人

　被補助人とは、精神上の障害によって事理弁識能力が不十分な者で、申立てと本人（被補助人）の同意を条件として裁判所の審判を受けた者をいいます（民法15条・16条）。補助人には、審判により、当事者の選択した特定の法律行為について、被補助人の申立てまたは同意を要件として、代理権または同意権（同意権の対象となるのは民法13条1項に定める行為の一部に限定されます）が付与されます（民法17条1項・876条の9）。**特定の行為について、補助人が同意権を付与された場合、その行為を本人（被補助人）が補助人の同意を得ないで行うと、本人または補助人はその法律行為を取り消すことができます**（民法17条4項・120条1項）。

④ 制限行為能力者の相手方の保護

(1) 制限行為能力者の相手方の催告権、制限行為能力者側の追認

　制限行為能力者と取引をした相手方は、その制限行為能力者が行為能力者（行為能力の制限を受けない者）となった後、その者に対し、1か月以上の期間を定めて、その期間内にその取り消すことができる行為を追認するかどうかを確答すべき旨の催告をすることができます。この場合において、その者がその期間内に確答を発しないときは、その行為を追認したものとみなされます（民法20条1項）。また、制限行為能力者の相手方が、制限行為能力者が行為能力者とならない間に、その法定代理人、保佐人または補助人に対し、その権限内の行為について、追認するかどうかを確答すべき旨の催告をした場合において、これらの者がその期間内に確答を発しないときも、その行為を追認したものとみなされます（民法20条2項）。

　一方、未成年者・被保佐人・被補助人が保護者の同意を得ないで行った行為や成年被後見人が行った行為（日常生活に関する行為を除く）は、追認権者が追認することにより、確定的に有効になります（民法122条）。

(2) 詐術（偽り）による取引

　例えば未成年者が、自分が成年であると信用させるために年齢を偽ったり、親権者の同意があると偽って契約した場合は、それを信用して契約した相手方に対しては取り消すことはできません（民法21条）。これは未成年者を保護する前提に欠けるからです。

　もっとも、相手方が未成年者本人に対し「親権者の同意がありますか」と質問し、未成年者が「同意を得ています」と口頭で答える程度では、一般に詐術に当たるとはいえません。

(3) 制限行為能力者の保護者の権限の調査のしかた

　相手方が未成年者だと分かって取引をする場合には、親権者の同意の有無を独自に確認することが求められます。

　未成年者の場合、両親が婚姻中であれば、通常、両名が共同して法定代理

人（親権者）となります（民法818条3項本文・824条）。両親が離婚する際には、どちらが親権者となるかを定めなければなりません。未成年者の両親がともに生存しないか、親権を行うことができない場合は、家庭裁判所が未成年後見人を選任するか、あるいは最後に親権を行う者が遺言で未成年後見人を指定します（民法839条1項）。

　未成年者を除く制限行為能力者との取引の安全を図るため、制限行為能力者の保護者である成年後見人等の代理権等を公示する方法として、後見登記等に関する法律（後見登記法）の定めに従い、成年後見登記制度が設けられています。この制度により、代理権等の法定後見制度（法定後見・保佐・補助）および任意後見契約に関する事項は、所定の法務局・地方法務局等に登記されます。もっとも、本人のプライバシー保護の観点から、登記事項証明書を請求できるのは、本人・成年後見人・任意後見人等に限定されています。

　契約当事者が制限行為能力者の場合には、委任状などと同様、契約書に法定代理人の資格を明らかにする資料（登記事項証明書等）を添付することを求めておくべきです。

Ⅲ　意思表示

　契約が成立するための要件の1つとして「意思表示の合致」が必要ですが、実際の取引の場面では、この意思表示が問題となることがあります。ここでは、意思表示が問題となる場面について説明します。

❶　意思の不存在（意思の欠缺）

　意思の不存在（意思の欠缺）とは、表意者（意思表示をする者）が表示した意思に対応する真意を欠いていることをいいます。これには、「心裡留保」「虚偽表示」「錯誤」の3つがあります。

（1）　心裡留保

　心裡留保とは、表意者が真意でないことを自分で知りながら意思表示をすることをいいます。例えば、相手方の資力では購入できないだろうと思い、

本当は売るつもりがないのに、自宅を「売る」と言ったところ、相手方が「買う」と言ったような場合です。

　心裡留保については、表示行為を信用した相手方を保護するべきですから、**その意思表示は原則として有効**です。ただし、相手方が表意者の真意でないことを知っているか（悪意）、または知らなくても（善意）、行為の当時に通常の注意をもってすれば知ることができた場合には、意思表示は無効となります（民法93条1項）。なお、この意思表示の無効は、善意の第三者に対抗することができません（民法93条2項）。

(2)　虚偽表示

　表意者が相手方と通じて（通謀して）行った虚偽の意思表示を虚偽表示といいます。すなわち、心裡留保は表意者ひとりがその気のない意思表示をすることであるのに対して、虚偽表示は相手方と通じて行う真意でない意思表示です。

　具体的には、経営の悪化した会社経営者が債権者からの追及を逃れるため、財産自体を譲渡する真意はないにもかかわらず不動産等の財産の名義を合意の上で他人に移し、差押え等を免れるようなことが虚偽表示に当たります。

　虚偽表示では、表意者だけでなく相手方も表示行為に対応した真意がないことを知っていますから（悪意）、相手方を保護する必要はなく、その**意思表示は無効**です（民法94条1項）。ただし、虚偽表示であることを知らない（善意）第三者に対しては、意思表示が無効であることを主張できません（民法94条2項）。

善意・悪意、第三者

法律上、**善意**あるいは**悪意**という場合は、日常用語の善意、悪意とは異なった使い方をします。法律上の善意とはある事実についてそれを知らないこと、悪意とはそれを知っていることを意味します。

上記の虚偽表示の例で、「虚偽表示であることについて善意である」というのは、「虚偽表示であることを知らない」という意味であり、逆に「虚偽表示であることについて悪意である」というのは、「虚偽表示であることを知っている」という意味になります。

また、**第三者**というのは、当事者に対する言葉です。契約などの法律関係に直接関与する者を当事者といいますが、第三者とはこの当事者以外の者をいいます。上記の虚偽表示の例では、虚偽表示による法律行為（契約など）を前提として利害関係に立った者が第三者とされます。

(3) 錯誤による意思表示

表意者が勘違いにより真意とは異なった意思表示をすることを錯誤による意思表示といいます。 例えば、100万円を借りるつもりだったが、誤って1000万円を借りるとの意思表示をしてしまった場合の意思表示です。

錯誤による意思表示では、真意と実際の表示行為とが異なっていることを表意者自身が知らないわけですから、表意者を保護する必要があります。そこで、**意思表示が、次の2つの錯誤に基づくものであって、その錯誤が法律行為の目的および取引上の社会通念に照らして重要なものであるときは、取り消すことができます**（民法95条1項）。

① 意思表示に対応する意思を欠く錯誤
② 表意者が法律行為の基礎とした事情についてのその認識が真実に反する錯誤

①または②に該当し、錯誤が目的および取引上の社会通念に照らして重要なものであり、かつ、その錯誤がなければ意思表示をしなかっただろうと思われることが必要です。

また、上記②の錯誤を「動機の錯誤」といいます。**動機の錯誤に基づく意**

思表示は、**表意者が法律行為の基礎とした事情が法律行為の基礎とされていることが、相手方に表示されていたときに限って、取り消すことができます**（民法95条2項）。例えば、近隣に再開発の噂があるため、地価が必ず上昇すると思って、土地を購入したところ、実際には、地価が上昇しなかった場合です。土地を買ったのは「地価が必ず上昇すると思った」からですが、これが売主に表示されていない場合には、錯誤による取消しは認められません。

　錯誤による取消しを認めるのは、表意者を保護するためですから、錯誤の原因が表意者の重大な過失にある場合にまで、相手方の犠牲の下で、表意者を保護する必要はありません。このため、**錯誤が表意者の重大な過失によるものであった場合には、次の2つの場合を除き、錯誤による意思表示の取消しをすることができません**（民法95条3項）。

> ①　相手方が表意者に錯誤があることを知り、または重大な過失によって知らなかったとき（相手方の悪意・重過失）。
> ②　相手方が表意者と同一の錯誤に陥っていたとき（共通錯誤）。

　ただし、インターネットを利用した取引については、電子消費者契約法による例外があります（P.121参照）。

　また、**錯誤による意思表示の取消しは、善意でかつ過失がない第三者（善意・無過失の第三者）に対抗することができません**（民法95条4項）。このような場合は、表意者よりも、第三者を保護するべきだからです。

❷ 瑕疵ある意思表示

　他人に欺かれたり、脅かされたりして行った意思表示には、真意と表示行為との間には不一致はありません（意思の欠缺はありません）が、効果意思の決定にあたって、表意者の自由な判断がゆがめられています。このような意思表示を瑕疵ある意思表示といい、「詐欺による意思表示」「強迫による意思表示」の2種類があります。

(1) 詐欺による意思表示

　他人にだまされて意思表示をすることを**詐欺による意思表示**といいます。ただ、取引にある程度の駆引きはつきものであり、そのすべてが詐欺になるわけではありません。詐欺といえるためには、取引通念上要求される信義に反するような行為であることが必要です。

　詐欺による意思表示をした表意者はその意思表示を取り消すことができます（民法96条1項）。ただし、この取消しは、善意無過失の第三者には主張することができません（民法96条3項）。

(2) 強迫による意思表示

　他人に害意を示し、恐怖の念を生じさせる行為を**強迫**といいます。

　強迫による意思表示をした表意者は、その意思表示を取り消すことができます（民法96条1項）。詐欺による意思表示の場合とは異なり、強迫による意思表示の場合には、善意無過失の第三者に対しても取消しを主張することができます。

Ⅳ 代理制度

❶ 代理とは

　例えば、甲は土地を買いたいが、土地の売買には専門的知識が必要であるため、自分より適任の人に代わりに購入してもらいたいという場合があります。このような場合に、「**代理人**」を用います。つまり、甲は、土地取引の専門家である乙に対して、「自分の代わりに丙の土地を買ってきてもらいたい」と依頼し、乙は丙のところに出向いて「甲の代理人だが‥‥」と告げて（これを「**顕名**」という）、丙と甲の間の土地売買契約を締結します。

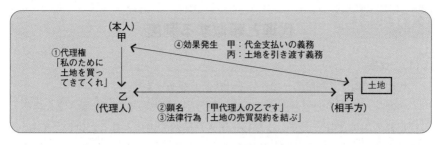

　この場合、甲は、他人である乙が売買契約の締結行為をしたにもかかわらず、自らが土地を取得し、また丙に対して代金を支払う義務を負うことになります。すなわち、**他人である乙が行った売買契約の行為の効果が甲に帰属する**ことになるのです。これが代理の基本的な関係です。

　そして、甲を**本人**、乙を**代理人**、丙を**相手方**と呼びます。このように代理人を用いることによって、人（法人も含む）は自分だけではできないことを補い、活動範囲を拡大していけるのです（**任意代理**）。例えば、代理人による営業が一般化している損害保険業の場合、損害保険契約の9割が代理人である損害保険代理店を介してのものとなっています。

　このほか、未成年者の場合には、法律上自らが単独では取引をすることができないため、法定代理人が代わって取引をすることがあります。このように、代理は本人の行為能力が制限される場合に、それを補充するための制度でもあります（**法定代理**）。

代理と類似する制度

(1) 代表

代理と類似する制度の一つとして「代表」があります。

会社などの法人の場合、法人に権利能力が付与されている結果、法人自ら が契約の主体となります。しかし、法人が契約の主体となるとはいっても、 法人自体は観念的な存在にすぎず、口や手があるわけではありません。その ため、法人として契約の意思表示をする自然人が必要となりますが、この者 を法人の代表（者）といいます。例えば、株式会社の代表取締役や代表執行 役がこれに当たります。

代表（者）の行為は、「法人の機関として」なされるものであり、「法人に 代わって」なされる代理行為とは異なります。例えば、株式会社の代表取締 役は、会社法上、株式会社の業務に関する一切の裁判上または裁判外の行為 をする権限を有するものとされ（会社法349条4項）、その行為は一般に会社 自体の行為とされます。これに対して、会社の使用人（従業員）の場合、個 別の契約などにつき、代表者から代理権を与えられ、この者が会社に代わっ て契約などの行為を行うと、その効果が本人である会社に帰属することとな ります。

(2) 使者

使者とは、本人の完成した意思表示を単に相手方に伝達したり（例えば書 面を届ける）、あるいは単に相手方に表示して意思表示を完成させたりする（口 頭で伝える）者です。代理との違いは、代理の場合は代理人が意思決定をす るのに対して、使者の場合には本人が意思決定をし、使者は単にその意思を 伝達または表示するにすぎないという点にあります。

(3) 間接代理

自己の名をもって他人のために物品の販売または買入れをすることを業と する者を**問屋**といいます（商法551条）。例えば、証券会社を通じて株式会社 の株式を購入する場合、注文を受けた証券会社は自己の名前で株式の買い注 文を出しますが、その株式の代金は注文した者が支払います。

この場合、法的な効果（売買の効果）はいったん証券会社に帰属し、それ が改めて注文者に移転します。このように他人（本人）の計算で自分の名で する法律行為を間接代理といいます。この点、代理の場合には代理行為の効果

は直接本人に帰属することになります。

　なお、日常用語では、卸売商のことを一般に問屋といいますが、問屋は卸売商ではないので注意が必要です。

❷ 代理が成立するための要件

次の3要件がすべて充たされなければ代理は成立しません（民法99条1項）。

---

① 　本人が、代理人に代理権を与えていること（代理権の存在）
② 　代理人が相手方に、本人のためにすることを示すこと（顕名）
　　ただし、商行為の代理においては、顕名は必ずしも必要とされていません（商法504条）
③ 　有効な法律行為（契約）が行われていること（代理行為）

---

(1)　代理権の存在
ア）任意代理と法定代理

　代理人となる（代理権が発生する）のは、本人からの委任がある場合と法律上代理人となることが決められている場合とがあります。前者を**任意代理**といい、後者を**法定代理**といいます。なお、法定代理は、未成年者の親権者が代理人となるのが代表例です（P.57参照）。

イ）委任状の交付と代理権

　一般に、ある仕事の処理について代理権の授与をするときは、委任状が交付されます。

　民法上、代理権授与行為に書面交付が要求されているわけではなく、書面交付がなくても代理権を授与することができますが、代理権の有無および範囲を明確にするため、書面を交付すべきです。

(委任状の例)

```
                    委　任　状
                              ○○年○月○日
            委任者　　東京都○○区○○町○丁目○番
                        ○○　○○　　㊞

私は、○○○○に対し、下記一及び二の事項を委任し、その代理権を付与する。
                                                    以上
                    記
    一　東京都千代田区○○町○丁目○番
        1　　地番　　　○番
        2　　地目　　　宅地
        3　　地積　　　○○．○○㎡
    の土地を売却する件
    二　上記に付帯する一切の件　　以　上
```

(2)　顕名

　代理が成立するためには、**代理人としての意思表示であること（本人のために行為をすること）を代理人が明らかにする必要があり**（民法99条1項）、これを**顕名**といいます。

　代理人が、**本人のためにすることを相手方に示さないで法律行為**（例えば契約締結）**を行った場合は、その行為は自分（代理人）のために行ったものとされます（代理とはなりません）**。ただし、相手方がその行為は本人のためにする行為であることを知り、または知ることができたときは、本人に効果が帰属します（民法100条）。

　なお、**商行為の代理の場合は、代理人が顕名をしなくても、原則として代理が成立します**（商法504条）。

(3)　代理行為

　代理人が、相手方に対して、代理権の範囲内で契約に必要かつ有効な意思表示をすれば、本人に効果が帰属し得る代理行為となります。

（4） 代理行為の瑕疵

　代理人が相手方に対してした意思表示の効力が、意思の不存在、錯誤、詐欺、強迫またはある事情に関する主観的要素（善意・無過失）によって影響を受けるべき場合、その事実の有無は、代理人について決するものとされます（民法101条1項）。そして、相手方が代理人に対してした意思表示の効力が、意思表示を受けた者がある事情に関する主観的要素（善意・無過失）によって影響を受けるべき場合、その事実の有無は、代理人について決するものとされます（民法101条2項）。

　なお、任意代理人の場合、代理行為に際して、本人が知っていた事情または過失により知らなかった事情については、代理人が知らなかったことを主張することができません（民法101条3項）。

（5） 代理人の行為能力

　制限行為能力者が代理人としてした行為は、行為能力の制限によっては取り消すことができません。ただし、制限行為能力者が他の制限行為能力者の法定代理人としてした行為については、行為能力の制限を理由に取り消すことができます（民法102条）。

（6） 代理権の濫用

　代理人が、代理権限内の行為をしたが、実際には、本人の利益を図るためではなく、自己または第三者の利益を図る目的であった場合を代理権濫用行為といいます。代理権濫用行為も代理権の範囲である以上、代理行為の効果は原則として本人に帰属します。

　しかし、相手方が代理人の上記目的を知っていた場合など、本人を犠牲にして相手方を保護する必要性が低い場合があります。そこで、代理人が自己または第三者の利益を図る目的で代理権の範囲内の行為をした場合において、相手方がその目的を知り、または知ることができたときは、その行為は無権代理行為とみなされます（民法107条）。

(7)　自己契約・双方代理

　同一の法律行為について、当事者の一方が相手方当事者の代理人となることを**自己契約**といいます。また、同一の法律行為について同一の者が当事者双方の代理人となることを**双方代理**といいます。例えば、売買契約で、売主が買主の代理人となるような場合が自己契約であり、売主および買主のいずれもが、同一の第三者を代理人とするような場合が双方代理です。

　自己契約・双方代理は、ともに原則として、次に説明する無権代理行為とみなされます（民法108条1項本文）。これは、事実上代理人が1人で契約することになり、自己契約の場合には本人の利益、双方代理の場合には当事者の一方の利益が、不当に侵害されるおそれがあるからです。したがって、このようなおそれのない、債務の履行および本人があらかじめ許諾した行為については、無権代理行為とみなされません（民法108条1項但書）。

❸　代理権がない者の代理行為

(1)　無権代理とは

　代理権のない者が代理人と称して行った行為の効果は、本人に帰属しません（**無権代理**）。ただし、本人が代理人と称した者（無権代理人）の行為を追認すれば、行為の時に 遡 って本人にその効果が帰属し、追認を拒絶すれば本人に効果が帰属しないことに確定します（民法113条1項・116条本文）。

　しかし、本人が追認も追認拒絶もしないときは、無権代理行為の相手方は不安定な地位にとどめられます。そこで、無権代理行為の相手方は、次の中から手段を選択し、自己と本人あるいは無権代理人との法律関係を確定させることができます。

① 　**相手方の善意・悪意（代理権がないことを知っているか否か）にかかわりなく、相手方は本人に対して相当の期間を定めて、その者の行為を追認するか否かを催告することができ、本人から期間内に確答がなかった場合は、追認を拒絶したものとみなされます**（民法114条）。

② 　**相手方は、無権代理について善意（代理権がないことを知らないこと）であれば、本人が追認をしない間は、行為（例えば契約の締結）を取り消すこ**

とができます（民法115条）。

③　**相手方は、他人の代理人として契約した者が、自己の代理権を証明したとき、または本人の追認を得たときを除いて、履行または損害賠償のどちらかを選択して、この者に請求することができます**（民法117条1項、**無権代理人の責任**）。ただし、相手方が、他人の代理人として契約した者に代理権がないことにつき悪意であった場合には、無権代理人の責任を追及することはできません（民法117条2項1号）。また、相手方が、他人の代理人として契約した者に代理権がないことにつき、過失があった場合には、この者が自分に代理権がないことを知っていた場合を除いて、無権代理人の責任を追及することはできません（民法117条2項2号）。相手方は、他人の代理人として契約をした者が行為能力の制限を受けていたときも、無権代理人の責任を追及することはできません（民法117条2項3号）。

(2)　表見代理とは

　例えば、本人が代理人に対してある家屋の賃貸借契約締結の代理権を与えていましたが、代理人がその代理権の範囲を超えてその家屋を売却した場合、その行為の効果は一切本人に帰属しないのでしょうか。

　この場合、相手方から見ていかにも代理権があるように思われるときは、それを信頼した相手方（家屋の買主）を保護する必要があるため、民法は**表見代理**という制度を設けています。そして、**表見代理に該当する場合には、代理権がなくても代理と同じように本人に効果が帰属します**（本人に売主としての権利・義務が生じます）。

　表見代理に当たるのは、次の場合です。

ア）代理権授与の表示による表見代理（民法109条1項）

　実際には代理権を与えていないにもかかわらず、他人に家屋の売却を依頼する旨の委任状を交付し、その他人が委任状を相手方に示して家屋の売買契約を締結した場合などです。代理権授与表示による表見代理が成立するには、①本人が相手方に対して、他人に代理権を与えたと表示したが、実際には代理権を与えていなかったこと、②代理人と表示された者が、その表示された範囲で代理行為をすること、③相手方が、代理行為をした者に代理権がない

ことを過失なくして知らなかったこと（善意・無過失）という要件を備える
必要があります。

イ）権限外の行為の表見代理（代理権踰越による表見代理）（民法110条）

　例えば、本人所有の家屋に抵当権を設定する代理権を有する者が、その代
理権の範囲を超えて、その家屋を売却する契約を締結した場合などです。権
限外の行為の表見代理が成立するには、①行為をした者が代理権または代理
権類似の権限（基本権限）を有すること、②代理人が基本権限を超えた行為
をしたこと、③相手方が代理人の権限外の行為を権限内の行為であると信じ、
かつそう信じたことに正当な理由があること（善意・無過失）を要します。

ウ）代理権消滅後の表見代理（民法112条1項）

　例えば、商品の仕入れに関する代理権を与えられていた者が、その代理権
が消滅した後に、代理人として商品の仕入れを行った場合などです。この表
見代理は、①代理権を有していた者がその代理権の消滅後、②その有してい
た代理権の範囲内で代理行為を行い、③相手方が代理権の消滅について善意・
無過失であることという要件を備えている場合に成立します。

エ）複合型の表見代理（民法109条2項・民法112条2項）

　表見代理には、上記ア）〜ウ）のほかに、これらを組み合わせた複合型の
表見代理があります。具体的には、①代理権授与の表示による表見代理人が
その表示に示された権限を越える行為をする場合（民法109条2項）と、②代
理権消滅後の表見代理人が以前有していた代理権を超える行為をする場合
（民法112条2項）です。

　①では、もし表示された範囲内での代理行為がなされたとすれば「代理権
授与の表示による表見代理」によって責任を負う場合に、実際には表示され
た範囲外の代理行為がなされたときは、相手方がその行為について代理権が
あると信じる正当な理由があるときに本人は責任を負います。また、②では、
もし消滅前の代理権の範囲内での代理行為がなされたとすれば「代理権消滅
後の表見代理」によって責任を負う場合に、実際にはその範囲外の代理行為

がなされたときは、相手方がその行為について代理権があると信じる正当な理由があるときに本人は責任を負います。

オ）本人の損害賠償請求

　表見代理に当たると認められ、その結果、本人に損害が生じた場合（例えば、前記イの例で、家屋の売買契約成立が認められ、本人がその家屋の所有権を失った場合）、本人は代理人に対して不法行為（あるいは債務不履行）として被った損害の賠償請求ができます。

V 契約の効力の発生

① 契約が取消しまたは無効の対象となる場合

（1）契約の効力の発生

　契約が成立すると、契約当事者（例えば、売買契約における売主と買主）間に債権・債務関係が形成され、以後、この債権・債務関係を中心に取引当事者間の契約関係が法律的に定まります。

　ただし、取引当事者の意思が合致して契約が成立しても、次の要件を充たさない場合には契約の効果が生ぜず、債権・債務は成立しません。

〈成立要件〉
・当事者が存在すること
・目的（物）が存在すること
・意思の合致（合意）が存在すること

〈有効要件〉
・契約内容が確定していること
・契約内容が実現可能であること
・契約内容が適法であること
・契約内容が公序良俗に反せず社会的に妥当であること
・契約当事者が意思能力を備えていること
・契約当事者が行為能力を備えていること
・意思表示が錯誤・強迫・詐欺等によってなされたものでないこと

〈効果帰属要件〉
・契約の締結者に代理権・代表権があること（契約が代理・代表によってなされる場合）

〈効力発生要件〉
・条件が成就していること
・期限が到来していること

COLUMN

<ruby>公序良俗<rt>こうじょりょうぞく</rt></ruby>

公序（公の秩序）とは国家社会の一般的利益、良俗（善良の風俗）とは社会の一般的倫理をいいますが、現在ではこれを区別せず両者合わせて**法律行為の社会的妥当性を判断する基準**であると考えられています。

公序良俗に反する法律行為は民法上無効（民法90条）ですが、これは、誰が見ても正義や人倫に反する反社会的な行為は、法の保護に値せず効力を認めないという趣旨です。

例えば、殺人を依頼して報酬を支払う契約のように犯罪を行うことを内容とする契約や、<ruby>妾<rt>めかけ</rt></ruby>契約のように家族や社会の倫理的秩序に反する契約などは公序良俗に反して無効であり、たとえ相手方が契約の履行を請求してきてもこれに応じる必要はありません。

(2) 無効と取消しの効果

無効な行為（取消しによって始めから無効であるとみなされた行為を含む）に基づく債務の履行として給付を受けた者は、相手方を原状に復させる義務を負います（原状回復義務、民法121条の2第1項）。この場合において、行為の時に意思能力を有しなかった者、および、行為の時に制限行為能力者であった者については、その行為によって現に利益を受けている限度において、返還の義務を負います（民法121条の2第3項）。

(3) 取り消すことができる行為の追認

取り消すことができる行為は、取消権を有する者が追認したときは、以後、取り消すことができず、有効に確定します（民法122条・120条）。追認は、

取消しの原因となっていた状況が消滅し、かつ、取消権を有することを知った後にしなければ、その効力を生じません（民法124条1項）。

② 契約の効力の発生時期

当事者間で契約が締結されると、その効力は原則として契約成立と同時に発生します。しかし、契約を締結する際に、当事者の合意により、契約に期限や条件を付けたり、期間を設けたりすることがあります。

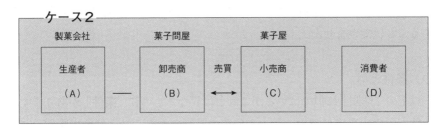

（1）　期限と条件

ア）期限とは

例えばケース2において、BとCの間で「代金の支払いは契約の日から1か月後」と契約した場合は、Cは代金の支払いを1か月後まで履行しなくても構いません。このように、**契約の効力の発生・消滅または債務の履行を将来発生することが確実な事実**（1か月後というのは必ず到来します）**にかからせる特約を期限**といいます（民法135条参照）。

「**期限**」には、「1か月後」というように、**将来発生する期日が確定している**「**確定期限**」以外に、「自分が死んだら」などという、**将来発生することは確定していますが、いつ発生するかが不確定である「不確定期限」**とがあります。また、「期限」には、効力を発生させるために付されるものと、効力を消滅させるために付されるものとがあります。前者を「**始期**」、後者を「**終期**」といいます。

イ）期限の利益とは

期限が付与される場合、期限の到来までは債務の履行を請求されず、ある

いは債権・債務が発生しないため、Cは例えば1か月後まで売買代金を支払う必要がないという利益を享受して、売買代金額を1か月間自ら運用することができます。このような期限によって享受できる利益を「**期限の利益**」といいます。**期限の利益は債務者のために定めたものと推定されます**（民法136条1項）。しかし、債務者が破産するなど、債務者の資産状況が極度に悪化した場合などには、債権者は期限を債務者に猶予（ゆうよ）する必要がなく直ちに請求できます（民法137条）。これは、債務者が期限の利益を喪失することを意味します。

　期限の利益は放棄することができますが、これによって相手方の利益を害することはできません。

ウ）条件とは

　以上の「期限」に似てはいるがこれとは異なるものに「**条件**」があります。条件も将来の事実に契約の効力や債務の履行をかからせる特約ですが、「将来事実が発生することが確実である」というのが期限であるのに対して、「将来事実が発生することが不確実である」のというのが条件です。

　例えば、ケース2（P.75）において、BがCとの間で、「一定期日までに製菓会社Aの下で新商品が開発されれば、この売買契約は効力を生じる」と契約したとします。この場合、売買契約は、契約を締結した時点で成立しますが、その効力は一定期日までの間にAの下で新商品が開発されるまでは発生しません。しかも、Aが一定期日までに新商品を開発するかどうかは、契約の時点では、不確実な事実です。このように、「一定期日の新商品の開発」というような**将来発生するかどうか不確実な事実に、契約の効力の発生・消滅をかからせる特約を「条件」**といいます。

　条件には、条件成就（実現）によって契約の効力が生じる「停止条件」と、条件成就によって効力を失う「解除条件」とがあります（民法127条1項2項）。上記の例は、「一定期日までに製菓会社Aが新商品を開発する」という条件の成就によって売買契約の効力が生じる場合であり、停止条件に当たります。これに対して、例えば「売買契約は効力を生じるが、一定期日までに製菓会社Aの下で新商品が開発されなければ売買契約は失効する」という条件で

あれば、解除条件に当たります。

(2) 期間の計算方法

条件や期限に関連するものとして、期間があります。

例えば、「契約期間を3年とする」とか「時効期間は10年」などという場合の期間は、どのようにして計算するのでしょうか。

これに関し民法は、一般的な計算方法の原則を定めています。それによると、「日・週・月・年」を基準として期間を定める場合には、期間が午前0時から始まる場合を除き、初日は不算入とします（民法140条）。例えば、6月1日から5日間という場合、6月1日の午前0時から起算する契約は6月5日、それ以外の契約は、6月2日から5日間をカウントしますので、6月6日の夜中の12時にそれぞれ満了することになります。

また、週・月・年の長さは、暦に従って計算することになっており、起算日に対応する日の前日をもって終了するとされます（民法143条）。例えば、6月1日の1年後は、6月1日の午前0時から始まる契約については翌年の5月31日をもって、それ以外の契約については翌年の6月1日の終了をもって期間が満了することになります。

この計算法によると、例えば1月30日から1か月間、あるいは閏年の2月28日から1年間という場合には、起算日が1月31日か2月29日となり、期間の最後の月にはそれにあたる日がありません。このような場合には、最後の月の末日、すなわちいずれも2月28日が期間の末日となります（民法143条2項）。

以上のルールは、一般的な期間の計算方法として適用されますが、個別の法律で、これと異なる特則が定められている場合もありますので注意を要します。例えば、年齢の計算については、「年齢計算に関する法律」により、初日不算入の原則が排除され、出生時刻を問わず、出生日から起算されることとされています。

第 ❸ 節
契約成立後の法律関係

Ⅰ 売買契約の効果と債務の履行

❶ 売買契約の効果

　先にも述べた通り、売買契約が成立すると、契約当事者に権利義務が発生します。ケース2（P.75）において、卸売商Bと小売商Cとの間に売買契約が成立することによって、両者に発生する中心的な権利義務は、次の通りです。

	権　利	義　務
B（売主）	代金を請求する権利を持つ	目的物（菓子）を引き渡す義務を負う
C（買主）	目的物（菓子）の引渡しを請求する権利を持つ	代金を支払う義務を負う

COLUMN　売買契約に関する規定の準用

　本節で説明する民法の規定のうち、債務不履行および受領遅滞に関する規定は、原則として、すべての債権に適用され、解除および危険負担に関する規定は、原則として、すべての契約に適用されます。

　また、売買は、有償契約の典型であり、民法559条本文は、「この節（売買）の規定は、売買以外の有償契約について準用する」と定めています。有償契約とは、契約の当事者が互いに経済的な対価を支払う契約をいいます（P.45参照）。民法上の典型契約のうち、売買以外の有償契約には、賃貸借、利息付消費貸借、雇用、請負、有償寄託、負担付贈与等があります。つまり、通常の社会生活で目にする契約の多くが有償契約であり、これらに売買に関する民法の規定が準用され、その結果、追完請求権・代金減額請求権を定める売買の契約不適合責任の規定が準用されます。ただし、有償契約の性質が準用を許さないときは、準用されません（民法559条但書）。

例えば、請負契約に基づいて引き渡した物に契約不適合があった場合、注文者は、売買の規定の準用によって、請負人に対し、追完請求権・代金減額請求権といった契約不適合責任を追及することができます。

② 債務の履行

(1) 弁済による債権の消滅

契約に基づいて有効に債権・債務が発生すると、債務者は契約に従って自ら負担する債務の内容を実現しなければなりません。**債務の内容を実現することを「履行（弁済）」といい、履行（弁済）がなされると債務は消滅します**（民法473条）。履行する時期、場所、それに要する費用については契約で定められるのが通常であり、契約で定められていた場合には、債権者は、その契約に従って、債務者に履行を請求することになります。

契約で、履行する時期や場所などについて明確に定められなかった場合には、民法や商法の規定が補充的に適用され、これに従うことになります。

(2) 持参債務・取立債務と弁済の方法

ア）持参債務と取立債務

債務者が債権者の営業所で債務を履行すべきことが契約で定められた場合、債務者は期日に債権者の営業所へ目的物を持参して債務を履行しなければなりません。このような債務を「**持参債務**」といいます。また、期日に債権者が債務者の営業所で目的物を取り立てることが契約で定められた場合には、債権者が取り立てる前に債務者は目的物を引き渡す準備を終えていなければなりません。このような債務を「**取立債務**」といいます。もし、債務者が取立債務であると思って営業所で債権者が受け取りに来るのを待っていたところ、それは勘違いで実は持参債務であった場合、債務者は債務不履行に陥り損害賠償責任を負うことになりかねません。また、取立債務である場合、債務を取り立てるのに要する費用（例えば債務者の営業所までの交通費）は債権者の負担となりますが、持参債務である場合は、債務を履行するための

費用（債権者の営業所までの交通費や振込送金の場合の振込手数料）は、債務者の負担となります。なお、履行のための費用について別段の意思表示がないときは、その費用は債務者の負担とされますが、債権者が住所の移転その他の行為によって費用を増加させたときは、その増加額は、債権者の負担とされます（民法485条）。

取立債務か持参債務かは重要な事項であり、契約内容を十分に確認する必要があります。

イ）弁済の場所および時間

契約で持参債務か取立債務か定まっていなければ、契約の目的物が特定物の場合には、債権発生の当時、その物が存在した場所が給付の場所になり、特定物の引渡し以外では、債権者の現在の住所が弁済・提供の場所になるので（民法484条1項）、持参債務になります。

なお、商行為によって生じた債務について、契約等にその債務の履行場所の定めがないときは、特定物の引渡しはその行為のときにその物が存在した場所において、その他の債務の履行は債権者の現在の営業所（営業所がないときは住所）において行うことが原則です（商法516条）。支店での取引はその支店が営業所となります。

買主の代金支払債務の履行場所は、特約がなければ、売買の目的物の引渡しと同時に支払うべきときは目的物の引渡場所であり（民法574条）、それ以外の場合は売主の営業所または住所です（商法516条、民法484条1項）。

法令または慣習により取引時間の定めがあるときは、その取引時間内に限り、弁済をし、または弁済の請求をすることができます（民法484条2項）。

COLUMN 　特定物売買と種類物（不特定物）売買

　特定物とは、当事者が物の個性に着目して取引をする場合のその物をいい、特定物の引渡しを内容とする債務を特定物債務といいます。不動産や中古車などが一般的に特定物とされます。これに対して、当事者が個々の物の個性に着目するのではなく、一定の種類に属し一定の品質を有する一定量の物（種類物または不特定物）を取引の対象とする場合、そのような物の引渡しを内容とする債務を種類物債務または不特定物債務といいます。大量生産される工業製品などは、一般的に種類物（不特定物）とされています。ケース3（P.87）の中古住宅の売買における売主の引渡債務は特定物債務であり、ケース2（P.75）の菓子売買における売主の引渡債務は種類物（不特定物）債務です。

　なお、不特定物も、債務が履行される直前のある段階では、給付の目的物として特定され、それ以降はほぼ特定物と同様に扱われることとなります。

ウ）弁済（履行）の提供

　このように、持参債務の場合には、債務者は期日に目的物を債権者の営業所に持参して履行を完了しようとします。また、取立債務の場合には、債務者は期日までに債権者の取立に応じられるように目的物を準備してその旨を債権者に通知します。こうした、**債務者側で債務の履行のためにできるすべてのことを行い、あとは債権者が協力してくれれば履行が完了するという債務者側の行為を「弁済（履行）の提供」**といいます。履行（弁済）の提供とは、債務者が履行までにすべきことの最終段階を意味します。

　弁済（履行）の提供を行うと、債務者は後述する**債務不履行には陥りません**（民法492条）。ただし、そのためには、債務者は**債務の本旨**に従って（法律の規定・契約の趣旨・取引慣行・信義誠実の原則等に従った適切な方法で）現実に履行の提供をしなければなりません（民法493条）。

　弁済をする者は、弁済と引換えに、弁済を受領する者に対して、受取証書の交付またはその内容を記録した電磁的記録の提供を請求することができます（民法486条）。

(3) 受領権者としての外観を有する者に対する弁済

　債権者、および法令の規定または当事者の意思表示によって弁済を受領する権限を付与された第三者を、民法上、受領権者といいます（民法478条）。弁済は、受領権者に対してしなければならないのが原則です。

　もっとも、受領権者以外の者であって取引上の社会通念に照らして受領権者としての外観を有するものに対してした弁済は、その弁済をした者が善意であり、かつ、過失がなかったとき（善意・無過失）に限り、その効力を有します（民法478条）。

(4) 債務の履行時期（売買の目的物の引渡時期）

　売買契約における売主の目的物引渡債務を履行すべき時期は、所有権の移転や当事者間における危険負担、債務不履行（履行遅滞）、品質保証・責任期間等を定める基準として重要な意味を持ちます。また、企業会計上も収益発生の基準日の1つとして用いられます。引渡時期については、具体的には期日、期限、期間を定める方法があります。当事者間の契約等に目的物の引渡時期が定められておらず、かつ商慣習もない場合は、買主が履行の請求をした時が引渡時期となります（民法412条3項）。

(5) 弁済の効力の発生時期
ア）目的物の所有権の移転時期

　売買契約における目的物の所有権の移転時期は、民法の原則によれば、売買契約当事者間で意思表示が合致した時点です（民法176条）。もっとも、これでは代金の支払いが後払いや分割払いとされている場合、売主にとって不利です。そこで、所有権移転時期を代金完済時まで遅らせること等を目的として、所有権移転時期について特約を設けることがあります（所有権の移転時期につき、詳しくはP.168参照）。

イ）金銭債務の消滅時期

　売買代金等の金銭債務を現金で支払う場合には、金銭が交付されたときに債務が消滅します。銀行等への振込みによる弁済は、債権者が銀行等の口座

から払込金の払戻しを受けられる時に、その効力が生じます（民法477条）。

（6）　売買目的物の検査等
ア）受領した売買目的物の検査・通知義務

　売買契約が成立することによって、買主には売買目的物（商品）の引渡請求権（ケース2、P.75の場合には、Cの菓子の引渡請求権）が生じます。そして、売主は自身が負担する債務を履行する義務を負うため、商品を引き渡し、買主がその商品を受け取ることになります。

　その際、引き渡された商品が契約で定められた数量・品質を充たしているかどうかということは極めて重要です。

　そこで、買主は商品が到着するとすぐに、契約書、注文書の控えや売主から送られてきた納品書などと照合しながら、商品の破損や数量不足等がないかを検査するのが通常です。検査の結果、異常がなければその商品を受領することになります。

　商法は、この目的物の検査およびその結果異常があった場合の処置について規定しています（商法526条）。すなわち、**商人間の売買の場合には、買主は売買目的物を受け取ったら遅滞なくその検査をしなければならず、その結果、目的物に種類・品質・数量に関して契約内容に適合しないこと（契約不適合）を発見したときには直ちに売主にこれを通知しなければなりません。そして、直ちに発見できない異常についても、商品を受け取った後6か月内にその異常を発見したときには、やはり直ちに売主にその旨を通知しなければなりません。この通知をしなかった場合には、買主は商品の異常や数量不足を理由とする後述の契約不適合責任を追及することができなくなります。**

　もっとも、売買目的物の契約不適合について、売主が悪意であった場合には、買主にこの通知に関する期間制限は適用されません（商法526条3項）

　検査の方法としては、売買目的物の契約不適合を発見するために通常合理的と考えられる方法で行う必要があります。実務上は、少量で高価なものは全商品についての個別検査、大量・同種のものについては抜取り検査、機械については試運転といった方法によるのが一般的です。

　買主にこのような義務が課されているのは、商人間の売買では大量の商品

を継続的に取引することが多く、決済を迅速にする必要があり、また、あまり長期間経ってから異常を指摘されても売主としては原因の調査に支障をきたすからです。

したがって、買主にこの検査・通知義務が課されるのは、売主および買主がいずれも商人である場合のみであり、売主または買主が商人でない場合には、この義務は課されません。

イ）買主の目的物保管・供託(きょうたく)義務

前記アの検査の結果、売買目的物に瑕疵や数量不足があり買主が契約を解除した場合、民法上、買主および売主は、ともに原状回復(げんじょうかいふく)義務を負い、買主は目的物を原状に復した上で売主に返還しなければならず、売主はすでに受け取った代金を買主に返還しなければなりません（民法545条1項本文）。しかし、買主と売主の営業所が遠隔地にあるときは、運送の費用・手間および目的物の滅失・損傷の危険を軽減する、あるいはそのまま他に転売したいなどの理由で、売主または買主が目的物の返還を望まない場合があります。

そこで商法は、買主と売主の営業所が同一市町村内にないときは、買主は売主の費用で売買の目的物および数量を超過した物品を保管・供託しなければならず、またその目的物に滅失・損傷のおそれがあるときは、裁判所の許可を得て競売し、代価を保管または供託しなければならないと定めています（商法527条・528条）。

目的物保管義務・供託義務については、商法上義務の存続期間の定めがなく、また商品の売却につき裁判所の許可が必要とされかつ競売によらなければならないとされるため、買主の負担が大きいといえます。そこで、買主の負担を軽減するよう、これらの義務の内容・期間などを契約で明確に定めておくべきです。

❸ 履行の強制と受領遅滞

（1）履行の強制

債務者が任意に債務を履行せず、履行の請求をしても応じない場合、債権

者は、強制執行の手続により、強制的にその債務の内容を実現することができます。ただし、債務の性質上、強制的な履行を認めるべきでない債務については、許されません。執行方法は、債務の内容により取り得る手段が異なり、直接強制、代替執行、間接強制などの方法があります。強制執行は、裁判所に請求することにより行います（民法414条1項、民事執行法）。

直接強制	債務の内容をそのまま強制的に実現する方法
代替執行	債務者以外の者に債務の内容を実施させ、その費用を債務者から取り立てる方法
間接強制	履行しない場合に一定の金額を支払わせることにより、間接的に債務者に債務の内容の実現を強制する方法

(2) 受領遅滞

ア) 受領遅滞とその効果

債務者が債務を履行するのに、債権者が債務者による弁済の提供を受領するなど債権者の協力が必要なことがあります。この場合に、債務者が債務の本旨に従った弁済の提供をしたにもかかわらず、債権者が協力することを拒絶し、あるいは協力できないために、債務の履行ができない状態を受領遅滞といいます（民法413条）。

受領遅滞に当たる場合、債権者は、次の責任を負います（民法413条・413条の2第2項)。

> ① 債務の目的が特定物の引渡しである場合、債務者の注意義務が軽減され、履行の提供をした時からその引渡しをするまで、自己の財産に対するのと同一の注意をもって、その物を保存すれば足りる。
> ② 履行の費用が増加したときは、その増加額は債権者の負担とする。
> ③ 履行の提供があった時以後に当事者双方の帰責事由によらずに債務の履行が不能となったときは、その履行の不能は、債権者の帰責事由によるものとして扱う。

なお、債務者が弁済の提供をしているにもかかわらず、債権者が受領遅滞をしている場合は、弁済提供の効果として、債務者は、債務不履行責任を負

いません（民法492条）。

イ）債務を消滅させる方法

　債権者の受領遅滞があると、債務者は、債務の履行を完了することができず、目的物引渡義務を負い続けます。このような状態が続くのを防ぐため、債務者は、次の通り、供託または自助売却（じじょばいきゃく）をすることが認められています。

　債務者が弁済の提供をしているにもかかわらず、債権者が受領遅滞をしている場合は、債務者は、弁済の目的物を供託することができ、供託をした時にその債権は消滅します（民法494条1項）。商人間の売買で、買主に受領遅滞があった場合には、売主は弁済の提供をしなくても、供託をすることができます（商法524条1項）。

　また、弁済者は、①目的物が供託に適さないとき、②滅失・損傷等による価格低落のおそれがあるとき、③保存に過分の費用を要するとき等一定の場合には、裁判所の許可を得て、弁済の目的物を競売に付し、その代金を供託することができます（自助売却権、民法497条）。

　商人間の売買においては、大量・継続・反復的に取引がなされており、迅速性が要求されるので、買主に受領遅滞がある場合、売主は、その物を供託するか、または相当の期間を定めて催告をした後に競売に付することができます（商法524条1項）。損傷その他の事由による価格の低落のおそれがある物であれば、売主は催告をしないで競売に付することができます（商法524条2項）。

　商事売買において、売主がその物を供託し、または競売に付したときは、遅滞なく、買主に対してその旨の通知をしなければなりません（商法524条1項後段）。また、競売をしたときは、売主は、その代価を供託しなければなりませんが、売主は、その代価の全部または一部を代金に充当することができます（商法524条3項）。

Ⅱ 債務の履行にかかわる諸問題

❶ 債務不履行責任

(1) 債務不履行とは

債務者は、債務をその本旨に従って履行（弁済）しなければなりません。もし債務者が債務の履行を怠ると、債務者は債務不履行による責任を負います。**責任の内容には、前述の債務の履行の強制のほか、損害賠償請求、契約の解除があります。** 以下では、債務不履行を、履行遅滞、履行不能、不完全履行の3類型に分けて説明します。

(2) 債務不履行の種類と要件

ア）履行遅滞とは

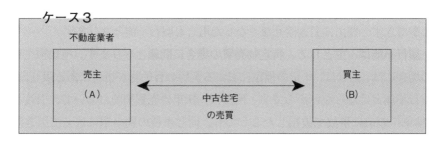

履行遅滞とは、債務を履行できるのに、履行期限までに債務を履行しないことをいいます。

ケース3で、不動産業者Aが約束の期日に住宅を明け渡さず、引渡しが完了しない場合、Aの債務は履行遅滞となります。

そこで、履行遅滞では、どの時点から遅滞による責任を負うのか、すなわち履行期がいつかということが問題となります。この履行期については、次のように定められています（民法412条）。

> ① 確定期限がある場合は、期限が到来した時
> ② 不確定期限がある場合は、期限が到来した後に履行の請求を受けた時または債務者が期限の到来を知った時のいずれか早い時
> ③ 期限の定めがない場合は、履行の請求を受けた時

イ）履行不能とは

　履行不能とは、契約時には履行可能であった債務が履行することができなくなったことをいいます。不能かどうかは、契約その他の債務の発生原因および取引上の社会通念に照らして判断されます。履行不能となった場合、債権者は、債務者に対し履行を請求することができません（民法412条の2第1項）。

　例えば、ケース3において、中古住宅の売買契約締結後その住宅の引渡債務の履行前に、失火によって住宅が焼失してしまった場合、売主Aの買主Bに対する住宅引渡債務は履行不能となります。中古住宅は、一軒一軒が異なり、まったく同じ住宅は存在しません。したがって、売買契約の目的物とした中古住宅が焼失してしまえば、その引渡債務は履行不能となるのです。

　また、他人の所有物を目的物として締結した売買契約において（このような売買契約も有効とされます。民法561条）、売主がその目的物を取得することができず、買主に引き渡せなくなった場合も履行不能となります。

　履行不能は、主として、特定物売買の場合に問題となります。種類物売買の場合には、通常は、一定の種類に属する契約の目的物が市場にある限りは、履行不能とはならないからです。例えば、新車の売買契約において、引渡し（納車）の前に事故で破損したとしても、同じ車種の別の車に代えて引き渡すことができます。

　なお、履行遅滞の状況において、不可抗力など当事者双方の帰責事由によらずにその債務の履行が不能となったときは、その履行の不能は、債務者の責めに帰すべき事由によるものとみなされます（民法413条の2第1項）。

ウ）不完全履行とは

　不完全履行とは、履行期に債務は履行されたが、不完全であり（目的物に不具合があったり、数量が不足している場合など）債務の本旨に従った履行ではないことをいいます。履行期前に不完全な履行がなされても、その後履行期までに完全な履行がなされれば不完全履行とはなりません。

　例えば、ケース2（P.75参照）で、卸売商Bが小売商Cに納品した菓子が、長期間Bの倉庫に保管されていたものであったため品質保証期限を大幅に過

ぎていたという場合、Bの履行は債務の本旨に従った履行とはいえず不完全履行に当たります。

不完全履行には、不完全な部分を補うことにより完全な履行をすること（これを追完といいます）が可能な場合と、完全な履行（追完）が不可能な場合があります。例えばケース2で、Cが納品後消費者Dへ販売する前に、すぐに菓子が期限切れであることに気付いたという場合は追完が可能な場合に当たり、Cが保証期限切れに気づかずにそのまま菓子を店頭で販売した結果、多数の顧客を失った場合は追完が不可能な場合に当たります。

売買契約のような有償契約の債務について、不完全履行に該当する場合には、契約不適合責任（P.95参照）の対象にもなることがあります。

COLUMN　不完全な履行と検査・通知義務

商人間の売買の場合には、売買目的物の受領にあたって、検査・通知義務が課されています（P.83参照）。したがって、買主が所定の通知を怠った場合には、原則として売主の不完全な履行を理由に完全な物や不足分の履行を求めたり、損害賠償・契約解除を主張するといった契約不適合責任（P.95参照）を追及することはできません（商法526条）。

(3)　債務者が債務不履行責任を免れるための要件（免責事由）

上記のような債務不履行の各類型に該当する状況があっても、債務を履行する側の債務者に以下のような事情が存在すれば、**債務者は債務不履行による損害賠償責任を免れることができます**。

ア）履行をしないことが違法でないこと

債務者は、債務を負っていますから、債務を本旨に従って履行しないことは、違法ということになります。しかし、債務の履行をしないことが違法といえない事情が存在する場合には、債務者は、債務不履行による責任を免れます。これには、同時履行の抗弁権（民法533条）や留置権（民法295条、P.300参照）があります。

このうち、**同時履行の抗弁権は、売買契約のような双務契約において、お**

互いの債務の履行期が同時の場合、当事者の一方は、相手方が債務の履行を提供するまで、自己の債務の履行を拒絶することができる権利です。例えば、ケース3（P.87参照）では、売主Aが中古住宅を買主Bに引き渡すことを内容とする引渡債務とBのAに対する売買代金債務は対価関係にあることから、Bの債務の履行については、同時履行の抗弁権により、Aの債務の履行の提供（例えば、中古住宅の引渡しの準備とその旨の通知）があるまでは代金を支払わないと主張できます。契約の双務性に由来するルールの1つです。

　同時履行の抗弁権や留置権を主張できる場合は、自らの債務を履行しなくても、債務を履行しなかったことが違法とはいえないので、履行遅滞には当たりません。

イ）債務者に帰責事由がないこと

　債務の不履行が債務者の責めに帰することができない事由によるものであるとき（債務者に帰責事由がないこと）も、債務者は債務不履行による責任を免れます。帰責事由がないといえるかどうかは、**契約その他の債務の発生原因および取引上の社会通念に照らして判断されます**（民法415条1項）。債務者の責めに帰することができない事由の例として、大規模な天災地変などの不可抗力により履行できない場合があります。

　なお、契約締結後に履行が不能となり、それが債務者の帰責事由によるものではなかった場合には、債務者に履行不能による債務不履行責任は生じません。この場合は、危険負担の問題となります（P.97参照）。

> ## COLUMN 履行補助者と債務不履行責任
>
> 　債務者が債務を履行するにあたり、債務者自身以外の者を使用することがあります。このような者を履行補助者といいます。売買契約において、売主が企業の場合に目的物を買主に引き渡す従業員や、売主の委託を受けて売買目的物を引渡場所まで届ける運送業者、請負契約において請負人が使用する下請負人などが履行補助者の例です。
>
> 　この履行補助者の行為によって債務が履行できなかった場合に、債務者の債務不履行責任となるか否かは、「債務者の責めに帰することができない事由」に当たるか否かという点から判断されます。そして上記で説明した通り、この判断は、契約その他の債務発生原因および取引上の社会通念に照らして行われます（民法415条1項）。

(4) 債務不履行による損害賠償請求

　債務者が債務を履行しない場合、債権者は、当然のこととして債務者に対して、債務の履行を請求することができます。また、履行された債務が不完全で追完が可能な場合には、完全な履行を請求（完全履行請求権・追完請求権）することができます。追完の内容は、契約の趣旨により、代物や追加の履行、修理などです。

　また、履行の強制（民法414条、P.84参照）や損害賠償請求（民法415条）、契約の解除（民法541条・542条）をすることができます。契約の解除は、次に説明することとし（P.93参照）、ここでは損害賠償請求について説明します。

ア）損害賠償の意味

　債務者がその債務の本旨に従った履行をしない場合、債権者はこれによって生じた損害の賠償を請求することができます。具体的には、債務不履行に該当し、前述の免責事由（(3) 参照）が認められない場合に、債権者は、債務者に損害賠償請求をすることができます（民法415条1項）。

イ）損害の内容

　履行遅滞の場合、債権者は債務者に対して履行が遅れたことによる損害の

賠償を請求することができます（**遅延賠償**）。金銭債務であれば遅延利息であり、物の引渡債務であればその物を利用できなかったことによる損害です。

これに対し、履行不能の場合には、債務が履行されたなら得られたであろう利益、すなわち給付の内容そのものの価値の賠償を請求することができます（**塡補賠償**）。

不完全履行に関しては、一般に、追完が可能な場合は履行遅滞に準じて、追完が不可能な場合は履行不能に準じて考えられています。

ウ）損害賠償の方法と範囲

損害賠償は、原則として、**損害を金銭に見積もって行われます**（**金銭賠償の原則**、民法417条）。

債権者は、債務不履行によって生じた損害のうち、債務不履行によって通常生ずべき損害（**通常損害**）と、特別の事情によって生じた損害であって当事者がその事情を予見すべきであったもの（**特別損害**）について、損害賠償請求をすることができます（民法416条）。

ただし、債権者が損害を被ると同時に利益を受けた場合、損害額から利益額を控除して損害額を算定します。これを**損益相殺**といいます。また、債務不履行について債権者にも過失があり、これが損害の発生や拡大の一因となった場合、損害額から債権者の過失割合に相当する額を差し引いて賠償額が決定されます。これを**過失相殺**といいます（民法418条）。

エ）金銭債務の特則

世の中から金銭がなくなることはないことから、金銭債務の不履行については、特別の規定が設けられています（民法419条）。すなわち、金銭債務については、債務者は、履行期限を過ぎると、不可抗力を理由に責任を免れることはできず、履行遅滞となります。損害賠償額（遅延利息）は、当事者間に特約がなければ法定利率（民法404条）により定められます。また、その際、債権者は損害の証明をする必要はありません。

オ）違約金（損害賠償額の予定）

　債務を確実に履行させるため、履行遅滞や履行不能があった場合に、違約金を徴収する旨を契約で定めておくことがあります。例えば、売買契約において、売主がその目的物を買主に引き渡すことができなかったときは○○円支払うという場合です。

　違約金は、損害額の評価の困難を避けるために、あらかじめ損害賠償義務者が支払わなければならない賠償額を定めた「**損害賠償額の予定**」と推定されます（民法420条）。

　損害賠償額の予定に関して当事者間で約定がなされたときは、原則として、当事者間で次のような効果を生じます。

① 　債務者は、損害が実際には生じていないこと、または実際に生じた損害の額が賠償額の予定で定められた金額より小さいことを証明した場合でも、損害賠償責任を免れたり、賠償額を減額されたりすることはありません。

② 　債権者は、損害賠償額の予定で定められた金額より実際の損害額が大きいことを証明した場合でも、損害額の予定で定められた金額以上を債務者に請求することはできません。

③ 　債務不履行に基づく損害賠償請求訴訟が提起された場合において、当事者間の契約で損害賠償額の予定がなされているときは、原則として、裁判所もこれに従って賠償額を判断しなければなりません。

❷ 契約の解除

　契約の解除とは、債権者が債務者の債務不履行等を理由として、債務者に対する一方的な意思表示によって契約を終了させることをいいます（民法540条）。

　契約の解除は、債務者の帰責事由の有無にかかわりなく認められます。これに対し、債権者に帰責事由がある場合には、その債権者は、解除をすることができません（民法543条）。

(1) 催告による解除

債務不履行の場合に、債権者が相当の期間を定めてその履行の催告をし、その期間内に履行がないときは、債権者は、契約の解除をすることができます（民法541条本文）。この催告による解除は、履行遅滞や追完可能な不完全履行のように、催告により改めて完全な履行をすることが可能な債務不履行の場合の解除です。なお、催告期間を経過した時における債務の不履行がその契約および取引上の社会通念に照らして軽微であるときは、解除をすることはできません（民法541条但書）。

(2) 催告によらない解除（無催告解除）

債務不履行のうち、契約目的を達することができない一定の場合には、催告をすることなく、直ちに解除をすることができます。具体的には、履行不能の場合や、債務者が履行を拒絶する意思を明確に表示した場合のほか、契約の目的が達成不能な場合です（民法542条1項）。無催告解除は、履行不能の場合だけでなく、履行遅滞や不完全履行の場合にも要件を充たしていれば、することができます。

また、債務の一部の履行が不能であるときなどには、無催告で契約の一部を解除することもできます（民法542条2項）。

(3) 解除の効果

債権者が契約を解除すると、両当事者は、契約前の状態に戻す義務を負います（**原状回復義務**、民法545条1項）。解除の時点でまだ履行をしていないのであれば履行をする必要がなくなり、履行済みのものは相手方に返還しなければなりません。

解除により金銭を返還するときは、その受領の時から利息を付さなければなりません（民法545条2項）。

なお、解除をしたときであっても、債務不履行を理由として損害賠償請求をすることができます（民法545条4項・415条）。

❸ 契約不適合責任

(1) 契約不適合責任とは

例えば、ケース3(P.87参照) において、売主Aが買主Bに引き渡した中古住宅が、雨漏りすることが判明したとして、この場合、買主Bが売主Aにどのような請求をすることができるでしょうか。

中古住宅のような特定物の引渡債務については、契約その他の債権の発生原因および取引上の社会通念に照らしてその引渡しをすべき時の品質を定めることができないときは、弁済をする者は、その引渡しをすべき時の現状でその物を引き渡さなければならないとされています (民法483条)。したがって、契約当事者間で雨漏りがする住宅であることを了解した上で契約したのであればその住宅を引き渡せばよいのですが、そうでないのであれば買主は、通常は雨漏りがしないことを前提に購入していると考えられます。

住宅が雨漏りすることは、売買契約において、引き渡された目的物の品質が、契約の内容に適合しないといえますから、Bは、Aに対し、契約不適合責任を追及することができます。

契約不適合責任は、売買契約に基づき引き渡された目的物が種類、品質または数量に関して契約の内容に適合しないものであるときに、売主が買主に対して負う責任のことです。この契約不適合責任は、債務不履行責任 (P.87参照) の特則であり、目的物が特定物であるか不特定物であるかを問わず適用されます。

(2) 契約不適合責任の内容

契約不適合により、買主が売主に対して行使することができるのは、①追完請求権 (民法562条)、**②代金減額請求権** (民法563条)、**③損害賠償請求権** (民法564条・415条)、**④解除権** (民法564条・541条・542条) です。ただし、契約不適合が買主 (債権者) の責めに帰すべき事由によるものであるとき (③については売主 (債務者) の責めに帰することができない事由によるものであるとき) は、これらの権利を行使することができません。

ア）追完請求権

引き渡された目的物が契約不適合に当たる場合、買主は、売主に対して、目的物の修補、代替物の引渡しまたは不足分の引渡しによる履行の追完を請求することができます。どの方法によるかは、買主が選択することができます。ただし、売主は、買主に不相当な負担とならないのであれば、買主が請求した方法と異なる方法で追完をすることができます（民法562条1項）。

イ）代金減額請求権

買主が相当の期間を定めて追完の催告をし、その期間内に追完がないときは、買主は、その不適合の程度に応じて代金の減額を請求することができます。なお、追完が不可能な場合など、催告が無意味な場合には、買主は、催告をすることなく、直ちに代金減額請求をすることができます（民法563条1項2項）。

ウ）損害賠償請求権・解除権

契約不適合に当たる場合には、買主は、売主に対し、債務不履行を理由とする損害賠償請求をすることができます（民法564条・415条）。また、契約不適合に当たる場合において所定の要件を充たすときは、買主は、売主に対して、債務不履行を理由として売買契約を解除することができます（民法564条・541条・542条）。

COLUMN　移転した権利が契約不適合の場合

民法では、上記の契約不適合責任のほかに、移転した権利が契約内容に適合しない場合の売主の責任が規定されています（民法565条）。該当するのは、例えば、土地の売買契約において、一部が他人の権利である場合、地上権等の用益物権が設定されている場合、抵当権や先取特権が存している場合などです。

責任の内容は、種類・品質・数量に関する契約不適合責任と同様に、買主は、追完請求権、代金減額請求権、損害賠償請求権、契約解除権が認められます。

（3）　権利行使の期間制限

　契約不適合のうち、目的物の種類・品質が契約の内容に適合しない場合、買主は、契約不適合を知った時から1年以内にその旨を売主に通知しなければ、売主に対し、上記4種類の責任追及をする権利を失います。これは、売主は引渡しによって履行が終了したと期待するので、この期待を保護し、法律関係を早期に安定させるためです。したがって、不適合について悪意または重過失のある売主との関係では、権利を失いません（民法566条）。そして、買主が不適合を知ってから1年以内に通知をした場合、または、買主に悪意・重過失があった場合には、消滅時効の一般原則が適用されます（民法166条1項、P.261参照）。

　また、目的物の数量や権利移転義務が契約の内容に適合しない場合は、この規定は適用されず、消滅時効の一般原則が適用されます（民法166条1項）。これらの契約不適合は、外形的に明らかなので、無用の紛争が起こるおそれが低いためです。

❹　危険負担

（1）　危険負担とは

　ケース4で、買主Bが不動産業者Aから中古住宅を買いその引渡しを受ける前に、その中古住宅が隣家からの延焼で焼失してしまった場合、売主（債務者）Aの引渡債務は履行不能となり、引渡債務は消滅します。この場合は、債務者Aに帰責事由がなく履行が不能となったのですから、AはBに対して債務不履行に基づく損害賠償責任を負うことはありません。この場合に、

買主である債権者Bは売買契約に基づき負担した売買代金の支払債務を依然として負うのでしょうか。もし、Bがなお代金を支払わなければならないとすれば、家が焼失したことの損失をBが負担することになるのに対して、Bが代金を支払う必要がないとすれば、家が焼失したことの損失を負担するのはAということになります。

このように、**双務契約において一方の債務がその債務者の帰責事由によらずに履行不能となった場合に、その履行不能の危険を誰が負担するのか**という問題を「危険負担」の問題といいます。

(2) 両当事者に帰責事由がない場合

双務契約の一方の債務が天災地変のように**両当事者の帰責事由によらずに履行不能となった場合**には、**その債務の債権者は反対給付の履行を拒むことができます**（民法536条1項）。例えば、ケース4の中古住宅の売買契約において、第三者の放火により売主が中古住宅引渡債務を履行できなくなった場合、買主は売主に対し代金の支払いを拒否することができます。ただし、あくまで拒否にとどまりますので、買主が代金支払債務を消滅させるには、売買契約を解除することが必要です（民法542条1項1号）。

(3) 債権者に帰責事由がある場合

これに対し、債権者の帰責事由により債務の履行が不能となった場合には、その債務の債権者は反対給付の履行を拒むことができません。ただし、債務者は、自己の債務を免れたことによって利益を得たときは、その利益を債権者に償還しなければなりません（民法536条2項）。ケース4において、買主の放火により売主が中古住宅引渡債務を履行できなくなった場合、売主は買主に対し代金を請求することができ、買主は代金の支払いを拒否することができません。

第❹節
売買以外の契約形態

売買契約以外にも、契約には様々な形態があります。ここでは、特に民法で規定している典型契約（P.45参照）を中心にその内容を説明します。

Ⅰ 貸借型の契約

❶ 消費貸借契約

代金債務の支払いや従業員給与の支払いなどに充てられる運転資金や設備投資資金の調達は、企業活動上非常に重要です。

企業の資金調達は、企業活動による収益、株式の発行（株式会社の場合）や出資などの内部資金を積み立てるほか、外部資金の借入れによっても行われます。外部資金の借入れは、通常は銀行をはじめとする金融機関との間で行われますが、取引企業間で行われることもあります。

ここでは、取引により生じた代金債務の支払いに充てるため資金を借り入れる（法律上は、**消費貸借契約**といいます）ケースをもとに説明します。

なお、実務では、借入れにあたって、担保が必要とされることがあります（担保については第5章第3節を参照）。

（1） 消費貸借契約とは

消費貸借は、当事者の一方が種類、品質および数量の同じ物を返還することを約束して、相手方から金銭その他の物を受け取ることによって効力が生じる契約です（要物契約、民法587条）。ただし、書面でする消費貸借契約は、諾成契約とすることができます（民法587条の2第1項）。現在最も一般的に行われているのは、利息付きの金銭消費貸借契約です。

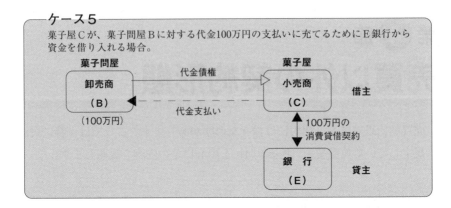

ケース5

菓子屋Cが、菓子問屋Bに対する代金100万円の支払いに充てるためにE銀行から資金を借り入れる場合。

消費貸借における貸主は、特約がなければ、借主に対して利息を請求することができません（民法589条1項）。利率について当事者間に約定がない場合、利息が生じた最初の時点における法定利率となります。法定利率は変動制です。（民法404条）。

　なお、**企業（商人）間で金銭の消費貸借契約を締結したときは、利息の約定をしなくても、貸主は法定利息を請求することができます**（商法513条1項）。

　ケース5では、CEともに商人ですから、商人間の消費貸借契約であるといえ、利息の約定をしなくても、E銀行は菓子屋Cに対して貸付金とともに法定利息を請求することができます（ただし、銀行が金銭を貸し付けるときに利息の約定をしないということはまずありません）。

(2)　消費貸借契約の債務不履行

　利息付金銭消費貸借契約では、利息と元本を毎月分割して返済することが一般的ですが、その場合には毎月一回分の支払期限が到来します。借主Cは、定められた額を毎月銀行Eに返済しなければ債務不履行となりますが、その場合、その月の支払い分だけでなく残債務額についても期限の利益を失う旨の特約をすることが一般的です（期限の利益喪失約款、P.256参照）。

(3)　利息・利率の制限

　利息付金銭消費貸借については、国家経済秩序維持の観点から様々な規制が行われています。民法上は、当事者間で定める利率に関する制限はありま

せんが、暴利行為を排除するために「**利息制限法**」や「出資の受入れ、預り金及び金利等の取締りに関する法律」（出資法）、「**貸金業法**」などの特別法により利率の規制が行われています。

　利息制限法では経済的に弱い立場にある借主を保護するために、**約定利率について一定の上限を設けており、上限を超えた部分の利息の約定は無効**です（利息制限法1条）。

　また、貸金業者等が業として109.5％を超える割合による利息の約定をして金銭消費貸借契約を締結した場合、**当該消費貸借契約自体が無効**です（貸金業法42条1項）。

　さらに、出資法では、貸金業者等が金銭の貸付けを行う場合には年利率の最高限度を20％とし、これを超える高利の貸付契約をしたり、または利息を受け取ったりすると、刑事罰が科されます（出資法5条2項）。

　利息制限法は民事上の契約の有効性について規制をし、さらに悪質な暴利を得る場合には、出資法によって刑事罰が科されるという法規制となっています。

COLUMN　貸金業者の貸付けに関する規制

　貸金業者が個人を相手方として金銭の貸付けを行う場合には、原則としてその相手方の年収等の3分の1を超える額を貸し付けることはできません（**総量規制**。貸金業法13条の2）。この制限は、貸金業者からの借入れについての規制であり、銀行の貸付けは対象外となっています。また、個人事業者については、事業や資金計画等の一定の必要書類を提出し、返済能力があると認められる場合には、総量規制は適用されず、さらに、借入金額が100万円以下の場合には、より簡易な手続で借入れを行うことができるよう配慮されています。

❷ 賃貸借契約

　企業が活動するには、オフィス・店舗・工場・倉庫などの不動産や、電話やプリンター複合機などの設備機器が必要です。これらは購入などにより企業自らが所有する場合もありますが、所有者から賃借することによって調達することも多くみられます。特にオフィスについては、ビルの一棟借り・フロア借りからフロアの一部分（一部屋）を借りるものまで需要に応じて様々な貸借形態があります。

　ここでは、ケース6をもとに、主に不動産賃貸関連の法律関係を説明します。

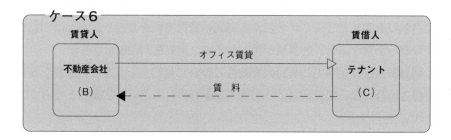

（1）　不動産賃貸借契約の特殊性
ア）賃貸借契約とは

　賃貸借契約とは、賃貸人が賃借人にある物（土地・建物等の不動産や各種の動産）**を使用または収益させ、その対価として賃借人が賃料を支払うことおよび契約終了時にその物を返還することを約束する契約です**（民法601条）。

　このうち動産の賃貸借は、原則として民法の規定だけが適用されますが、建物の賃貸借や建物所有を目的とする地上権または土地の賃借権については、賃借人の保護を目的とする特別法（借地借家法）が制定されており、賃貸借契約の内容が制限されています。また、農地の賃貸借（小作）については、農地法が適用されます。

　ケース6でのBC間の賃貸借契約は、建物の賃貸借の一種ですから、借地借家法が適用されます。

イ）不動産の賃貸借契約と借地借家法

　借地借家法は、原則として同法施行（1992年8年1日）前の賃貸借関係にも遡って適用されます。しかし、多くの例外規定が設けられたため、実際には、施行以前から存在する建物賃貸借・建物所有を目的とした土地賃貸借については、借地借家法の前身である「借地法」「借家法」「建物保護ニ関スル法律（建物保護法）」が適用されるケースもあります。

　前述の通り、借地借家法は賃借人の保護を目的としており、借地借家法が適用される賃貸借契約においては、契約期間・更新条件などの契約条件で賃借人に不利なものは無効です（借地借家法9条・21条・30条・37条）。しかし、例えば、①滞納賃料が3か月分以上に達したときは、賃貸人は賃借人に対する催告手続なく直ちに契約を解除できる旨の規定、②期間の定めのない賃貸借が存続しているときに、一定の期限を設定し、その到来により賃貸借契約を解除するという、期限付合意解約は、原則として賃借人に不利なものに当たらないとされています。

ウ）特殊な不動産賃貸借

　臨時設備の設置その他一時使用のために設定されたことが明らかな借地権は、一時使用目的の借地権とされます。例えば、博覧会の開催期間中だけ土産物店を開くための賃借権が一時使用目的の借地権に当たります。一時使用目的の借地権には、借地権の存続期間や更新の制約に関する規定等の適用がなく（借地借家法3条～8条・13条・17条～18条・22条～24条の適用がありません（同法25条））、賃貸人は土地の返還を受けやすいというメリットがあります。

　一時使用のために設定されたことが明らかな建物の賃貸借についても、その存続期間や更新の制約に関する規定等が適用されません（借地借家法26条～39条の適用がありません（同法40条））。

　賃貸人は、借地借家法上の例外的取扱いを受けるためには、紛争が生じても当該借地権または建物の賃貸借が「一時使用」であるといえるだけの根拠を具備しておく必要があります。すなわち、一時使用というためには、単に契約書の標題部に「一時使用」の文言を記載するだけでは足りず、契約に至っ

た動機・経緯・契約内容・契約条項・土地の位置・周囲環境・建物の所有（使用）目的・建物の規模構造を総合的に契約書に記載または別途記録しておくことを要します。

　また、借家契約については、例えば①契約期間の満了により、更新することなく賃貸借が終了したり（定期建物賃貸借・定期借家）、②各種法規（土地収用法・都市計画法など）によって、将来、土地収用や区画整理の対象となることが明らかな場合に、その土地上の建物の賃貸借をそれらの実施時までに限って存続させる制度が設けられています（借地借家法38条・39条）。

(2)　賃貸人および賃借人の義務

　賃貸借契約では、賃貸人、賃借人はそれぞれ次のような義務を負っています。

ア）賃貸人の義務

　賃貸人は、賃借人に目的物を使用収益させる義務（貸す債務）を負います（民法601条）。したがって、**賃借人が賃貸目的物を使用収益する上で支障がある場合には、賃貸人は目的物についての修繕義務を負うのが原則**です（民法606条1項）。

　そして、賃貸人がなすべき修繕を賃借人が代わりに行ったときは、賃借人は直ちにその費用を賃貸人に請求でき、また目的物に改良が加えられた場合の費用についても、賃貸人は賃貸借終了の時に償還しなければなりません（民法608条）。

イ）賃借人の義務

　賃借人は、賃貸人に対して目的物の使用収益の対価である賃料を支払う義務を負っています。

　また、賃借人は賃貸借終了時には目的物を賃貸人に返さなければなりませんが、それまでの間、目的物を**善良な管理者の注意**をもって管理しなければなりません（**善管注意義務**、民法400条）。

(3) 賃借権の対抗要件

　一般に、権利を契約の相手方以外の第三者（例えば譲受人）に主張するには、登記などの**対抗要件**を備えておくことが必要です。**対抗要件とは、所有権や抵当権などの権利が誰に帰属しているのかを、当事者以外の者に主張するために必要な条件のこと**です。賃借権の場合も第三者に賃借権を主張するには対抗要件（賃借権の登記）が必要です（民法605条）。

　しかし、土地・建物などの不動産賃借権の場合、特約がない限り所有者には賃借権登記の協力義務がなく、賃借人が賃借権の登記をすることは非常に難しいのが実情です。そこで、借地借家法では、賃借人保護の観点から、借地権・借家権について登記以外の方法で対抗要件を備える方法が認められています。

　建物の所有を目的とする借地契約の場合には、借地上の建物の登記（これは地主の協力がなくても登記可能）**が第三者に対する対抗要件です**（借地借家法10条）。オフィスの賃貸借のような**借家契約では、現実に居室**（オフィス）**など賃貸借の目的家屋等が賃借人に引き渡されている限りは、賃借人は賃借権を第三者に主張することができます**（借地借家法31条）。

　なお、賃借物である不動産の使用を妨害等されている場合、対抗要件を備えた不動産の賃借人には、賃借権に基づく妨害停止請求権や返還請求権が認められます（民法605条の4）。

(4) 借地契約・借家契約で授受される金銭

　借地契約や借家契約などの不動産賃貸借契約では、毎月の賃料のほかに、敷金・権利金・保証金などの一時金が授受されることがあります。これらについては法律で明確に規定されているわけではなく、一般に取引上の慣行として行われています。そのため、これらの性質・効力については、慣習等に従って解釈により決められることになります。

敷金 (民法622条の2)	敷金とは、賃料債務その他の賃貸借に基づいて生ずる賃借人の賃貸人に対する金銭の給付を目的とする債務を担保する目的で、賃借人が賃貸人に交付する金銭です。名称の如何を問いません。明渡し時には賃借人に返還されますが、滞納賃料や原状回復費用の未払いがあれば敷金から差し引かれます。
権利金	権利金とは、賃貸借契約に際し賃借人から賃貸人に支払われる金銭です。一般に権利設定の対価ともいうべきものであり、礼金ともいわれ、賃借人に返還されない趣旨で授受されるものが大半です。
保証金	保証金とは、一般にビルなどの賃貸借契約において、賃借人から賃貸人に支払われる金銭をいいます（地域によって名称が異なります）。授受される趣旨は様々であり、権利金的な性質を持つもののほか、敷金と同様に明渡し時に返還されるものもあります。また、年限に応じて償却する（明渡し時に返還される金額が減額される）ものもあります。
更新料	更新料とは、期間満了後も賃貸借契約を更新することの代償として賃借人から賃貸人に支払われる金銭です。
立退料 たちのきりょう	立退料とは、借地あるいは借家の明渡しに際して、賃貸人から賃借人に対して支払われる金銭です。ただ、明渡しの際、常に支払われるとは限らず、賃貸人と賃借人との間で立退料を支払う旨の合意ができた場合に支払われます。 一般的には、借家契約の解約申入れや借地契約・借家契約の更新拒絶の際に、「正当事由」を補完するものとして立退料の提供がなされることが多くみられます（財産上の給付、借地借家法6条・28条）。しかし、賃貸人は、立退料を提供すれば、必ず明渡しを受けられるというわけではありません。

(5) 賃貸借の期間

　民法では、賃貸借の期間については最長でも50年までと限定されています（民法604条）。借地借家法では、賃借人保護の見地から、借地権・借家権の存続期間について次のように定められています。

ア）借地権

　借地借家法にいう**借地権とは、建物の所有を目的とする土地の賃借権と地上権**（民法265条以下）をいいます（借地借家法2条1号）。

　借地権の存続期間については、最初の借地契約の場合は、契約で期間を定めるときには30年以上の期間でなければならないとされており、契約で期間を定めなかったときには、法律上30年となります（借地借家法3条）。

　次に、借地契約の最初の更新の場合は、更新後の期間を定めるときには20年以上の期間でなければなりません。また、更新後の期間を定めないときに

は、20年となります。

　そして、借地契約の2回目以降の更新の場合は、更新後の期間を定めるときには10年以上の期間でなければなりません。また、更新後の期間を定めないときには、10年となります（借地借家法4条）。

　借地借家法では、更新のある借地権（普通借地権）に対して、更新のない借地権、すなわち**定期借地権**が規定されています。具体的には、存続期間を50年以上とする（一般）定期借地権、10年以上50年未満の期間とする事業用定期借地権、30年以上の期間とする建物譲渡特約付借地権の3種類です。なお、存続期間を10年以上30年未満として借地権を設定することができるのは事業用定期借地権のみです。そこで、借地借家法は、存続期間を10年以上30年未満とする事業用定期借地権については、更新等に関する規定を当然に排除すると定めています（借地借家法23条2項）。これに対し、（一般）定期借地権、存続期間を30年以上50年未満とする事業用定期借地権、建物譲渡特約付借地権については、当事者間の特約により、契約の更新等を排除することができるにすぎません。つまり、存続期間を10年以上30年未満とする事業用定期借地権を除いて、普通借地権と定期借地権とは、この契約の更新等を行わない旨の特約の有無により区別されます。

	（一般）定期借地権 （借地借家法22条）	事業用定期借地権 （借地借家法23条）		建物譲渡特約付借地権（借地借家法24条）
存続期間	50年以上	10年以上30年未満	30年以上50年未満	30年以上
契約方式	公正証書等の書面	公正証書に限定		自由
契約目的 （事業目的）	自由	専ら事業の用に供する建物（居住の用に供するものを除く）の所有を目的とする場合に限られる（＊1）。		自由
更　　新	更新しない（＊2）	更新しない	更新しない（＊2）	更新しない（＊2）

（＊1）事業用定期借地権は、事業用建物の所有を目的とする場合に限り設定できますが、その建物が居住用の建物の場合には、たとえ事業用であっても、事業用定期借地権を設定できません。したがって、例えば、賃貸マンション業者が賃貸マンションを建築する目的で土地を借りる場合には、事業用定期借地権は設定できません。

（＊2）更新をしない旨の特約をしておくことが必要です。この特約をしない場合には普通借地権となってしまい、期間が満了しても契約関係が終了せず、更新することになります。

イ）借家権

　建物の賃貸借である借家契約の存続期間を定める場合は、最短期1年とされており、長期については制限がありません。1年未満の期間を定めた場合は、期間の定めのないものとみなされます（借地借家法29条）。

　期間を定めない場合は、解約の申入れ後一定期間の経過により賃貸借契約を終了させる途があります（ただし、正当事由が必要です）。

(6)　賃貸借契約の更新

　賃貸借期間が満了しても、契約を更新することにより賃貸借を継続することができます。当事者が更新を望まない場合は賃貸借を終了させることになりますが、建物の所有を目的とする借地契約や借家契約では賃借人を保護するため、**賃貸人からする更新の拒絶については、正当の事由（「正当事由」という）があると認められなければなりません**（借地借家法6条・28条）。

　なお、借地契約・借家契約における正当事由の存否は、賃貸人・賃借人双方の土地建物の使用を必要とする事情、借地借家の従前の経過および土地の利用状況ならびに立退料等を総合的に考慮して判断されます。

ア）借地契約の更新

　建物の所有を目的とする借地契約の更新には、①当事者の合意による更新、②借地権者の請求による更新、③借地権者が更新請求をしたわけではないが、そのまま土地の使用を継続することで更新の意思を明らかにする場合（使用継続という）の更新の3つがあります（借地借家法5条）。

　②③の場合、賃貸人は遅滞なく異議を述べて更新を拒絶できますが、正当事由があると認められる場合でなければ異議を述べることはできません。

イ）借家契約の更新

　借家契約の更新には、①更新拒絶の通知や借家条件を変更するのでなければ更新をしない旨の通知をしなかった場合、②賃借人による使用継続の場合の更新の2つがあります（借地借家法26条）。ただし、①の通知をした場合に、更新拒絶ができるためには正当事由が必要です。

（7） 賃貸借契約の終了

ア）賃借物の返還義務

　賃借人は、賃貸借契約が終了した場合、賃貸人に対し賃借物を返還する義務を負います（民法601条）。

　その際、賃借物を受け取った後にこれに生じた損傷があれば、賃借人は損傷を原状に復する義務を負います（**原状回復義務**、民法621条）。また、建物の賃貸借において賃借人が建物に持ち込んだ電化製品や家具等のように、賃借物を受け取った後にこれに附属させた物を収去する義務を負います（**収去義務**、民法622条・599条1項）。

　例えば、ケース6（P.102）でテナントＣが賃借していた部屋にパーテーションなど間仕切りを設置していた場合は、退去するに際してＣはそのパーテーションを撤去しなければなりません。

イ）費用償還請求権

　賃貸借契約中に支出される費用には、賃貸目的物の保存に必要な費用（必要費）と賃貸目的物の価値を増加させるような費用（有益費）とがあります。**賃借人が必要費を支出したときには、直ちに賃貸人に対してその支出した費用の全額の償還を請求することができるのに対し、有益費を支出した場合は、賃貸借契約終了時に賃貸人が「賃借人が事実上支出した金額」または「目的物の価格の現存の増加額」のいずれかを選択して償還することになります**（民法608条）。

　なお、賃借人からの費用償還請求権を放棄する旨の特約は有効です。

ウ）建物買取請求権（借地借家法13条）、造作買取請求権（借地借家法33条）

　建物の所有を目的とする借地契約が更新されずに終了した際に、その借地上に借地人が建てた建物が残存している場合、借地人は借地権設定者（土地の所有者）に対し、時価でその建物を買い取るよう請求することができます（**建物買取請求権**、借地借家法13条）。

　また、例えば建具・戸棚のように、建物に付加された物で借家人の所有に

属し、かつ建物の使用に便益を与えるものを造作といいます。借家契約において、賃貸人の同意を得て賃借人が設置した造作については、賃借人は契約終了時に賃貸人に対して時価で買い取るよう請求することができます（**造作買取請求権**、借地借家法33条）。しかし、この造作買取請求権は、当事者間の合意（特約）により排除することができます。

(8) 賃貸不動産の譲渡

賃貸不動産が賃貸人から第三者に譲渡された場合、新所有者である第三者と賃借人の法律関係は、どうなるでしょうか。

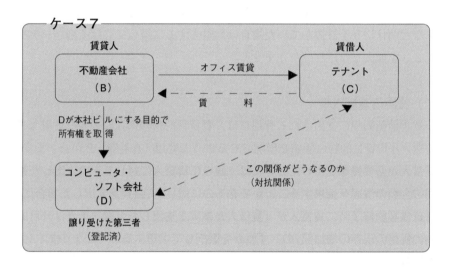

例えば、従来の賃貸人Bが、以前から本社ビルを探していたコンピュータ・ソフト会社Dに、テナントCが入居したままで、ビルを一棟丸ごと売却した場合を例に説明します。

民法、借地借家法その他の法令により、不動産の賃借人が賃貸借の対抗要件を備えた場合において、その不動産が譲渡されたときは、その不動産の賃貸人たる地位は、その譲受人に移転します（民法605条の2第1項）。

ケース7では、Cは実際にオフィスとして使用していますから、引渡しを受けており、対抗要件を備えています（借地借家法31条）。このため、Bが有する賃貸人たる地位は、Dに移転します。賃貸人たる地位の譲渡につき、

Cの承諾は不要です（民法605条の3）。

　賃貸借の目的不動産が譲渡されたことにより、賃貸人たる地位が移転したことは、賃貸物である不動産について所有権の移転の登記をしなければ、賃借人に対抗することができません（民法605条の2第3項）。Dは、不動産の所有権移転登記を受けていますから、当該不動産の所有権および賃貸人たる地位を、Cに対抗することができます。

　この場合、BC間の賃貸借関係は、同一内容でCD間に移転することになり、CはDに対して賃料を支払うことになります。

　なお、BC間に敷金の授受がある場合、BのCに対する敷金の返還義務は、Dに承継されます（民法605条の2第4項）。

(9) 賃借権の譲渡・転貸

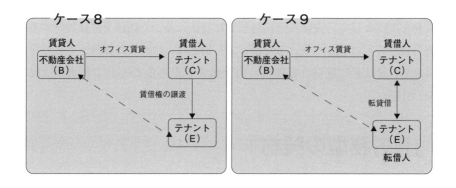

　賃借人が賃借権を譲渡したり、賃借している物を第三者に転貸するには、賃貸人の承諾を得なければなりません（民法612条1項）。**賃貸人に無断で譲渡または転貸をし、第三者に賃借物の使用・収益をさせたときは、賃貸人は賃貸借契約を解除できます**（民法612条2項）。

　したがって、賃貸人Bの承諾が得られなければ、賃借権の譲渡の場合（ケース8、P.111）も転貸の場合（ケース9、P.111）も、Eは、自らがオフィスを使用する権限を有することをBに主張できず、また、Cは賃貸借契約を解除されるおそれがあります。

　賃借権の譲渡・転貸に賃貸人の承諾が求められているのは、賃借物の使用

状態は誰が使用するかによって異なるため、賃貸人の利益を守る必要があるからです。

　しかし、使用状態がそれほど変化しない場合まで、賃貸人の承諾がなければ解除事由となるのは、賃借人に酷な場合もあります。そこで、現在では、**賃借権の譲渡・転貸が賃貸人に対する背信行為とならないような特段の事情のある場合**には、賃貸人の承諾がなくても賃貸人は賃貸借契約を解除できず、譲渡・転貸は有効となると考えられています。

　賃貸借の譲渡・転貸が有効である場合、法律関係は次のようになります。

　まず、賃借権の譲渡（ケース8、P.111）の場合、BC間の賃貸借関係は、そのままBE間に移転し、賃借権を譲渡したCは賃貸借関係から離脱することになります。

　次に、転貸（ケース9、P.111）の場合、BC間の原賃貸借とCE間の転貸借が併存し、転借人Eは、賃貸人Bと賃借人Cとの間の賃貸借に基づくCの債務を限度として、賃貸人Bに対して転貸借に基づく債務を直接履行する義務を負うことになります。したがって、例えば、CがBに賃料を支払わない場合に、BはEに賃料（転借料）の支払いを求めることができます（民法613条1項）。

Ⅱ　労務型の契約

　契約の種類には、これまで取り上げてきた売買や消費貸借などのほかにも様々な種類があります。例えば、建設会社によるビルの建設や土木工事のように、他人から注文を受けて仕事を完成させる「請負」や、不動産会社が土地や建物の売買の斡旋をしたり、弁護士が依頼者の法律問題を解決するために活動をする「委任」のように、他人のために労務を提供する種類の契約があります。

❶ 請負契約

(1) 請負契約とは

　請負契約とは、請負人がある仕事を完成させることを約束し、注文者がその仕事の結果に対して報酬を与えることを約束する契約です（民法632条）。

　例えば、仕立屋が注文通りに洋服を仕立てることや、印刷会社に印刷物の印刷を依頼すること、プログラマーが依頼されたソフトを仕上げることなどがありますが、代表的なものは土木・建設工事です。

　なお、大手の総合建設業者のことをゼネコンと呼ぶことがあります。ゼネコンとはゼネラル・コントラクター（General Contractor）の略称であり、コントラクターとは本来、請負業者を意味します。ゼネコンは、注文を受けた仕事をさらに電気・ガスなど各種の専門業者に請け負わせる（下請け）のが一般的です。

(2) 請負契約の内容と効果

　請負契約が成立するには契約書の作成を必要とせず、当事者間での意思表示の合致があれば足ります。ただし、建設工事については後日の紛争を防止するため請負代金の額や工事の着手・完成の時期などを書面で明らかにしなければならない（建設業法19条1項）という建設業法上の義務があります。相手方の承諾があれば、書面に代えて磁気ディスク等の電子情報処理組織を使用する措置によることもできます（建設業法19条3項）。

　請負契約が成立すると、請負人は適当な時期に工事などに着手して契約に定められた仕事を完成しなければなりません。**請負人の報酬を受ける権利は契約成立時に発生しますが、支払時期は原則として仕事の目的物の引渡しと同時**（演奏家や役者の出演のように引渡しを要しない場合には、仕事（出演）の完了後）**です**（民法633条・624条1項）。ただし、仕事を完成することができなくなった場合について、請負人が既にした仕事の結果のうち可分な部分の給付によって注文者が利益を受けるときは、その部分を仕事の完成とみなし、請負人は、注文者が受ける利益の割合に応じて報酬を請求することができます（民法634条）。

請負人が注文者との約束を果たすための仕事に取りかからなかったり、取りかかっても約束の期日までに仕事を完成しないとわかったときは、それが請負人の責任によって生じた場合には、注文者は債務不履行を理由に請負契約を解除できます。また、**注文者は請負人が仕事を完成する前であればいつでも損害を賠償して契約を解除することができます**（民法641条）。

　請負人は仕事を完成させるために、従業員などの補助者を使用してもよく、また下請負人に仕事をさせることもできます。しかし、建設業法では、原則として自分が請け負った仕事を一括して他人に請け負わせる**一括下請負**（いっかつしたうけおい）は禁じられています（建設業法22条）。

(3)　請負人の契約不適合責任

　請負契約は有償契約なので、売買の契約不適合責任に関する規定が準用されます（民法559条）。したがって、請負人が引き渡した物に契約不適合があるときは、注文者には、請負人に対する、修補などの追完請求権、代金減額請求権が認められます（民法562条・563条）。また、注文者は、債務不履行による損害賠償請求権または解除権を行使することができます（民法564条・415条・541条・542条）。

　もっとも、種類または品質に関する不適合については、注文者は、注文者の提供した材料の性質または注文者の与えた指図によって生じた不適合を理由として、履行の追完の請求、報酬の減額の請求、損害賠償の請求および契約の解除をすることは、原則としてできません（民法636条）。

　また、種類または品質に関する不適合について、注文者がその不適合を知った時から1年以内にその旨を請負人に通知しないときも、注文者は、原則として、その不適合を理由として、履行の追完の請求、報酬の減額の請求、損害賠償の請求および契約の解除をすることができません（民法637条1項）。ただし、新築住宅については「住宅の品質確保の促進等に関する法律」（品確法）により、請負人は、引渡しの時から10年間、住宅の構造耐力上主要な部分の瑕疵について、担保責任を負います（品確法94条1項）。

❷ 委任契約

（1） 委任契約とは

委任契約とは、委任者が受任者に、法律行為をなすことあるいは事務の処理を委託し、受任者がこれを承諾することによって成立する契約です（民法643条・656条）。厳密には、法律行為の委託をするものを委任といい、その他の事務処理を委託するものを準委任といいますが、法律上の効果の点では違いがありません。

委任契約の例としては、例えば、不動産業者（宅地建物取引業者）への土地・建物の売買斡旋依頼、弁護士への法律事務の処理の依頼、税理士への会計帳簿処理の依頼、旅行代理店への旅館の予約や乗車券・特急券等の取得依頼などがあります。

（2） 委任契約の効果

民法上、委任契約では特約がなければ受任者は委任者に対して報酬を請求できませんが（民法648条1項）、商人がその営業の範囲内で委任契約を締結するときは、報酬の約定がなくても受任者は委任者に対して報酬を請求することができます（商法512条）。

受任者は、委任者のために**善良な管理者の注意**をもって委任事務を処理しなければなりません（**善管注意義務**、民法644条）。これは委任者と受任者間に事務処理を委託することについての信頼関係が存在するからであるとされており、報酬の支払いを内容としない無償委任の場合も受任者は善管注意義務を負います。

委任契約は、各当事者がいつでもその解除をすることができます（民法651条1項）。ただし、当事者の一方が相手方に不利な時期に委任契約を解除した場合や受任者の利益にもなる委任契約を解除した場合には、解除をした当事者は、やむを得ない事由があったときを除き、相手方の損害を賠償しなければなりません（民法651条2項）。

❸ 寄託契約

(1) 寄託契約とは

　商品が小売店の店頭に並べられるまでには、流通の様々な段階を経ます。物流は、物の移動と保管によってなされますが、このうち保管を行うのが倉庫です。

　倉庫での保管は、自社の倉庫を用いることもありますが、倉庫業者の倉庫に商品を預けることも多く行われています。このように、倉庫業者が、商品などの品物を他人のために保管することを約する契約を寄託契約といいます（民法657条）。

(2) 寄託契約の効果

　有償で品物を預かった倉庫業者（**受寄者**という）は、預けた者（**寄託者**という）に対して倉庫業者として一般的に要求される程度の注意を払って（善良な管理者の注意をもって）品物を保管することが求められます。

　一定の職業または地位にある者が社会生活上一般に要求される程度の客観的注意を払う義務を、善良な管理者の注意義務（善管注意義務）といいます。善管注意義務は、民法上は有償寄託契約で要求される注意義務です（民法400条）。無償寄託契約ではその者の具体的な注意能力に応じた注意義務（**自己の財産に対するのと同一の注意義務**）に軽減されます（民法659条）。ただし、商人が寄託を受ける場合には、有償・無償を問わず、善管注意義務を負います（商法595条、民法400条）。

(3) 消費寄託

　受寄者が寄託物を消費することができ、契約終了時に寄託された物と種類・品質・数量の同じ物を返還する寄託契約を消費寄託契約といいます（民法666条1項）。実際には、金銭の消費寄託が重要です。

　消費寄託契約と消費貸借契約は似ていますが、金銭消費寄託契約の典型例は銀行への預入れ（預金）であるのに対し、金銭消費貸借契約の典型例は銀行からの借入れです。

消費寄託には、原則として、寄託に関する規定が適用されます（民法666条参照）。

Ⅲ その他の契約

① クレジットカード契約

近年、商品の購入代金の支払いや飲食・宿泊などのサービスの代金の支払方法として、クレジットカードの利用が増えています。買い物にも旅行にも、クレジットカード1枚あれば、その支払いに利用でき、多額の現金を持たずとも、事足りるようになってきています。その反面として無計画なカード利用による個人破産の増加などの問題も生じています（P.319参照）。

消費者は、クレジットカードを提示して売上票に署名するだけで、後日、カード会社に対して利用金額を支払うという内容の約束を取り交わし、事業者から物品やサービスの提供を受けることができます。

クレジット契約は、通常、三当事者（クレジット会社・会員・加盟店）間で結ばれる非典型契約です。すなわち、クレジット会社が一般消費者との間でカード利用を目的とする会員契約（立替払契約）を結び、カードを発行します。また、クレジット会社は、カードによる信用販売を認める販売業者と加盟店契約を結び、会員が加盟店から商品やサービス等を提供された場合には、クレジット会社が会員に代わって代金を加盟店に一括払いし、後日、会員はクレジット会社に代金と手数料の合計額を一括ないし分割で支払います。このような取引は、割賦販売法上の包括信用購入あっせん（割賦販売法2条3項。P.227の表参照）に該当します。

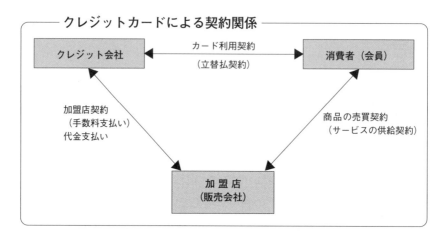

クレジットカードによる契約関係

クレジット会社 ← カード利用契約 （立替払契約） → 消費者（会員）

加盟店契約 （手数料支払い） 代金支払い

商品の売買契約 （サービスの供給契約）

加盟店 （販売会社）

　クレジット契約でしばしば問題になるものの1つに、支払停止の抗弁があります。これは、消費者が加盟店から商品・サービスを購入したがこれに問題があった場合（商品が不良品であった場合、加盟店が悪質な勧誘を行い消費者が騙されて購入した場合等）、消費者は加盟店に対し主張できる抗弁をクレジット会社にも主張することができ、クレジット会社からの支払請求を拒むことができるというものです（割賦販売法30条の4）。消費者がクレジット会社に支払停止の抗弁を主張するには、割賦販売法所定の要件を充たさなければなりません。

❷ インターネットを利用した取引（電子商取引）

（1）　インターネットを利用した取引とは

　インターネットをはじめとするコンピュータ・ネットワークの発展により、インターネットを利用したいわゆる電子商取引が増えています。

　インターネットを利用した取引にはいくつかの種類がありますが、大別すれば、例えば次のような形で行われます。

ア）インターネットショッピング（クレジットカード決済）

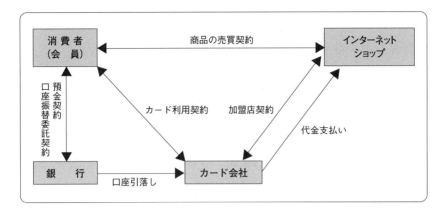

① インターネット上に開設されたショップのホームページ（HP）を通じて、その会員等がインターネットを使って商品を購入します（会員とショップとの間で商品の売買契約が成立）。ショップには会員に商品を引き渡す義務、会員にはショップに代金を支払う義務が発生します。

② 代金の決済は、コンビニ払い（コンビニエンスストアで代金を支払うことができる帳票等を用いる方法）や代金引換え（商品を届ける宅配会社が代金の回収を行う方法）などさまざまな方法がありますが、ここではクレジットカード決済について説明します。

③ ショップは、商品を発送します。

④ カード会社は、会員の利用であることをチェックし、商品の代金をショップに支払います。

⑤ カード会社は会員の銀行口座からの引落しにより代金を受領します。

イ）インターネットオークション

① オークション主催者が、オークションに出品する売主会員と購入を希望する購入会員の双方に、インターネット上に開設したホームページ（HP）上で個別出品商品の取引の機会を提供します。

② 購入希望者は、価格決定後、出品者と商品の購入契約を締結します。

③ 契約後、出品者は、購入者に商品を納入します。

④　購入者は、登録したクレジットカードでの決済、または商品との引換え（代金引換え）等の方法により、代金を決済します。

(2)　インターネット上の取引と法律の適用

　インターネットを利用した商取引は、私人間の取引であるため、その契約には原則として民法が適用されます。事業者と消費者の間のインターネット上の取引であれば、消費者契約法も適用されます。また、インターネットという通信媒体を利用した取引であることから、通信販売として特定商取引法が適用されます（第4章第1節Ⅱ3参照）。さらに、特定商取引法における広告規制の対象にもなります。また、HP上の広告では、取扱い商品によっては各業法における広告規制の対象となるほか、独占禁止法上の不公正な取引方法に当たる行為も行ってはならないことはいうまでもありません。インターネットを利用した取引において、クレジットカードによる決済を利用する場合は、割賦販売法に基づく表示や広告の規制、解約の場合における損害賠償額の上限規制などが適用されることになります。

　このように、インターネットを利用した商取引にも一般的な対面での取引と同様の法律の適用があります。

(3)　電子商取引独自の法規制

　インターネットを利用した商取引の特徴の1つは、対面取引や電話による隔地者間の取引に比べると、人と人とが直接のコミュニケーションをとることが難しいという点です。また、従来は契約書や申込書等といった書面で確認することができた契約内容などが電子データという電磁的、電子的なもので、コンピュータと基本的なプログラムを使用してはじめて「可視」となる情報が送受信される点も特徴の1つです。このように、実際に取引の相手方を相互に視認できた対面での取引とは異なり、インターネットを利用した商取引では、空間的、時間的にも差異が生じる中で取引が行われるため従来の取引にはなかった法律問題が生じています。

- 取引の相手方が相手方本人であるか(本人認証、なりすましの問題)
- 相手方の電文が正しいかどうか (錯誤のない意思表示であるか、第三者によって改ざんされていないか、文字化けの問題)など

そこで、電子商取引に関連して、次のような立法が行われています。

ア) 電子消費者契約に関する民法の特例に関する法律（電子消費者契約法）

事業者が消費者の申込みまたは承諾の意思表示の有無を確認するための措置を講じていない場合には、消費者の操作ミスにより行った意図しない購入申込みや誤った数量の申込みなどについて、原則として、消費者に重過失があった旨を事業者側が主張（民法95条3項）することはできません（電子消費者契約法3条）。したがって、このような申込みについては、消費者の錯誤による意思表示の取消しが認められやすくなります。

意思表示は、その通知が相手方に到達した時からその効力を生じます（到達主義、民法97条1項）。したがって、電子商取引において、消費者から購入の申込みを受けた事業者が承諾の通知を例えば電子メールで送信したとしても、通信設備の不具合等により購入申込者のコンピュータ等に受信されなければ契約は成立しません。

イ) 電子署名及び認証業務に関する法律

この法律は、電子署名の法的な有効性を認証する民間の機関に認定制度を導入し、民間認証機関の信用力を確保するものです。

これ以外にも、電子商取引の安全で健全な発展のために、経済産業省が「電子商取引及び情報財取引等に関する準則」を公表しているほか、日本通信販売協会などが独自のガイドラインを設けるなど、取引ルールの確立に向けての整備が進められています。

（1） 国際取引における法律問題

　企業の取引では、国内のみにとどまらず、外国の企業との取引、すなわち国際取引も行われています。国際取引は、わが国と文化・法制度等が異なる国の企業との間で行われるため、この点を考慮して取引を行う必要があります。特に欧米においては、契約社会という言葉にも表されるように、契約内容が重視されます。したがって、国内の企業との間の取引でもどのような内容の契約を結ぶかについては十分検討を要しますが、国際取引においてはより一層の注意が求められます。契約を締結する前に相手方企業に関する調査をできる限り行うのはもちろんのこと、契約内容（例えば、契約金額、契約期間、契約の終了、支払方法、秘密保持等）を十分吟味する必要があります。

（2） 国際裁判管轄と準拠法

ア）国際裁判管轄

　国際取引においては、国ごとに法制度が異なるため、いったんトラブルが生じたときにどの国の裁判所に訴えることができるか（**国際裁判管轄**の問題）、どの国の法律に基づいてトラブルを解決するのか（**準拠法**の問題）などが重要になります。

　わが国の国際裁判管轄に関するルールによれば、被告の住所、居所、法人の場合はその主たる事務所や営業所が日本国内にあるとき等に、日本の裁判所に管轄を認め（民事訴訟法3条の2）、また、契約上の債務の履行請求、不法行為に関する訴えなどの訴えの類型に応じて、特別裁判籍に相当する管轄を認めています（民事訴訟法3条の3）。

　実際には、国際裁判管轄については、当事者間であらかじめ国際裁判管轄の合意をしておくべきですが、その合意は書面または電磁的記録によってなされなければ効力を生じないとされています（民事訴訟法3条の7）。

イ）準拠法

　わが国では、準拠法を決定する基準を定める法律として、「**法の適用に関**

する**通則法**」（法適用通則法）が制定されています。

　法適用通則法は、準拠法選択の決定を当事者の意思に委ねる立場（**当事者自治の原則**）を採用しています（法適用通則法7条）。準拠法をあらかじめ定めていない場合には、インターネットを介した取引では、「行為地」が不明確になりがちなため、法適用通則法では契約に最も密接に関係する地の法（**最密接関係地法**）を準拠法とする旨が定められています（法適用通則法8条）。

（3）　国際取引と契約書作成

　国際取引で外国の会社と契約を締結する場合には、事前準備として、相手方の会社を調査するとともに独占禁止法、外資法等、商取引に関連する相手方の国の法律を調査しておく必要があります。

　その上で、契約締結交渉で主導権を得るためには、先手を取って契約書の第1次案を作成の上、相手方に提示するのが、多くの場合得策です。十分な契約審査能力があれば、相手方に第1次案を作らせ、それを仔細に検討し、契約交渉を進めることも考えられます。また、交渉力を欠くと、一方的に押し切られてしまうことになりかねないため、交渉力も必要です。

　国際取引では、契約交渉にかなりの時間がかかることもあります。交渉が長期化した場合には、交渉の過程で合意に至ったと認識している部分について、相手方との間で書面で確認しておくべきです。書面による確認の方式としては、交渉議事録である**ミニッツ・オブ・ミーティング**（minutes of meeting）を作成するやり方、予備的な合意事項や了解事項を簡潔に記載した**レター・オブ・インテント**（letter of intent）、**エム・オー・ユー**（memorandum of understanding）を作成するやり方等があります。

　国際取引契約には、契約の種類を問わず必ずといってよいほど含まれている条項があります。これらの一般条項の中身も当方に不当に不利益とならない形で案文または対案を作成するべきです。また、国際取引について紛争が生じた場合には、どの国の裁判所に訴えを提起することができ（国際裁判管轄の問題）、またどの国の法律を適用して解決するか（準拠法の問題）が問題となります。したがって、これらについても契約書において明確に定めておくことが望ましいといえます。

第5節
ビジネス文書の保存・管理

　反復して大量の実務が処理されるビジネスにおいて、文書は非常に大きな意味を持ちます。とりわけ契約書などの法務文書の中には、会社・個人に権利義務を発生させるものもあり、法的トラブルを予防・軽減する上で重要な役割を果たしていることから、慎重に作成・管理する必要があります。

　本節は法律的な意味を有する文書を取り扱う目を養うことを目的とします。

Ⅰ　ビジネスにかかわる文書

❶　文書とは

　文書とは、一般に「文字その他の記号を用いて思想的意味を可視的に表現している有形物」をいうとされています。

　文書には、原本と謄本と抄本、正本と副本といった区別があります。

　原本とはある目的で作成された文書そのものであり、謄本は原本の全部を写し取ったものです。また、抄本は原本の写しではありますが、謄本とは異なり一部分のみの写しです。

　正本は、原本の写しである点では謄本と同じですが、その中でも特に権限を有する者により原本に基づいて作成されたものをいいます。なお、契約の両当事者が1通ずつ所持するために契約書を2通作成する場合、両者を区別するため、1通を正本、他方を副本ということがありますが、2通の契約書の両方に署名・押印してあれば、これらはともに原本です。

　コンピュータで作成したファイルや磁気テープなどの電磁的記録は、直接その内容を視認することはできませんが、紙面にプリントアウトするなどの方法で可視的状態に写しかえられるため、文書に準ずるもの（準文書）として取り扱われます。なお、「民間事業者等が行う書面の保存等における情報

通信の技術の利用に関する法律」（e‑文書法）によれば、電磁的記録とは、電子的方式、磁気的方式、その他人の知覚によっては、認識することができない方式で作られる記録であって、電子計算機による情報処理の用に供されるものをいいます（e‑文書法2条4号、なお、会社法26条2項等参照）。

② 文書の作成・管理の必要性

(1) 証拠としての文書

ビジネスの場面においては、契約書や納品書、領収証などの様々な文書が作成されます。これは、将来取引に関して法的トラブルが生じた場合に、これらの文書が自己の主張を根拠付ける重要な証拠となるからです。人の証言も証拠（人証）となりますが、その者が思う通りの内容の証言をしてくれるとは限りませんし、行方不明などにより証言してもらうこと自体が不可能になるおそれもあります。これに対して、文書は、適切に管理してさえいれば、そこに記載された意味内容を、長期間にわたり、一定の内容を有する証拠（書証）として用いることができます。

証拠となるべき文書を作成しなかったり、あるいは紛失したりしても、発生した権利関係が消滅したり、その内容が変更されたりするわけではありません。しかし、実際には自己の主張する事実を証明することが困難になるため、法的トラブルの解決などに支障を生じるおそれがあります。したがって、必要な文書の作成・保存を適切に行う社内文書管理は極めて重要です。

(2) 要式行為・不要式行為と文書の作成

私的な法律関係は自己の意思に基づいて自由に形成できるのが原則であり（私的自治の原則）、本来何らの方式も要求されません。したがって、契約などの法律行為を行うときにも、文書の作成は要求されないのが原則です（民法522条2項）。

ただし、法律関係を明確にしたり、法律行為の当事者に慎重さを促したりすることなどを目的に、法律上、一定の形式に従うことを求められる場合があります。このように、**一定の形式が要求される法律行為を要式行為といい**

ます。これに対して、このような形式を要求されない法律行為を不要式行為といいます。

　要式行為において要求される形式の典型が文書の作成です。例えば、保証契約は書面でしなければその効力を生じず（民法446条2項）、株式会社等の会社を設立するには必ず定款を作成しなければならない（会社法26条・575条）とされています。

　しかし、要式行為のように文書の作成が法律行為の効果にかかわるものでなくても、次の理由から契約書等の文書を作成しておくことが望ましいといえます。特に契約書については、次のような観点から、文書を作成しておく必要性が高いとされています。

---

① 契約書を作成することによって、両契約当事者が契約を締結した事実および両契約当事者間の法律関係が明確になります。
② 後日、契約についての紛争が生じたときの有力な証拠になります。
③ 契約書を作成することによって、取引を注意深く行うようになります。

---

❸ デジタル社会の形成と文書の作成・管理

　インターネットが社会基盤あるいは商取引の手段として急速に利用されるようになり、いわゆるデジタル社会の形成が進んでいます。これにより増加しつつある電子商取引に関するトラブルを適切に解決するため、法整備が進められています。

　日本におけるデジタル社会の形成に関する施策を迅速かつ重点的に推進するため、「デジタル社会形成基本法」および「デジタル庁設置法」が制定されています。デジタル社会形成基本法は、デジタル社会の形成に関し、基本理念や施策策定の基本方針、国・自治体・事業者の責務、デジタル庁の設置、重点計画の作成について定める法律です。

　また、デジタル社会を実現するため、国の基本方針や施策を策定調整し、そのための計画を定めてこれを推進するため、デジタル庁設置法に基づいてデジタル庁が設置されています。

　そして、利便性の向上や事務処理コストの削減などを目的として、証拠と

なるべき文書をそのまま電子化（コンピュータに入力・保存）している例が増えています。このような状況に対応すべく、様々な立法が行われています。

　例えば、e‐文書法では、従来個々の法律により書面による保存が義務付けられていた文書について、一部の例外を除き一括して電磁的方法により保存することを認めています。当初から電子的に作成された書類を電子的に保存することのほか、書面で作成された書類をスキャナでイメージ化し、電子的に保存することも電磁的方法による保存に当たります。

COLUMN　電子文書の法律上の取扱い

　紙の書面と電磁的記録の最大の差は、そのまま読むことができるか否かです。文書とは、作成者の思想が文字またはこれに準ずる可読的符号によって表現されたものをいいます。

　民間事業者に対し、その作成にかかる文書を一定期間保存することを命ずる法令は多々あります。しかし、IT技術の伸展に伴い、書面に代えてPDFファイルなどの電磁的記録を使用したいというニーズが出てきました。そのニーズに応えて、「民間事業者等が行う書面の保存等における情報通信の技術の利用に関する法律」（e‐文書法）が制定・施行されています。

　同法により、民間事業者は、法令により一定期間の保存を要求されている書面の保存に代えて当該書面に係る電磁的記録の保存を行うことができます。その保存期間は、原則として、書面を保存する場合と同一です（e‐文書法3条）。

　請負契約書など、印紙税の課税対象となる文書に替えてPDFファイル等の電磁的記録に変換した媒体を電子メールを利用して送信した時は、印紙税の課税対象となりません。なぜなら、印紙税は文書に課されるものだからです。

　PDFなどの電磁的記録は、電磁的記録の状態では文字を読むことができないので、文書提出命令の対象となる「文書」そのものではありませんが、判例上「準文書」として、文書提出命令の対象となっています。

2023年のデジタル社会形成基本法等の改正

　2023年6月に、デジタル技術の進展を踏まえたその効果的な活用のための規制の見直しを推進するため、著作権法が改正されました（一部の規定を除き、公布の日から起算して1年を超えない範囲内で政令で定める日から施行）。

　この改正では、国の基本方針として、デジタル技術の進展等を踏まえたデジタル技術の効果的な活用が規制により妨げられないようにするため必要な措置が講じられなければならないことが定められるとともに、当該見直しが重点計画の記載事項に位置付けられ、また、デジタル法制局のプロセス等が重点計画に定めるべき事項に明記されました（改正デジタル社会形成基本法36条等）。

Ⅱ 契約書および契約関連文書

　契約書は、契約の当事者や契約条件その他の契約内容を記載した文書であり、通常契約成立時に作成されます。前述の通り、契約書の作成は、原則として契約成立の要件ではありませんが、実務上は契約書が作成されることが一般的です。

　契約の締結にあたっては、契約書のみが作成される場合もありますが、これに付随して様々な契約関連文書が作成される場合もあります。

❶ 契約書の構成

（1）　基本契約書と個別契約書を使い分ける目的

　取引の内容によっては、基本的な事項について基本契約書を作成するほか、個々の取引ごとに個別契約書を作成する場合があります。

　これは、**基本契約では取引の形態、基本方針等の基本的合意事項だけを定**

めておき、金額・数量など個別的な事項についてはその都度定めることによっ
て、契約書に実践的・実務的な機能を持たせる効果があります。

　また、個々の契約の際、その都度、基本的事項を定める必要がなく、簡易
迅速に契約を締結できる効果もあります。特に継続的な取引が行われるとき
にこの方法が用いられることがあります。

(2)　契約書の体裁

```
┌──────┐
│ 収入 │              基本取引契約書                    ←標題
│ 印紙 │
└──────┘

        A株式会社（以下、「甲」という）とB株式会社（以下、「乙」と      ←前文
    いう）は、次の通り契約する。

    （売買の目的物）
    第1条　甲は、乙に対し後記表示の商品（品名仕様等は別紙              ←本文
        の通り、以下、「本商品」という）を継続的に売り渡り、
        乙はこれを買い受ける。

    （納入）
    第2条　乙は甲に対し買受けの都度注文書を交付し、甲は交            ←見出し
        付を受けた日から○○日後までに乙の指定する方法に                括弧
        より○○に納入する。

    （売買の数量および代金）
    第3条　本商品の期間中の取引数量総計は、○○個とする。
        2　売買価格は、本商品1個につき金○○○○円とする。

                          ・
                          ・
                          ・
                          ・

        以上の通り契約したので、本契約書2通を作成し、双方記            ←末文
    名押印の上、各自その1通を所持する。

        ○○年○月○日                                                ←日付

        甲（売主）　東京都文京区○○町○丁目○番○号                   ←住所
                    A株式会社                                          氏名・名称
                      代表取締役　○○　○○　　㊞                     押印

        乙（買主）　東京都中央区○○町○丁目○番○号
                    B株式会社
                      代表取締役　○○　○○　　㊞
```

ア）標題（表題・タイトル）

標題は、一見してその契約書の種類や内容をわかるようにするためにつけられます。また、標題をつけることにより、契約書を分類し、整理するのも容易となります。

契約の内容は、標題によって定まるのではなく、その契約書に記載された条項の内容によって定まります。

イ）前文

前文は、誰と誰がどういう内容の契約を締結したかを簡潔に表示する部分であり、また契約書中で使われる甲、乙等の省略文言の意味を明確にするという意義もあります。

ウ）見出し括弧

見出し括弧は、当該条文において規定する内容を簡潔に把握するために記載されるものです。特に、条文数の多い契約書では、この見出し括弧があると検索に便利です。

エ）約定事項

何をどのような内容で契約を締結するのか、あるいは契約違反の場合の処置などを定める契約書の中心となる部分です。

オ）末文（後文）

末文（後文）では、一般に契約書の作成通数や所持者を記載しています。これらを明確にすることにより、契約書の偽造等をある程度防止することができます。

カ）日付（作成年月日）

契約書の作成日を「〇〇年〇月〇日」という形で記載することが必要です。一般にこの日付が、契約締結日として、そのまま契約の有効期間の始期（効力発生日）として取り扱われます。

また、契約成立日・効力発生日も別途明記しておくことが、後日の紛争の予防につながります。

キ）当事者の表示

契約書を作成する場合、必ず契約当事者を明記することが必要です。記載方法としては、署名（署名押印）と記名押印があります。

法律上は、署名と記名押印は、同等のものとして扱われます。そのため、本来署名があれば押印は不要ともいえますが、実務での取扱いとしては、より一層証拠としての価値を高めるため署名の場合も押印をするのが通常です。また、文書の真正さについての紛争を可能な限り防止するため、実印（代表者印）を用い、かつ印鑑証明書を添付しておくのが望ましいといえます。

ク）本店所在地・住所の表示

本店所在地・住所を記載することにより、当事者を確定する上で役立ち（同姓同名者ないし同名の会社との混同を防げる）、また、連絡先を知る手がかりとなります。

ケ）収入印紙の貼付

契約当事者が署名（記名）押印した契約書のなかには、印紙税法に基づき、印紙を貼付の上、消印をしなければならないものがあります。

印紙の貼付や消印を欠く契約書も、契約書としては有効です。ただし、**印紙の貼付がない場合、必要な印紙税額とその2倍の額の過怠税が徴収されます**（自主的に不納付を申し出た場合の軽減あり）。

（3）　契約書の記載内容を定めるにあたっての注意事項

契約書を実際に作成するときには、次の事項等に十分留意します。

① 契約の当事者は誰かを明確に定める。
② 契約の趣旨・目的を順序よく各条項に構成する。
③ 契約の対象・目的を特定する。売買契約の場合には、何を売買するのか、委任契約の場合にはどのような事務の処理を委託するかを明確に定める。
④ 双方の権利・義務をバランスよく明確に定める。

　以上のように契約書作成に際して定めるべき事項は数多くありますが、内容上の重複、特に矛盾が生じないように配慮することが必要です。また、相手方が提示した契約書の条項に理解できない内容があるにもかかわらずそのまま放置すると、後日になって紛争が生じるおそれがありますから、契約書の条項すべてを理解して、納得した場合にのみ記名・押印すべきです。

(4)　契約関連文書とは

　契約内容を表示する契約関連文書として、見積書、注文書、注文請書、納品書、受領書、覚書、念書などがあります。

　このうち見積書は、契約の成立を示すものではありませんが、見積書をもとに相手方より発注書が交付された場合は契約の成立があったと考えられます。

　また、注文書に対して相手方より注文請書が交付された場合や、商品とともに納品書が交付された場合も同様に契約の成立があったものと考えられます。

　これらに対して覚書や念書は、契約内容を直接的に表示する文書です。

　当事者間における簡単な合意の書面を「覚書」という場合があり、そこで記載される内容の多くは、契約書を補足する関係にあるものです。**覚書は、そこに当事者間の合意内容が記載されていれば、契約書と同様に、契約が成立したことを裏付ける資料となります。**

　また、一方の当事者が他方当事者に対して差し入れる形式をとっている文書を「念書」ということがあります。念書は、覚書と同様、契約書を補足する事項について作成されることが一般的です。

❷ 契約書への署名・記名および押印

(1) 契約書などの法律文書における署名・記名および押印の意味

　契約書に限らず、ビジネスにおいて作成される様々な文書、特に権利・義務の発生・変更を伴う文書では、その文書に記載した内容について意思表示をした者とその文書を作成した者とを明確にする必要があります。そこで、文書に作成者の氏名を記載しますが、氏名を表示する方法には、一般に、「署名」と「記名押印」の2種類があります。

　「署名」は本人の手書きによるサイン（自署といいます）であり、「記名押印」は署名以外の方法（ゴム印・ワープロの印字など）で氏名を表示し、そのそばに印を押すことです。 法律上は「署名」と「記名押印」は同等の効力を持つとされていますが（商法546条、手形法82条等）、わが国では押印を重視する傾向があること、文書の証拠としての価値が高まることなどから、署名の場合にも併せて押印をすることが一般的です。

　押印については、法律上必要とされている場合（例えば、会社設立にあたり発起人が定款を作成する場合や登記所に登記申請書を提出する場合など）以外は、商慣習として行われているものです。ただ、訴訟などに至った場合には、文書に作成名義人の署名か押印があれば、その文書は真正に作成された文書と推定されますので、重要な意味を持っています。

(2) 署名・記名の方法

ア）当事者が個人の場合の署名・記名の方法

　契約当事者が個人の場合、個人を特定するために住所を書くことが望まれます。これにより同姓同名者との混同を防ぎ、連絡先を知る手がかりとなるからです。また、個人の氏名は法律上は必ずしも住民票上の氏名を表示することを求められていません。いわゆる通称や芸名であっても署名として認められることがあります。しかし、不動産をはじめ、自動車その他重要な財産や銀行預金等は、ほとんどが住民票上の氏名で登記または登録されていますし、トラブルの原因ともなるので、契約書には一般に住民票上の氏名を表示します。

なお、契約当事者が個人である限り、個人名には肩書きを表示しません。個人名に肩書きを付すと、契約当事者が個人なのか、肩書きに記された法人等なのかが不明確になるおそれがあるからです。

イ）当事者が会社の場合の署名・記名の方法

a. 商号の表示

会社が契約する場合には、契約書に当事者が会社であることを表示しなければなりません。この場合、会社の登記簿（商業登記簿）に記載されている商号と同じものを記載するようにすべきです。

b. 代表者等の肩書きの表示

会社法上の株式会社では、原則として取締役全員に代表権が認められますが、特にその会社に代表取締役を置いた場合は、その代表取締役のみにしか代表権はありません。また、**取締役会設置会社では代表取締役が、指名委員会等設置会社では代表執行役が代表者となります**（P.354参照）。

社長・専務取締役などの役職名は法律上の名称ではありません。社長は代表取締役であるのが通常ですが、社長に代表権がない場合や専務取締役・会長などにも代表権がある場合があります。

署名においては、必ず代表権がある旨の表示をしなければなりません。単に「代表取締役」とするか、例えば「代表取締役社長」、「代表取締役専務取締役」などと社内の肩書きも加えた表示にすることもできます。

なお、会社では、支店に関する行為については支店長、営業等に関するものについては営業部長・課長等に権限が認められる場合があります。その場合には当該役職を表示し、代理人として契約を締結することができます。

c. 住所の表示

会社の場合、住所が異なれば、同一の商号を登記することが可能です（P.342参照）。したがって、会社の同一性を確認するために、会社の本店所在地を表示するようにします。

現実に営業している場所が登記簿上の本店と異なるとき、それは営業所ですから、訴訟提起に備えて、本店と区別して、営業所として正確に表示する必要があります。本店が移転したが、その旨の登記が未了であるときでも、

新しい本店を営業所として表示すべきです。

（記載例）

東京都千代田区＊＊町＊丁目＊番	←会社の所在地
○○○○株式会社	←商号
代表取締役	←代表資格を示す肩書き
×× ×× 印	←代表者の氏名および押印

（3） 印の使用方法

ア）実印とその他の印

わが国では文書を作成するに際して、一般に印鑑が押されます。印鑑の種類にも実印・認印・取引印など様々な種類があり、それぞれ使われる場面が異なります。

実印とは、個人の場合は住民登録のある市区町村役場に実印として届けてある印であり、法人の場合は会社の登記がしてある法務局に、会社の代表者印として届けてある印です。実印は、市区町村役場（個人の場合）あるいは法務局（会社の場合）で交付される印鑑証明書を添付することによってその印が本人の印であることが証明されます。

（印鑑証明書）

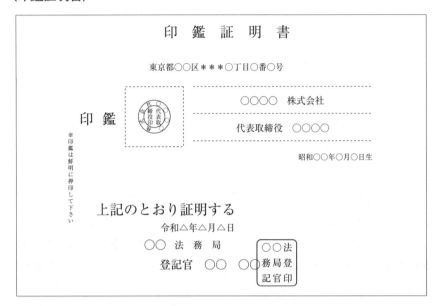

　認印とは、個人や会社の印で実印以外のものをいいます。大量生産され、市販されている印は、俗に三文判と呼ばれることもあります。認印については実印と異なり登録する制度がなく、冒用のおそれがあるので、重要な契約については実印を使うようにすべきです。

　法人が取引を行う場合には、取引に際して常に実印を用いるのは負担が大きいことから、取引専用の印を用意する場合があります。このような印を取引印といいますが、これも認印の一種です。

　このほかに、書き判（手書きでその人の姓や名、頭文字などを書き、その字の周りを丸く囲んで判を押したようなサインをすること）や拇印などがあります。これらは、署名とあいまって、その文書が下書きなどではないという、当事者の最終の意思を確認するという意味では、押印と同様に取り扱われます。しかし、手形を振り出す場合など、法的に押印として取り扱われない場合がありますので、重要な文書の作成にあたっては、これらを用いることは避けるべきです。

イ）会社で用いられる印

　会社で用いられる印には、代表者印（丸印）や社印（角印）などがあります。

　会社の設立登記をする際には、同時に会社の印鑑も法務局に届け出ることが必要ですが、この法務局に届出をした印を代表者印といいます。この印が、いわば会社の実印です。直径は2cm程度で、「○○株式会社代表取締役之印」などと彫り込まれているのが一般的です。

　これに対して、社印（角印）とは、一辺2〜3cmの正方形で「○○株式会社之印」などと会社名の入っている印であって、多くの場合、請求書・領収証等、会社の外部に対して発行する文書では、この印が社名に重ねて押印されます。これは、法務局に届出をしない限り、単なる認印の1つにすぎません。

（4）　契約書への押印

ア）契約印

　契約印とは、契約書等の署名・記名押印欄に押される印をいいます。

イ）契印

　契印とは、1通の契約書などの文書が2枚以上にわたる場合に、それが一体の文書であり、かつ、その順序で綴られていることを明確にするために、各頁にまたがってする押印のことをいいます。

　一体の文書であることを示すため、契印に用いる印鑑は、必ず署名（記名）末尾に押印した印鑑と同一のものを使用しなければなりません。また、契約署名者が複数の場合は、その全員が契印を行うのが通常です。

ウ）割印

　割印とは、例えば、同一契約書を両当事者のために2通作成した場合や、基本契約書と個別契約書を別紙で作成した場合、あるいは契約書と念書を別紙で作成した場合のように、2通以上の文書を作成した場合に、それらの個別の文書についての関連性を証明するために、それぞれの文書にまたがってする押印のことをいいます。

割印は、文書の関連性を証明するためのものであり、また個別の文書ごとに異なる印が用いられている場合もありますから、必ずしも署名（記名）末尾の印鑑と同一の印でなくてもよいとされています。

（各種の押印の例）

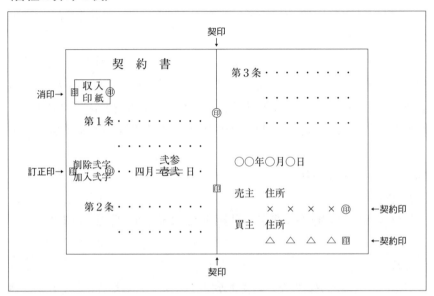

エ）訂正印

　訂正印は、文書の文言に加除訂正がある場合にする押印です。

　文書の文言を加除訂正するには、まず元の文字が見えるように訂正箇所に2本線を引き、その傍に正しい文字を記入します。そして、訂正箇所ないしそのそばに訂正印を押捺し、欄外に「削除＊字」「加入＊字」と記入します。

　訂正印は、署名（記名）末尾の印鑑と同一の印鑑を用い、署名者全員が押印するのが通常です。

オ）捨印

　捨印は、あらかじめ訂正個所が生じた場合を想定して、契約書などの文書の欄外に押しておく印です。捨印を押しておくことにより、文書を訂正する際に、改めて訂正箇所に印を押す必要がなくなるので、訂正が容易にできま

す。しかし、捨印が悪用されて、知らないうちに文書が訂正され、文書が当事者の意思とは異なる内容に書き変えられていることもあり得ますので、注意が必要です。

カ）止め印

止め印は、文書末尾に余白が生じたときに、その部分に恣意的（しいてき）に文字を書き入れて不利な文面に書き変えられることを防ぐために、文書末尾に押すものです。止め印の代わりに、「以上」「以下余白」と記入する場合もあります。

キ）消印

消印は、収入印紙の流用を防ぐために、印紙と台紙にまたがって押す押印です。印紙税法施行令では、文書の作成者またはその代理人、使用人その他の従業者の印章または署名で消さなければならないと規定されています（5条）。消印は、法令上、文書に押した印（契約書であれば署名欄に押した印）でしなければならないわけではありませんが、実務上、文書に押した印でするのが一般的です。

COLUMN　契約書等の文書への押印の見直し

デジタル社会形成基本法の制定に伴う民法、戸籍法など48の法律の改正により、押印を求める各種手続についてその押印を不要とするとともに、書面の交付等を求める手続について電磁的方法（PDFファイルなど）により行うことが可能とされました。押印については、法律の定めによって押印が義務付けられていたもののうち、戸籍の届出への押印などが廃止されています。もっとも、商業登記の申請や相続税申告等のように、これまで通りに押印が義務づけられている場合がある点には注意が必要です。

また、契約書に押印をしなくても法律違反ではありません。「押印についてのQ&A」（2020年6月19日　内閣府・法務省・経済産業省）でも、「特段の定めがある場合を除き、契約に当たり、押印をしなくても、契約の効力に影響は生じない」と明記されています。

一方で、「押印についてのQ&A」では、押印に関する民事訴訟法上のルールとして、裁判所は、ある人が自分の押印をした文書は、特に疑わしい事情がない限り、真正に成立したものとして（民事訴訟法228条4項）、証拠に使ってよく、文書の真正が裁判上争いとなった場合でも、証明の負担が軽減されると説明しています。

　そして、「押印についてのQ&A」は、民事訴訟法228条4項は、文書の成立の真正を推定させる要素にすぎないので、他の立証手段によって、文書の成立の真正を証明することも可能であると述べています。

　「押印についてのQ&A」では、その立証手段として電子署名や電子認証サービスの活用（利用時のログインID・日時や認証結果などを記録・保存できるサービスを含む）を挙げています。

　いわゆる電子契約は、契約書の条項を電子文書で作成した上、その成立の真正を推定させる手段として電子署名を組み合わせる契約の総称です。

III その他の法律上重要な文書

❶ 領収証

　領収証は債務の弁済を受領したことを記載した文書です。一般に、領収証には法律上決められた形式はありませんが、弁済したという事実の証拠とするためには、受領した弁済内容（金額や交付した商品の品名等）や受領日、受領者などを記載することが重要です。また、**領収証は民法上受取証書と呼ばれ、債務の弁済をする者は、弁済を受領する者に対し、弁済と引換えに受取証書の交付を請求することができます。そして、書面による受取証書の交付に代えて、受領する者に不相当な負担とならない限り、その内容を記録した電磁的記録の提供を請求することもできます**（民法486条）。

　なお、いわゆるレシートも記載内容によっては領収証となり得ますが、金額だけが記載されているようなものは弁済の事実の証拠としては不十分です。

❷ 委任状

委任状とは、ある者に一定の事項を委任したことを記載した文書です。委任状がなくても委任契約は成立しますが、実務上は委任者が委任状を作成し受任者に交付するのが一般的です。

委任状には法律上決められた形式はありません。しかし、委任の内容について、証拠としての重要な役割を果たすことから、委任事項や代理人の氏名を明確に記載することが必要です。これらを空白にする**白紙委任状**は濫用される危険性が高いため、前記の事項は明確に記載すべきです。

❸ 往復文書

注文書、申込書、契約解除通知、債権譲渡通知など、特定の者から特定の者に対する意思伝達の文書を**往復文書**ということがあります。

法律上決められた形式はありませんが、**これらの文書は原則として相手方に到達した時に効力が生じます**（到達主義、民法97条1項）。そのため重要な通知については、それが配達された事実およびその日付を証明するため、配達証明郵便で送ることが望ましいです。さらに、債権譲渡通知のように通知の内容が法律上重要な意味を持つ場合には、内容証明郵便を利用します。

❹ 稟議書

稟議書とは、会社業務の必要上、一定事項についての提案、報告などを起案して、これを他部門、上長（上司）に回覧、進達し、最終決定権者の決定を受ける文書です。意思決定の形成過程、責任分担の程度が示される内部的な証拠資料として重要な意義を持ちます。また、後述する民事訴訟法上の文書提出命令の対象として裁判所への提出が必要となることもあります。正確な事実の報告と十分な資料の添付、利害得失についての明快な分析の記載が求められます。

Ⅳ ビジネス文書の保存・管理

❶ 契約関係文書の保存・管理

　ビジネス社会では日々多数の文書が作成されています。それらの文書をただ単にファイルしていくだけでは後日文書を探し出すことに大変な手間がかかり合理的ではありません。そこで、何らかの方法で管理することが必要となりますが、例えば、文書を次のように分類した上で、文書に一定のルールに基づいた番号を付して管理していく方法があります。

---

① 社内文書と社外文書
② 法律文書とそれ以外の文書
③ 契約書、協定書とそれ以外の法律文書
④ 1つのプロジェクトごとに作成し、また受け取った文書
⑤ 部署ごとに作成された文書

　文書管理の目的として、アカウンタビリティ（説明責任）という考え方が重視されています。企業と従業員は、監督組織、株主、消費者、一般社会に対して、その活動内容を何らかの程度・方法で説明する義務ないし期待を負っており、これに対応するためには適切な文書の保存・管理が必要となります。したがって、文書の保存・管理にあたっては、法律上の要求への対応のほか、アカウンタビリティへの対応という視点も欠かせません。

❷ 民事訴訟法上の文書提出義務と文書の管理

　契約書をはじめとするビジネスにかかわる文書には、証拠としての高い価値があります（P.125参照）。この証拠としての価値は、民事訴訟の場面において最も発揮されます。民事事件の大多数は事実に争いがある事案で、証拠を収集し、裁判所に提出できるか否かが訴訟の帰趨を決定するからです。

　また、特に医療過誤、環境・公害、製造物責任、労働関連などの訴訟においては、証拠が構造的に企業側に偏在していて、権利を侵害された者、特に一般消費者が訴訟において自己の主張を立証することは一般的に困難です。

このような不平等・不公平を改善すべく、民事訴訟法においては、訴訟の際に文書提出命令（民事訴訟法223条）の対象となった文書の提出が、一般的な義務として規定されています（民事訴訟法220条）。機密文書などの例外も認められてはいますが、文書提出命令に従わない場合、相手方の主張が真実と認められたり、過料に処されたりするなどの不利益を受けるおそれがあります（民事訴訟法224条・225条）。

したがって、企業としては、いつ文書を提出しなければならない状況になったとしても迅速・的確に対応できるよう、適切な文書を慎重に作成し、整理・保管する体制を整備する必要があります。

❸ 文書の保存期間

法令で保存期間が定められている文書については、それぞれ所定の期間保存しておかなければなりません。また、法令で保存期間が定められていない文書についても、消滅時効期間（P.262参照）が経過するまでの間は保存しておくべきです。

(1) 法令で保存期間が定められている文書の保存

ア）商法・会社法上の保存・備置義務

正規の会計帳簿や営業に関する重要書類は、**帳簿を閉鎖した時から10年間**保存しなければなりません（商法19条3項、会社法432条）。また、株式会社は、**株主総会議事録を本店に10年間、支店に5年間、取締役会議事録を本店に10年間**、それぞれ備え置かなければなりません（会社法318条・371条）。貸借対照表などの**計算書類等**および**監査報告・会計監査報告は本店に5年間、支店に3年間**備え置かなければなりません（会社法442条）。

イ）金融商品取引法上の保存・備置義務

金融商品取引法上、所定の書類については、一定期間、その写しを本店および主要支店に備え置き、公衆の縦覧に供しなければならないとされています（金融商品取引法25条）。

期　間	書　類
5年間	有価証券届出書、有価証券報告書、内部統制報告書
3年間	半期報告書、四半期報告書

ウ）税法上の保存義務

　国税については、原則として、更正や決定の期間制限が申告期間経過後5年、徴収権の消滅時効が5年ですが、法人税にかかるものや不正行為があった場合には、更正や決定の期間制限が7年となるので、税務関係の提出文書や資料については、7年間は保存しておくべきです。地方税についても同様です。

　なお、「電子計算機を使用して作成する国税関係帳簿書類の保存方法等の特例に関する法律」（電子帳簿保存法）により、一定の要件の下で、電磁的記録による国税関係帳簿書類の保存が認められています。

(2)　契約書および契約関連文書の保存

　契約書および契約関連文書は、取引条件、金額、指定期日などの内容に応じ、契約をしたことの証拠として、また後日法的トラブルが発生した時の解決の拠り所として、権利・義務関係が消滅するまでの間はもちろんのこと、それにかかわる法的トラブルが発生する可能性がなくなるまでの間は保存しておくべきです。

(3)　原本と写し

　手形、小切手、株券などの有価証券は、それ自体が権利を表しており、それらの権利を行使するためには有価証券自体が必要ですから、原本を保存しなければなりません。

　借用証書や領収証のような文書は、一定の権利義務関係を証明する文書であり、写しで保存する場合もあります。ただし、紛失、滅失に備えてさらにそのコピーをとっておくべきです。

(4) 重要・機密文書などの保存・管理

重要な文書は、担当部門および責任者を決め、保管場所への搬入およびそれ以後の管理はその担当部門が責任を持って行う体制を整え、保管することが望まれます。

機密文書は、規程などで取扱い方法を定め、厳重な手続に従って管理し、万一これに違反する者が出たときは懲罰の対象とすることも考えられます。

これらの廃棄にも注意が必要で、焼却するかシュレッダーで裁断または溶解し、絶対に復元できないようにします。

(5) 民事訴訟法に対応するための文書の整理

民事訴訟においては、文書提出命令（民事訴訟法223条）により、所持している文書の裁判所への提出を要する場合があります。機密文書などの例外もありますが、企業としては、いつ提出を求められても迅速・的確に対応できるよう、適切な文書を慎重に作成し、整理・保管する体制を整備する必要があります。

❹ 収入印紙が必要な文書

国家機関のサービスを求める各種の申請書や印紙税法上の課税文書には、収入印紙を貼付し、消印をしなければなりません。

課税文書としては、一定の契約書・受取書、定款、預金通帳などがあります。契約書の場合は、取引の内容と金額に応じて印紙税の額が異なります。

COLUMN　　　電子契約

近年、契約内容を紙の書面ではなく、電子データで作成することが増えてきています。電子データによって契約を締結する（電子契約を締結する）ことは、「課税文書の作成」には当たらないため、印紙税は課税されず、収入印紙の貼付は不要であるとされています。

電子契約をプリンターで印刷したとしても、電子データの複製物（コピー）にすぎないので、そこに押印するようなことをしない限り、印紙税の課税物件には該当しません。逆に、契約内容を電子データで作成し電子メールで送信した後に、それを印刷して現物を別途持参するなどの方法により相手方に交付し押印した場合には、その現物は印紙税の課税対象となります。

要するに、課税文書となるのは書類の原本であって、コピーやデジタルデータなどは課税文書として扱われません。

なお、電子データで帳票をやり取りする電子契約は、電子取引に該当するため、下記の電子帳簿保存法の要件を満たした保存が必要です。

①真実性の確保：保存されたデータが改ざんされていないこと
②可視性の確保：保存されたデータを検索・表示できること

第6節
契約によらない債権・債務の発生～不法行為等

I 不法行為

　取引などの契約関係がなくても、債権・債務が発生することがあります。例えば、自動車事故を起こして、ある人が他人に損害を与えた場合は、加害者・被害者の間に契約関係がなくても加害者に**不法行為**が成立し、加害者が被害者に対して損害賠償責任を負うことになります（民法709条）。

　損害賠償責任が発生する原因としては、不法行為のほかに債務不履行があります（P.87以下参照）。債務不履行責任と不法行為責任とは、ともに違法に他人の利益を侵害することから生じる責任という点で共通性があります。ただ、債務不履行責任は、基本的に、あらかじめ契約関係のある者の間で成立するのに対して、不法行為責任はこのような契約関係を前提としない点に違いがあります。

　つまり、不法行為責任は、加害者・被害者間の契約関係など債権・債務関係の有無にかかわらず成立する点に特徴があります。

　ここでは、不法行為責任がどのような場合に成立するのかについて、次のケースをもとに説明します。

> **ケース10**
>
> 　通行人Aがたまたま建築工事現場を通りかかったところ、建築作業員B（C工務店の従業員）が落としたかなづちに当たり、けがをしました。

❶ 不法行為の成立要件

不法行為は、次の5つの要件がすべて備わっている場合に成立します。

> ① 損害が発生していること
> ② 加害者の故意または過失による行為であること
> ③ 加害行為と損害との間に因果関係があること
> ④ 加害行為が違法（他人の権利または法律上保護される利益を侵害すること）であること
> ⑤ 加害者に責任能力があること

したがって、ケース10（P.146）で、通行人Aが建築作業員Bに対し不法行為責任を追及して損害賠償を求めるには、上記の要件が備わっていなければなりません。

(1) 損害が発生していること

「損害が発生していること」というのは、加害行為によって現実に損害が発生しているということです。ケース10では、けがをした通行人Aに、けがの治療費などの損害が発生しており、この要件を充たしています。

損害は、財産的損害と非財産的損害に分けられます。**財産的損害には、治療費や修理費などの現実に出費された金銭等の積極的損害と、休業損害などの収入として見込まれたにもかかわらず得られなかった収入などの消極的損害**（「得べかりし利益」ともいいます）があります。また、非財産的損害には、長期間の苦痛を受けたり、けがのあとが顔に残ってしまったことによる**精神的苦痛（精神的損害）に対する慰謝料**や、**名誉・信用の毀損などの損害**があります（民法710条）。不法行為における損害については、その額の算定等に関し、後に詳しく説明します。

(2) 加害者の故意または過失による行為であること

故意とは、他人の権利や利益を侵害するだろうということを認識しながらあえて（わざと）加害行為をする意思をいいます。これに対して**過失**とは、自分の行為の結果他人に損害を与えるであろうということが予測できたの

に、それを避けるための注意をしなかったことをいいます。

　例えば、ケース10（P.146）では、建築作業員Bがわざと通行人にぶつけてやろうと思ってかなづちを落としたとすれば、それは故意による行為であり、また、よそ見をしていて手元が狂いかなづちを落としてしまったのであれば、過失が問題となります。

COLUMN　不法行為責任の根底にある考え方

　民法には、個人に自由な意思があることを前提に、個人の自由な活動をできるだけ保障し（**私的自治の原則**）、その活動が許容される限界を超えて他人に損害を与えたときにはじめて責任を問うことができるという考え方が根底にあります。そのため、損害賠償責任を負うのは、行為者に故意または過失がある場合でなければならず（**過失責任主義**）、また責任は加害者本人が負う（**自己責任の原則**）ことを原則としています。

（3）　加害行為と損害との間に因果関係があること

　不法行為が成立するには、加害行為と損害との間に因果関係がなければなりません。ここにいう因果関係は、「**ある原因行為がなければ、その結果が生じなかった**」という関係（これを条件関係といいます）があることを前提にして、「**その行為があれば通常そのような結果が発生したであろうと一般的に予見ができる**」という関係（これを**相当因果関係**といいます）がある場合に認められるとされています（大連判大15・5・22民集5巻386頁）。不法行為から生じる損害は限りなく拡大する可能性があり、加害者が賠償すべき損害を妥当な範囲に画するのがこの因果関係です。この点については、損害額の算定との関係で、後に詳しく説明します。

　例えば、ケース10では、建築作業員Bがかなづちを落とさなければ通行人Aはけがを負わなかったのですから、原因行為と結果との間に条件関係が存在します。そして、かなづちを落とした結果、通行人がけがをするという結果が発生することは、一般的に予見できるといえるため、加害行為と損害との間に相当因果関係が存在するといえます。

（4） 加害行為が違法であること

加害行為が「違法」であるとは、他人の権利または法律上保護される利益を侵害することをいいます。

ただ、加害行為に正当防衛や緊急避難などが成立する場合には、違法性が認められず、不法行為は成立しません。正当防衛や緊急避難のように、違法性がなく不法行為が成立しないとされる事由を**違法性阻却事由**といいます。「違法である」とは「違法性阻却事由がない」といいかえることもできます。

正当防衛とは、例えば①暴漢に襲われた人が、身を守るために反撃してその暴漢にけがをさせた場合の反撃行為や、②暴漢からの危険を避けるために、隣家の垣根を壊して逃げた場合の垣根の損壊行為をいいます。このように、**他人の不法行為に対して、自己または第三者の権利（利益）を守るためやむを得ず加害行為をした場合は正当防衛が成立**し、加害行為に違法性が認められず、不法行為は成立しません（民法720条1項）。

これに対し、**緊急避難**とは、例えば、他人の飼い犬に襲われ、身を守るためにやむを得ずその犬にけがを負わせたような場合の犬への攻撃をいいます。**他人の物から生じた急迫の危険を避けるためにその物を損傷した場合は、緊急避難が成立**し、正当防衛と同様に違法性が阻却され、不法行為は成立しません（民法720条2項）。

なお、正当防衛・緊急避難と同じ呼び方をしていても、民法と刑法（刑法36条・37条）では成立要件などが異なっていますので、注意が必要です。

ケース10（P.146）では、通行人Aの身体の安全は法律上保護されるべき利益であり、また建築作業員Bには違法性阻却事由が存在しないから、Bの加害行為は違法です。

（5） 加害者に責任能力があること

責任能力とは、加害行為の法律上の責任を弁識するに足りる能力をいいます。未成年者のうちこのような能力を備えていない者や、成年者でも精神上の障害などの理由で正常な判断力を欠いている者がした加害行為は、責任能力がない状態における行為ですので、この要件を欠くことになります。責任能力を欠く者を責任無能力者といい、責任能力の有無は、行為者ごとに個別

に判断されます。

　未成年者について、責任能力の有無を区別する目安として、**判例は概ね小学校卒業の前後（11〜12歳）で区別しています**。それよりも上であれば責任能力があり、それよりも下ならば責任能力なしと判断する傾向にあります。

　責任無能力者の行為には不法行為責任は成立しません（民法712条・713条）。しかし、その場合でも、親権者や後見人などの監督義務者に監督義務違反があれば、これらの監督義務者が自らの義務違反に基づくものとして損害賠償責任を負います（民法714条1項、P.156参照）。

② 損害賠償の方法、範囲および額の算定

(1)　損害賠償の方法

　不法行為責任が成立すると、加害者は被害者に対して損害賠償をしなければなりません。

　損害賠償は金銭によるのが原則です（**金銭賠償の原則**、民法722条1項・417条）が、例外的に名誉毀損の場合には、被害者の請求により裁判所が原状回復（謝罪広告など）を命じることがあります。

(2)　損害賠償の範囲

　先述した通り、損害賠償の対象となるのは、「加害行為によって生じた損害」であって、加害行為と損害との間に因果関係がなければなりません。ここで、加害行為と損害との間の因果関係を考えるとき、次の問題を検討する必要があります。

---

① 　不法行為はどのような場合に成立するか（不法行為の成立要件としての「因果関係」）

② 　いかなる範囲の損害が賠償の対象とされればよいか（損害賠償の対象範囲を画する基準としての「因果関係」）

③ 　賠償の対象となった損害につき、賠償すべき金額をいかに算定するか（損害の金銭評価・算定の基準としての「因果関係」）

因果関係の有無は、先述した通り、加害行為と損害との間に、条件関係が認められることを前提に、かつ相当因果関係が認められるか否かで判断されます。判例では、民法416条の債務不履行に対する損害賠償の範囲の規定が類推適用されます。加害行為の結果として通常生ずべき損害（**通常損害**）、および特別の事情によって生じた損害のうち、加害行為時に当事者が予見すべきであった損害（**特別損害**）が、損害賠償の範囲に含まれます。

(3)　損害賠償額算定の基準時

　例えば、不法行為によって物が壊れてしまった場合、物には価格の騰貴（とうき）・下落があり得るため、どの時点を基準に損害額を算定するかが問題となります。これは、「損害の金銭評価・算定の基準としての因果関係」の問題です。

　相当因果関係の考え方によれば、原則として、加害行為の時を基準として損害額を算定しますが、加害行為の後にその物の価格が騰貴したなどの特別の事情があり、かつ当事者にその事情についての予見可能性があれば、特別損害として、加害行為後の価格の賠償を請求することができます。

(4)　損害賠償額の算定
ア）財産的損害の算定
a. 所有権の侵害の場合

　所有物が滅失した場合は、滅失時の時価が損害額となります。これに対し、所有物が毀損した場合は、修繕に要する費用が損害額となります。ただし、修繕不能の場合や修繕費が当該物の時価を超えるような場合は、滅失の場合と同様に毀損時の時価が損害額となります。

b.　生命の侵害の場合

　死亡による財産的損害のほか、死亡に至るまでの治療費や葬式費用などが損害額となります。

　死亡による財産的損害は、主として**逸失利益**（いっしつりえき）です。**逸失利益は、不法行為がなければ得られたであろう収入の喪失**（得べかりし利益の喪失）であり、生命侵害の場合、次のように算出されます。なお、逸失利益の賠償額の算定においては、将来受けるべき利益を一時金として受け取るため、賠償額から

利息が控除されます。これを中間利息といい、その計算方法としてライプニッツ方式、ホフマン方式などいくつかの方法があります。現在は、全年齢の平均賃金を考慮するライプニッツ方式が主流となりつつあります。

逸失利益＝〔（死亡当時の年収－本人の年間生活費）×稼働可能年数〕－中間利息

c. 身体の傷害

身体の傷害による損害には、治療費・付添費・義足代などの実費、治療期間中の休業による逸失利益、後遺障害を原因とする労働力の喪失・低下による逸失利益などがあります。

d. 賃借権の侵害

他人の不法占拠などによって賃借権が侵害された場合は、賃料相当額が損害額となります。

e. 担保権の侵害

例えば、抵当権が設定されている建物が損傷された場合など、担保権が侵害されたときは、被担保債権額のうち、その侵害によって抵当権を実行しても回収することができなくなった額が損害額となります。

f. その他の財産的損害

上記以外の損害として、名誉・信用の毀損による収入の減少、不法行為による間接的な財産損害（自動車修理中の代替交通手段の費用など）などが挙げられます。

イ）非財産的損害の算定

非財産的損害は、精神的損害をはじめ名誉・信用の毀損による損害などです。精神的損害は、被害者が受けた精神的苦痛に相当するもので、これに対する賠償は**慰謝料**として支払われます（民法710条）。

慰謝料には、その性質上、明確な算定基準があるわけではありません。加害の程度、当事者双方の資産・職業・社会的地位等を考慮して算定するものとされています。また、**慰謝料請求は精神的苦痛を感じない幼児にも認められます（判例）**が、**物損については原則として認められません**（判例）。結局、慰謝料は、硬直化しがちな財産的損害に対する賠償額算定を調整する機能を

有しており、その観点から社会的にみて相当と思われる額が慰謝料額とされています。

（5）　損益相殺および過失相殺

　不法行為の被害者が、損害賠償を受けたことによってかえって利益を得るのは好ましくありません。そこで、加害者・被害者間の損害賠償を公平に行うために、損害賠償額の算定にあたっては、損益相殺および過失相殺によって、損害賠償額の調整が行われることがあります。

ア）損益相殺

　損益相殺とは、被害者が不法行為によって損害を受ける一方で何らかの利益を受けた場合に、その利益額を損害額から差し引いて賠償額を決定することをいいます。例えば、ケース10（P.146）で、かなづちの当たりどころが悪く通行人Aが死亡してしまった場合、一方では生きていれば将来的に得られたはずの収入が得られなくなるという損害が発生していますが、他方ではその間のAの生活費などの支出がなくなります。このような場合にその生活費相当分を損益相殺により差し引いて損害賠償額を計算します。

　ただし、**任意加入の生命保険金や傷害保険金は損益相殺の対象とはならず、これらは損害額から控除されません**。これらの保険金は損害てん補が目的ではなく、保険料支払いに対する反対給付であると考えられているからです。同様に香典・見舞金も損益相殺の対象とはならず、損害額から控除されません。

イ）過失相殺

　過失相殺とは、不法行為に際して、被害者にも過失があって、それが損害の発生や拡大の一因になった場合に、損害額から被害者の過失割合に相当する額を差し引いて損害額を決定することをいいます（民法722条2項）。過失相殺は、当事者間で損害を公平に分担することを目的としています。

　過失相殺の要件である被害者の過失は先に述べた不法行為の成立要件としての過失とは異なり、単なる不注意程度でよいとされています。

a. 事理弁識能力

過失相殺を行う要件として、被害者に責任能力まで備わっていることは必要ではありませんが、被害者に**事理弁識能力**が備わっていることは必要です。ここに事理弁識能力とは、物事の善し悪しが判断できる能力をいいます。通常、**小学校入学の前後（5〜6歳）でその有無が区別されています**。

b. 被害者側の過失

被害者自身に過失ないし事理弁識能力が認められない場合であっても、損害の公平な分配の観点から**被害者と身分上ないし生活関係上一体をなすとみられる者に過失があるとき**に、この者の過失が「**被害者側の過失**」として考慮され、過失相殺が行われることがあります。例えば、幼児が被害者の場合において、親権者の幼児に対する監督義務違反が認められれば、損害額の算定にあたって、親権者の過失が被害者側の過失として考慮されます。また、例えば、夫の運転する自動車に同乗中に、第三者の運転する自動車と衝突事故に遭い、妻が負傷した場合、夫に過失が認められれば、妻の損害額の算定にあたって、夫の過失が被害者側の過失として考慮されます。反対に、被害者が保育園児である場合において、当該保育園の保育士の過失については、被害者側の過失として考慮しないとした判例があります。

③ 特殊な不法行為

不法行為責任は、過失責任主義と自己責任原則を根底にしています（P.149参照）が、科学の進歩・高度化や社会の複雑化により、これらの原則を修正しなければ、特に被害者の救済について不十分な場面が生じてきました。

一般の不法行為（民法709条）では、前述の5つの成立要件（P.148以下参照）が存在することを、被害者側で証明しなければなりませんが、例えば公害による被害については、企業の原因行為と損害との間に因果関係があるか否かの証明が困難であるため、被害者の救済が困難な場合が生じがちです。

そこで、このような社会状況の変化や必要性に応じて、一般の不法行為とは異なった様々な形態の不法行為（特殊な不法行為ともいいます）が定められています。

(1) 責任無能力者が不法行為を行った場合の監督義務者の責任

責任無能力者が行った行為には不法行為は成立しませんが、親権者や後見人などの**監督義務者**に監督義務違反があれば、これら監督義務者が損害賠償責任を負います（民法714条1項）。

監督義務者には、責任無能力者が社会生活を送るについて保護・監督する義務がありますが、その義務を十分に果たさなかった結果、責任無能力者が加害行為を行った場合に監督義務者の責任が認められます。すなわち、責任無能力者を「監督すべき法定の義務ある者（監督義務者）」、または「監督義務者に代わって無能力者を監督する者（代理監督者）」は、責任無能力者が第三者に加えた損害を賠償する責任を負います（民法714条2項）。**監督義務者には、親権者のほか、未成年後見人、児童福祉施設の長などが該当し、代理監督者には、幼稚園、保育所、小学校、中学校などの教員や保育士などが含まれます。**監督義務者の側で、責任無能力者の行為について監督義務を怠らなかったことを証明できた場合は免責されますが、その証明は困難です。

なお、この監督義務者の責任は、責任無能力者の責任を監督義務者が代わって引き受けるものではなく、監督義務者自身の責任です。

(2) 被用者が不法行為を行った場合の使用者の責任（使用者責任）

ケース10（P.146）の場合、かなづちを落とした従業員Bだけが損害賠償責任を負うとすると、Bに賠償するに足りる資力がない場合には被害者救済に欠ける可能性があります。

そこで、民法では、「被用者がその事業の執行について」不法行為を行った場合に使用者が責任を負うという**使用者責任**（民法715条1項）の制度が設けられています。これは、そもそもケース10におけるC工務店のような使用者は、建築工事に従業員を従事させていることによって利益を上げているのですから、従業員が事業の執行について第三者に損害を与えた場合は、使用者もその責任を負うべきであるとの考え方に基づくものです。

ここで「事業」とは、極めて広い意味に理解されており、営利目的か否か、継続的か一時的か、企業の仕事か家庭の仕事かなどは問いません。また、「使用関係」は、雇用契約などの契約関係になくても、事実上、監督・指揮命令

に服する関係にあれば「使用関係あり」とされます。

　使用者側は、①被用者の選任およびその事業の監督について相当の注意をしたこと、または②相当の注意をしても損害が生ずべきであったことを証明すれば免責されますが、この証明は極めて困難であり、実際上は無過失責任に近いといわれています。

　被害者は、加害者である被用者およびその使用者双方に対し損害賠償責任を追及できます。使用者は、被害者に対し損害賠償を支払った場合、原則として、**加害者である被用者に対し一定限度までは求償**（注）**できます**（民法715条3項参照）。これに対して、加害者である被用者が被害者に損害賠償を支払っても、使用者に求償することは、一般にはできません。

（注）求償とは、自己の財産の減少につき、一定の法律上の理由に基づいて、特定の者に対してその償還を求めることをいいます。

(3)　建物等から事故が発生した場合の責任（土地工作物責任）

　例えば、老朽化したビルの外壁が崩れ落ちて、たまたまその場を通りかかった通行人に破片が当たってけがをしたという場合のように、建物や電柱など土地に接着した工作物の設置や保存に欠陥（瑕疵）があり、そのために損害が発生したときは、その工作物の占有者（管理人、賃借人など）または所有者が損害賠償責任を負います。これを**土地工作物責任**といいます（民法717条1項）。

　建物等の土地工作物は、崩壊などによって危険をもたらす可能性が高いため、民法はそうした危険性のある土地工作物を支配している者（占有者・所有者）に無過失責任に近い損害賠償責任を負わせています。

　土地の工作物の瑕疵を原因として損害が発生した場合、**賃借人等の占有者**は、工作物の瑕疵から生じた損害について第一次的に責任を負いますが、自ら損害の発生を防止するのに必要な注意をしたことを証明できた場合には免責されます。そして、土地の工作物の占有者が免責された場合、**土地の工作物の所有者**が損害賠償責任を負います。この所有者の責任は無過失責任です。

(4)　製造物の欠陥が原因で事故が生じた場合の責任（製造物責任・PL）

　例えば、子供が、遊んでいた玩具が壊れたことが原因で、けがをして入院

したという場合のように、製品の欠陥が原因で損害が発生した場合、その製品の生産者（メーカー）等が負う責任のことを**製造物責任**（Product Liability – PL）といいます。

　一般の不法行為では、損害を与えた生産者（メーカー）に故意・過失があることを被害者である消費者が証明しなければなりませんが、実際はその証明は極めて困難です。そこで、生産者（メーカー）の故意・過失ではなく、製品に欠陥が存在することを証明できれば損害賠償責任を追及できるとする**製造物責任法（PL法）**が定められています。

　PL法では、製品等の製造物の欠陥によって他人の生命・身体・財産を侵害した場合に、製造業者等が損害賠償責任を負う旨が定められています。ただし、不良品のように欠陥のあった製造物を使えないという場合（損害が欠陥のある製造物だけにとどまり、拡大損害が生じない場合）、PL法は適用されません。

　この法律にいう**製造物とは、製造・加工された動産のこと**をいい、不動産やサービス、未加工の農林水産物は含まれません。また、製造物責任を負う者の範囲には、**製造・加工業者のほか輸入業者も含まれます**が、流通業者や消費者に直接販売した販売業者などは、原則として含まれません。そして、**欠陥とは、当該製造物の特性、その通常予見される使用形態、その製造業者等が当該製造物を引き渡した時期その他の当該製造物に係る事情を考慮して、当該製造物が通常有すべき安全性を欠いていること**をいいます。

(5)　公害に関する法的責任

　企業活動をはじめとした社会的な諸活動が活発化するのに伴い、公害、例えば大気汚染や河川等の水質汚染、あるいは騒音などにより、多数の住民の生命・身体等に受忍限度を超える損害が発生しています。

　公害についても、原則的には一般の不法行為による損害賠償を求めることはできますが、住民等の被害者が、公害の原因を特定して結果との間の因果関係を証明することは極めて困難です。そこで、因果関係の証明責任を軽減して被害者の救済を図ろうとする考え方が各種の法律（大気汚染防止法、水質汚濁防止法など）で採用されています。

(6)　自動車を保有する者の責任（運行供用者<ruby>運行供用者<rt>うんこうきょうようしゃ</rt></ruby>の責任）

　今日、不法行為に基づく損害賠償請求件数の相当の部分は、自動車事故で占められています。そして、自動車事故における被害者救済を目的として**自動車損害賠償保障法（自賠法）**が定められています。

　自賠法では、自動車の保有者（所有者や賃借人など自動車を使用する正当な権限を持っている者）などを**運行供用者**とし、使用人や友人など他人に運転をさせていた場合にも、運行供用者が損害賠償責任を負います。

　被害者は、加害者の責任追及にあたって、自動車の運行によって損害を被ったという事実のみを証明すればよく、反対に、運行供用者は次の**免責三要件**を証明しなければ、責任を免れることができません（自賠法3条但書）。

> ①　自己および実際に運転をしていた運転者が、自動車の運行に関し注意を怠らなかったこと
> ②　被害者または運転者以外の第三者に故意または過失があったこと
> ③　自動車に構造上の欠陥または機能の障害がなかったこと

　しかし、この免責三要件の証明は極めて困難であり、実質的には運行供用者に無過失責任を課したのと同様の結果になっています。

　自賠法は、このような実質的な無過失責任のほか、強制保険制度（**自賠責保険制度**）による基本補償の確保、さらにひき逃げや無保険車対策としての政府保障事業を定めています。

(7)　共同不法行為責任とは

　例えば、河川沿いにある2つの工場が、川に廃液を流していた結果、その水を飲料水としている住民に健康被害が生じたとします。この場合、不法行為における自己責任原則を徹底すると、2つの工場がそれぞれ個別に分割した損害賠償責任を負うことになります。しかし、これでは被害者の救済が十分であるとはいえません。また、どちらの工場が流した廃液が原因で損害が生じたのか不明である場合には、因果関係が確定できないため両工場とも責任を負わないとされる可能性があり、被害者が正当な救済を得られない可能性があります。

　そこで、民法は、不法行為を行った加害者が複数いる場合、加害者である

各人は、被害者に対して、その共同不法行為と相当因果関係のある全損害について連帯して賠償責任を負うとしました（**共同不法行為**、民法719条1項）。被害者は、自己の被った全損害について、**加害者のうち1人に対して**損害賠償**を請求することができる**だけでなく、**同時または順次に、全員に対し損害賠償を請求することもできます**。ただし、1人から全損害の賠償を受ければ、他の加害者に請求することはできません。

なお、加害者のうち1人が全損害の賠償を行えば、その者が本来負担すべき責任の割合を超える部分について、他の加害者に求償することができます。

(8) 失火についての責任

故意または過失によって火事を起こして他人に損害を与えた場合、本来であれば一般の不法行為と同様に扱われるはずです。しかし、日本では木造の建物が多く、類焼が拡大する危険性があり、また失火者自身も通常、自己の建物を焼失し損害を受けています。したがって、失火者に民法709条の不法行為と同様の責任を負わせるのは酷です。こうした事情から、行為者の責任を緩和したのが「失火ノ責任ニ関スル法律」（失火責任法）です。一般の不法行為では、行為者は「故意・過失」のある場合に不法行為責任を負うのに対し、失火の場合は「通常の過失」については行為者は免責され、「故意・重過失（重大な過失）」のある場合にのみ不法行為責任を負います。重過失とは、不注意の程度が通常の過失に比べ著しい場合をいいます。

4 不法行為による損害賠償責任と債務不履行による損害賠償責任との関係

(1) 法律関係の相違

不法行為責任と債務不履行責任は、いずれも加害事故の加害者が被害者に対して損害賠償責任を負うことになる点では異なりません。しかし、債務不履行責任が、加害事故の当事者の間に契約などの債権債務関係が存在し、加害者がこれに背いた場合に発生する（例えばタクシーの運転手が不適切な運転で事故を起こし、乗客を負傷させた）のに対して、不法行為責任は、当事者間の債権債務関係の有無を問わず発生する点で異なります。

（2）　不法行為による損害賠償責任と債務不履行による損害賠償責任の比較

　両者は、それぞれの責任が認められる要件が異なる別個の制度であり、それぞれが独立して成立する関係にあります。したがって、債務不履行と不法行為の両方の成立要件に該当する場合は、債務不履行責任と不法行為責任の両方の責任が成立することになります。

　当事者間に契約などの債権債務関係が存在しない場合には、債務不履行責任は問題とならず、不法行為責任だけが問題となります。両方の責任が成立する場合には、**被害者（債権者）は加害者（債務者）に対してどちらの責任でも自由に選択して損害賠償請求ができる**という考え方が一般的です。

　両損害賠償請求権の内容の相違として、例えば次のものが挙げられます。

ア）主張・証明責任

　どちらの損害賠償請求権を行使しても損害賠償の範囲はほぼ同じですが、被害者が訴訟を提起した場合、債務不履行責任と不法行為責任では、損害賠償請求に関する事実を訴訟の場において主張し、証明する責任（**主張・証明責任**）を当事者のどちらが負担するのかの点で異なります。

　債務不履行責任の場合は、両当事者に契約等の債権債務関係に基づく相互の信頼関係があることから、**債務者（加害者）が自己に債務不履行がなかった旨の主張・証明責任を負います**。これに対し、不法行為責任の場合には、当事者間にそのような関係はないので、**被害者が相手方（加害者）の故意・過失により被害を受けた事実を主張・証明しなければ、損害賠償請求は認められません**（被害者が主張・証明責任を負います）。

　もっとも、使用者責任などのように特殊な不法行為の場合には、加害者側が自己に過失がない旨の主張・証明責任を負うとされているものがあります（例えば、使用者責任では、使用者が被用者の選任・監督につき相当の注意をしたこと、または相当の注意をしても損害が生じたことを証明しなければ、免責されません）。これを**証明責任の転換**といいます。

イ）損害賠償請求権の消滅時効

　債務不履行に基づく損害賠償請求権の消滅時効期間は、原則として、①債

権者が権利を行使することができることを知った時から5年間、または②権利を行使することができる時から10年間です（民法166条1項）。ただし、人の生命または身体の侵害による損害賠償請求権の消滅時効期間については、②の期間が20年間となります（民法167条）。

これに対し、不法行為に基づく損害賠償請求権の時効期間は、①被害者またはその法定代理人が損害および加害者を知った時から3年間、または②不法行為の時から20年間です（民法724条）。ただし、人の生命または身体の侵害による損害賠償請求権の消滅時効期間については、①の期間が5年間となります（民法724条の2）。

(3) 金銭債務の場合の特則

売買代金の支払義務や借入金の返済義務のような金銭債務について、債務者が期日に約定の金銭を支払わないときは、債務不履行責任の追及にあたって、債権者は損害の発生を証明する必要がありません。また、**債務者は不可抗力を理由に債務不履行責任を免れることはできません**（民法419条3項）。この場合の損害賠償額（遅延損害金）は、契約に法定利率を超える利率の定めがあればその利率（約定利率）に基づいて、定めがなければ、法定利率（民法404条）に基づいて、債務者が履行の請求を受けた時から算定されます（民法419条、なお民法412条3項参照）。

一方、不法行為による損害賠償責任については、被害者救済の観点から、被害者が加害者に対して催告をしなくても、損害の発生と同時に遅滞に陥るとされています（判例）。したがって、不法行為の時から法定利率に基づいて、遅延損害金が算定されます。

Ⅱ 事務管理・不当利得

　民法は、契約や不法行為のほかに、債権・債務の発生原因として、事務管理および不当利得を規定しています。ここでは、それぞれの成立要件と、成立した場合の法的効果を中心に説明します。

1 事務管理

(1) 事務管理とは

　事務管理は、義務がないのに、他人のために事務の管理を行うことです（民法697条）。事務管理を行う者を管理者、事務管理を受ける者を本人といいます。事務管理は、例えば、隣人の留守中に届いた荷物の着払いの代金を立て替えたような場合に問題となります。

(2) 事務管理の成立要件

　事務管理が成立するための要件は、次の通りです。

> ① 管理者に義務がないこと
> ② 管理者に本人のためにする意思（事務管理意思といいます）があること
> ③ 管理者が他人（本人）の事務の管理を始めること
> ④ 管理者の行為が本人の利益または意思に適合すること

(3) 管理者の権利および義務
ア）管理義務および管理継続義務

　管理者は、その事務の性質に従い、最も本人の利益に適合する方法により事務管理を行わなければなりません。管理者は、本人の意思を知り、またはそれを推知できるときは、その意思に従わなければなりません（民法697条）。**管理者の負う義務は、善管注意義務**（P.116参照）であると考えられています。

　また、管理者は、本人またはその相続人・法定代理人が管理をすることができるに至るまで、事務管理を継続しなければなりません（民法700条）。

イ）その他の義務

　管理者は、事務管理の開始を遅滞なく本人に通知する義務を負います（民法699条）。また、他人の事務の管理という共通点から、委任契約における受任者の報告義務・受取物の引渡義務・利息の支払義務の規定が準用されます（民法701条・645条〜647条）。

ウ）費用償還請求権

　管理者は、本人のために有益な費用を支出したときは、本人に対し、その償還を請求することができます（民法702条1項）。なお、管理者は、本人に対し、報酬および事務管理に際して被った損害の賠償を請求する権利は有しません。

❷ 不当利得

（1）　不当利得とは

　不当利得は、法律上の原因なく他人の財産・労務により利益を受け、そのために他人に損失を及ぼすことです（民法703条）。この場合に、利益を受けた者を受益者、損失を被った者を損失者といい、受益者はその受けた利益を損失者に返還する義務を負います。不当利得は、例えば、貸金業者が利息制限法の定める上限を超える利息を借主から受領したような場合（P.100参照）に問題となります。

（2）　不当利得の成立要件

　不当利得が成立するための要件は、次の通りです。

①	他人の財産または労務によって利益を受けること（受益）
②	他人（損失者）に損失を及ぼすこと
③	受益と損失との間に因果関係があること
④	受益が法律上の原因のないものであること

　なお、④の受益が法律上の原因のないものである場合としては、契約が無効であった場合、契約の取消し・解除があった場合、権限がないのに他人の

物を使用・収益・処分した場合などが挙げられます。

　前述の例でいうと、利息制限法で定めた上限を超える利息の契約は無効であるため、貸金業者には上限を超える利息を受領する法律上の原因がありません。

　また、③の因果関係は社会通念上損失と利得との間に連結があれば足りるとされています。したがって、損失者と利得者との間に第三者の行為が介在する場合でも、直ちに因果関係が否定されることはありません。例えば、賃借人の依頼により賃借物を修理した後に賃借人が無資力となった場合には、賃借人の行為が介在していたとしても、修理業者の修理代金債権が無価値になったという損失と、修理により所有物の価値が上がったという賃貸人の利得との間には因果関係があるとされます。

(3)　受益者が返還すべき利益の範囲
ア）受益者が法律上の原因がないことにつき善意であった場合
　この場合、受益者は利益の存する限度（**現存利益**といいます）で損失者にこれを返還する義務を負います（民法703条）。なお、受け取った利益そのものがすでに存在しない場合であっても、これに代わるものがあれば利益はなお存在するとされます。例えば、受益が金銭であり、これを生活費や借入金の返済に充てた場合、これらに充てることにより支出を免れた財産が存在しますので、これが現存利益となります。

イ）受益者が法律上の原因がないことにつき悪意であった場合
　この場合、受益者はその受けた利益に利息を付して損失者に返還し、さらに損失者に損害があるときはそれも賠償しなければなりません（民法704条）。

(4)　不法原因給付
　不法な原因のために給付をした場合、給付者は給付物の返還を請求することができません（民法708条本文）。この法律関係を**不法原因給付**といいます。ここで「不法」とは、法律に違反する場合のすべてを意味するのではなく、公序良俗に反する事項をいうとされています。また、「給付」とは、相手方

に利益を与えるものであれば足ります。したがって、金銭や物の交付のように財産権や財産的な利益を与えるものだけでなく、事実上の利益を与えるものでも給付に該当します。

公序良俗に反する契約等は無効であり（民法90条）、本来、その契約等に基づいて給付された物は不当利得となるはずです。しかし、自ら不法な給付をした者に法の助力を与えることは妥当ではありません。そのため、不法原因給付がなされた場合には、給付物の返還を請求できないとしたのです。

不法原因給付に当たる例として、麻薬の密売代金などが挙げられます。麻薬の売買契約に基づき買主が代金を支払った場合、麻薬の売買は公序良俗違反で無効ですから（民法90条）、本来買主は不当利得に基づき支払った金銭の返還請求をすることができそうです。しかし、代金の授受は麻薬の売買という不法な原因によりなされた給付であるため、買主は売主に対し給付した代金の返還を請求することができません。

ただし、不法な原因が受益者のみに存する場合には、給付者は給付物の返還を請求することができます（民法708条但書）。

CHAPTER 3

Corporate assets management and laws

【第3章　企業財産の管理と法律】

第 ❶ 節
企業の財産取得にかかわる法律

　企業は、製品の製造、商品の販売などの企業活動を行うにあたり、それに必要な土地・施設・設備など様々な財産を取得し、それを管理・利用しています。企業が管理・利用する財産には、不動産（土地・建物など）、動産（什器・備品など）、債権（代金債権など）、知的財産権などがあります。

　企業によるこうした財産の取得（購入）は、法律的には例えば売買契約や交換契約によることになり、それによって様々な財産の所有権の移転などが生じます。

　ここでは財産の取得にかかわる法律について、不動産・動産・債権に分けて説明します。

❶ 売買契約による財産の所有権の移転時期

　売買契約により移転する財産権のうち、代表的なものは不動産や動産の所有権です。**所有権に代表される物権は、特約がない限り、民法上は当事者の意思表示だけで移転の効力を生じる**とされています（民法176条）。つまり、民法の規定に従えば、売買契約当事者間で「売る」「買う」という意思表示の合致があったときに、売買の目的物（例えば、土地）の所有権は移転します。

　ただし実務では、目的物の引渡しあるいは代金の支払いなどがあったときに所有権が移転するという特約を結ぶのが一般的です。例えば、売買契約で、「土地の所有権は、所有権移転登記申請の時に売主から買主に移転する」旨の特約です。

❷ 所有権の移転を第三者に主張するための要件

　物を所有する者がその物を二重に譲渡（売買）するような場合があります。

例えば、AはBに住宅を売却したが、その住宅をより高価に買うといってきた第三者Cに譲渡する契約を結んだというような場合です。このような場合にどちらが最終的に所有権を有することになるのかを考えます。

この問題は、譲渡の対象となる物が不動産か、動産かによって考え方が異なります。

(1) 不動産の場合

不動産とは土地およびその定着物です（民法86条1項）。定着物の代表的なものは建物です。わが国では、土地と建物は別個の不動産として取り扱われます。

民法上、不動産に関する物権の取得（譲渡による取得など）や設定（抵当権の設定など）は、不動産登記法に従って登記をしなければ、自己の権利を第三者に主張（対抗）できないとされています（民法177条）。そして、**第三者に対して自己の権利を主張するために必要とされる要件を対抗要件**といいます。

すなわち、**不動産の場合の対抗要件は登記**であり、例えば、前述の住宅の二重譲渡の場合、買主Bが第三者Cに対して、住宅の所有権を主張するには、登記をしなければなりません（CがBに対して所有権を主張する場合も同じ）。

なお、二重譲渡により、所有権を取得できなかった場合、その者（買主）は譲渡人（売主）に対して損害賠償を請求できます。

COLUMN 　　　　**対抗とは**

対抗とは、権利の取得や移転をはじめとする権利の得喪変更があったことを当事者（ここでは売主Aと買主B）以外の第三者に法律上主張することをいいます。そして、対抗できることを「対抗力がある」といいますが、そのためには法が定める一定の事実（要件）を備えなければなりません。これらの事実のことを対抗要件といいます。

---

(2) 動産の場合

動産とは不動産以外の物をいいます（民法86条2項）。

動産が二重に譲渡された場合に、所有権を第三者に主張するには、その動産の引渡しを受けることが必要です（民法178条）。つまり、動産の場合の対抗要件は引渡しです。ただし、法人が譲渡人である動産の譲渡の場合にはこれを登記することができ、その登記により対抗要件を備えることができます（動産及び債権の譲渡の対抗要件に関する民法の特例等に関する法律3条）。

❸ 即時取得とは

動産を所持しているからといって、その者が必ず所有権を有しているとは限りません。なぜなら、物を他人から借りたり、預かったりして所持している場合もあるからです。こうした所有権を持たない者から動産の譲渡を受けたとしても、本来ならば所有権を取得できないはずです。しかし、それでは他人から物を購入する場合、その売主が正当な所有者であるかどうかを確認しなければならなくなり、また、そのような確認には困難を生じることもあるため、動産の取引を円滑に行うことができなくなります。

そこで、民法では、**売買などの取引行為により動産を取得した者が、取得の際に相手の所有物であると信じ、かつそう信じたことについて過失がない場合**（これを善意無過失といいます）、**その取得者はその動産に関する権利を取得する**と定められています（民法192条）。これを**即時取得（善意取得）**といいます。

ただし、その動産が盗品や遺失物の場合は、即時取得は認められない場合があります（民法193条）。

これに対して、**不動産については、登記を信頼してその不動産を取得したとしても、譲渡人に登記通りの権利がなければ原則として、所有権を取得することはできません。**

❹ 財産としての債権の譲渡

(1) 債権譲渡とは

債権も財産として売却されたり、他の債務に対する弁済として譲渡されるなど、譲渡の対象となります（民法466条1項）。

債権譲渡は、例えばＡがＢに対して金銭を貸し付けており、返済期限に弁済を請求したところ、Ｂには支払うだけの現金はないが、Ｃに対する商品の売掛代金債権を有しているので、現金で弁済する代わりにこの売掛代金債権をＡに譲渡する、といった場合に利用されます。

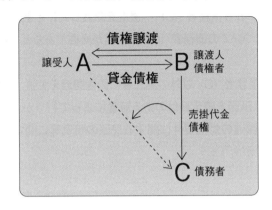

　譲渡の対象となる債権には様々なものがありますが、ここでは**指名債権**（債権者が特定し、債権の成立・譲渡のために証券の作成・交付を必要としないもの）の譲渡を取り上げます。

　債権譲渡の対象となる債権は、譲渡の意思表示の時に現に発生している必要はなく、将来発生する債権の譲渡も有効です（民法466条の6）。

　債権は、当事者間の合意により、債権の譲渡を禁止または制限することができます（譲渡禁止特約）。ただし、当事者が譲渡制限の意思表示をしたときであっても、債権譲渡は原則として有効です（民法466条2項）。例外的に、譲受人または第三者に譲渡制限の意思表示について悪意または重過失がある場合には、債務者は債務の履行を拒むことができ、かつ、譲渡人に対する弁済その他の債務を消滅させる事由を対抗することができます（民法466条3項）。

（2）　債権譲渡の対抗要件

　債権譲渡は、当事者間の債権譲渡契約によって行われます。

　例えば、ＢがＡに対して売掛代金債権を譲渡すると、以後、Ａが債務者Ｃに対して代金債務の履行を請求できることとなりそうです。しかし、債権が

譲渡されたことをCが知らなければ、仮にAがCに対して履行を請求しても、通常Cは自分の直接の取引相手ではないAに対してはその債務を履行しません。

そこで、**譲受人が債権譲渡を債務者（上の例のCなど）に主張（対抗）するには、譲渡人（B）から債務者（C）へ債権を譲渡したことを通知するか、債権を譲渡することについての債務者（C）の承諾が必要である**とされています（民法467条1項）。

なお、**譲受人が債務者（C）以外の第三者に債権譲渡を主張（対抗）するには、前述の通知または承諾を確定日付のある証書によって行うか**（民法467条2項）、**「動産及び債権の譲渡の対抗要件に関する民法の特例等に関する法律」に従って登記を経る必要があります。**

第2節
企業財産の管理と法律

　企業は各種の財産を保有しており、それらの財産をどのように管理すべきかについて強い関心を持っています。しかし、財産は種類により法律的性質が異なるため、財産の種類ごとにその法律的性質の基本を理解して管理にあたる必要があります。

　ここでは、貸借対照表（企業の資産・負債・純資産を記載することにより、企業の財政状態を表示する計算書類）の資産の部に通常記載される主な資産を取り上げて、会社財産の管理の方法を説明します。

　会計上、企業の資産は流動資産と固定資産とに分けられます。固定資産は、企業が長期的に利用する目的で所有する資産であり、土地や建物などの不動産、機械設備、知的財産権などがあります。また、流動資産は、原則として決算日から1年以内に現金化できる資産をいい、現金・預金、売掛金、商品、製品、原材料などがあります。

❶ 流動資産の管理と法律

(1)　預金

ア）預金の法的性質

　預金は、預金者が金融機関に金銭を寄託し、金融機関は受け入れた金銭を運用し、預金者から返還の請求があったときは、預金者に対して同額の金銭を返還する制度です。預金は、金融機関による運用を前提としており、預金者・金融機関の間の預金契約の法的性質は、消費寄託契約です。

預金の種類

預金には、例えば次の種類があります。

普通預金	いつでも自由に預入れと払戻しをすることができる預金
定期預金	あらかじめ預入期間を定め、その満期日前には原則として払い戻すことができない預金
通知預金	預入最低金額を預入日から7日間据え置き、払戻しには2日以上前に予告することを要件とする預金
当座預金	手形や小切手を振り出して支払いを委託するために利用される預金
総合口座	普通預金、定期預金およびその定期預金を担保とした当座貸越しの各取引を組み合わせて1つの取引として1冊の通帳で利用するもの

イ）預金の管理と預金者の保護

預金通帳・証書は、預金債権が存在していることを証明する書類であり、預金の払戻しにあたっては、届出印章とともに預金通帳・証書が提出されます。**金融機関がその持参者を預金者であると過失なく信じて支払えば、その者が正当な権利者でなかった場合にも免責され、金融機関は真の権利者（預金者）に重ねて払い戻す責任を負わない**とされています（民法478条、預金約款）。

したがって、預金者は預金通帳・証書と届出印章の管理には特に注意し、管理者を明確に定めるとともに、これらを別々に鍵のかかる場所に保管し、預金残高の推移を常時チェックするなどの体制を整えておく必要があります。

なお、キャッシュカードの偽造・盗難などにより、預貯金がATM（現金自動預払機）から不正に引き出されるという犯罪・トラブルが多発したことに対応するため、「偽造カード等及び盗難カード等を用いて行われる不正な機械式預貯金払戻し等からの預貯金者の保護等に関する法律」（預金者保護法）が制定されています。この法律では、上記のようにATMから預貯金の不正な引き出しがなされた場合、**預貯金者が受けた被害について、金融機関はその過失の有無にかかわらず一定の補償をすることが**義務付けられていま

す（預金者保護法4条・5条）。また、これらよりも金融機関の補償義務を軽減する特約は無効です（預金者保護法8条）。

COLUMN　インターネット・バンキング

　近年、銀行等の取引においてインターネット・バンキングが広く利用されるようになってきています。インターネット・バンキングとは、一義的な定義はなく、インターネットを利用した銀行取引の総称であり、オンライン・バンキングともいいます。

　各銀行がインターネット・バンキング利用規程を定めており、具体的なサービスは、その規程に基づいて提供されます。

　インターネットを利用した不正送金・不正払出しを防止するため、各行の利用規程には、本人確認事項が必ず定められています。また、不正送金・不正払出しがなされた場合の銀行の免責事項も定められています。

(2)　有価証券

　有価証券には、株券、国債券、地方債券、金融債券、社債券などがあります。**有価証券は、財産的な価値がある権利を券面に表章（化体）している証券で、権利の移転・行使にその証券が必要なものをいいます。**これらは、配当金、利息等の収受を通じて、企業の資産運用の有力な手段となっています。

　有価証券を所持する者は、その有価証券が一定の作成様式に従って作成されている限り（手形・小切手については裏書が連続している限り）、原則としてその証券の権利者であると推定されます（裏書の連続は、P.280参照）。

　有価証券は、このように権利の流通性の増大と取引の安全を図るため証券所持者の権利行使を容易にするものであり、真の権利者であっても証券を所持しない者は、著しく不利な状況に立たされるおそれがあります。したがって、有価証券の取扱いには慎重を期する必要があります。

(3) 代金債権

　代金債権は、他に譲渡したり、質入れしたりすることによって現金化することができ、資金調達の手段としても利用されます（債権の管理は、第5章参照）。

(4) 商品・原材料

　商品・原材料（在庫）は棚卸資産とも呼ばれ、売却ないしは製品化される前の状況にあるものです。個々の価額は少額であっても、一括して借入金の担保に供することにより、資金調達の手段となり得、他にこれといった財産がない場合は重要な意味を持ちます。商品・原材料は、売買の目的物として個別に所有権の対象となり、また担保のため（集合物として）一括して担保権（譲渡担保）の対象となることもあります。譲渡担保の場合には、帳簿上の価額に相当する質と量を備えているかどうかが重要となります。

❷ 固定資産の管理と法律

(1) 不動産
ア）不動産と不動産登記制度

　土地や建物などの不動産は価額が大きく、各種の資産の中では社会経済全体においても、また企業においても大きなウエイトを占めています。また、不動産の場合には、例えば土地と建物の所有者が異なり、建物の所有者とは別の者が実際に利用し、あるいはマンションのように1棟の建物が区分されて複数人の所有権の対象となるなど、権利関係が複雑になる場合が少なくありません。そこで、不動産上の権利を明確に公示して、不動産について新たに法律関係に入ろうとする者にその権利内容を知らせ、取引の安全を図るため、不動産登記法により不動産登記制度が設けられています。

　不動産の法律的な管理は、登記記録を基礎としてなされます。登記は磁気ディスクに電磁データで記録されます。この電磁データを登記記録といい、記録媒体である磁気ディスクを登記簿といいます（不動産登記法2条5号・9号）。

この登記事項の確認のため、誰でもその不動産を管轄する法務局、地方法務局、あるいはその支局、出張所等で登記事項証明書等の発行を受けることができるほか、オンラインによる請求も可能とされています。

イ）不動産登記簿のしくみ

　不動産登記簿は、不動産の表示および権利の得喪・変更を記録する帳簿で、磁気ディスクで調製されます。不動産登記簿は、土地および建物のそれぞれについて備えられています。不動産の登記記録は、**表題部と権利部**に区分して作成され（不動産登記法12条）、権利部はさらに**甲区と乙区**に区分されます（不動産登記規則4条4項）。

ウ）登記の単位

　登記上、土地の個数を表わす単位を「**筆**」といい、独立した1個の土地を一筆の土地といいます。そして、一筆の土地を二筆以上の土地に分けることを**分筆**といい、また数筆の土地を一筆にすることを**合筆**といいます。

　不動産登記法では、一筆または1個の不動産について1つの登記記録を備えることとされています（一不動産一登記記録主義）が、区分所有建物については、例外として1棟の建物について1つの登記簿が備えられ、所有権の対象となる各区分ごとに、土地利用権とともに公示されます。

（登記簿の見方）

		記 録 事 項	何 を 調 べ る か
表題部		土地・建物を特定するための登記 土地：所在・地番・地目・面積・登記 　　　日付 建物：所在・家屋番号・種類・構造・ 　　　床面積・建物番号・付属建物の 　　　種類・登記日付	・物件の所在場所 ・地目（宅地・田・畑・山林等） ・面積（公簿面積） ・登記日付
権利部	甲区	所有権に関する事項	・売主は所有者と同一人か ・差押え・仮差押え・仮処分などがな 　いか（注）
	乙区	所有権以外の権利に関する事項	・用益物権（地上権・賃借権等）、担 　保物権（抵当権・根抵当権等）が設 　定されていないか

（注） 差 押 え：金銭債権の執行（金銭債権の満足のために行われる強制執行）について執行
　　　　　　　　前の段階で、裁判所などの執行機関が執行の目的物について債務者の処分権
　　　　　　　　を制限する行為
　　　仮差押え：金銭債権の将来の執行を保全するために裁判所が行う処置
　　　仮 処 分：物に対する請求権の将来の執行を保全するために裁判所が行う処置

エ）コンピュータ化された不動産登記

　登記事務のコンピュータ化により、現在は、コンピュータ化に適さない一
部の登記簿を除き、従来の登記簿謄本に代わり、登記事項証明書・現在事項
証明書・請求事項証明書が発行されています。

COLUMN　登記事項証明書の交付請求

　登記事項証明書を確認するには、登記所または法務局証明サービスセンタ
ーの窓口での交付請求、郵送による交付請求をすることができます。また、
インターネットを利用し、オンラインによる交付請求をすることもできます。

　窓口で交付請求した登記事項証明書は、窓口で受け取ることができます。
また、郵送による交付請求またはオンラインによる交付請求をした登記事項
証明書は、郵送で受け取ることができます。

　なお、認証文言は要らず、登記事項を確認するだけでよい場合には、登記
情報提供サービスを利用すれば、オンラインで情報提供を請求し、オンライ
ンで登記事項を閲覧することが可能です。

オ）不動産の賃貸借

　土地や建物などの不動産は、企業活動を行う上で、その基盤となるものです。こうした不動産については、自らが所有する場合もあれば、他者から賃借し、使用する場合もあります。

　不動産を賃借する場合には賃貸借契約が結ばれ、これに基づき当事者間に権利・義務が発生します（不動産の賃貸借契約は、P.102以下を参照）。

カ）不動産管理に共通する法律的問題

　不動産を所有している場合には、管理上次のような問題が共通して生じます。

（不動産管理上の問題）

税法上の問題	固定資産税や都市計画税等を支払う必要があります。
税法上および会計原則上の問題	建物については、一定方式で減価償却をする必要があります。
契約上および不法行為上の責任への対応	企業が所有する財産は、建物をはじめ高額なものが多く、いったんそうした財産が火災などにより消失すると、大きな損害を被ります。また、企業活動を行う中で、他人に対して損害（例えば建物の壁の落下など）を与える場合もあります。こうした事故により企業が被る損害に対してあらかじめ対処する手段の1つとして、損害保険(火災保険、賠償責任保険等)への加入があります。

（2）　営業用什器・備品

　企業は、自動車やコンピュータ、コピー機等多くの業務用動産を使用していますが、最近ではこれらを自ら所有せず、リースを利用することが多くみられます。その意味で、リース契約の法律的しくみの基本を理解しておく必要があります。

　ユーザーにとっては、リースを利用すると少額の資金負担で設備機器を導入できる点で経済的合理性があるため、リースの活用が広く行われていますが、リース物件については、所有する動産とは区別してその管理にあたる必要があります。

第3節
知的財産権

　科学技術が高度に発展している現在では、人あるいは企業の知的な活動によって生み出される財産（知的財産）が重要となっています。知的財産の所有者は、こうした財産を独占的に使用したり、他人に有償で利用させることにより、利益をあげることができるのです。例えば、ある技術的思想（発明等）により製品の機能が飛躍的に向上し、新たな需要を喚起することができます。また、優れた製品デザインもその製品の需要増大に貢献します。さらに、企業の様々な商品やサービス（役務）に付される商標は、その商品や役務の質を保証するとともに、ブランドとしての付加価値を商品等に与え、取引秩序の維持や需要の喚起に寄与します。

　こうした知的財産については、各種の法律で特許権・意匠権・商標権等としてその権利が保護されています。

① 知的財産の保護

（1）　知的財産基本法

　人間の創造的活動の成果である知的財産は、わが国産業の国際競争力を強化し、持続的な発展を続ける上で重要なだけでなく、豊かな文化を創造する上でも重要な役割を果たしています。そこで、知的財産の創造・保護・活用に関する施策を集中的かつ計画的に推進するために、政府の「知的財産戦略大綱」に基づいて「**知的財産基本法**」が制定されています。

　知的財産基本法1条は、知的財産の創造、保護および活用に関する以下の施策を集中的かつ計画的に推進することを目的として掲げています。

（知的財産基本法上の施策）

> ① 基本理念およびその実現を図るために基本となる事項を定め、国、地方公共団体、大学等および事業者の責務を明確化すること
> ② 知的財産の創造、保護および活用に関する推進計画の作成について定めること
> ③ 知的財産戦略本部を設置すること

　知的財産基本法は初めに基本理念、国、地方公共団体、大学、事業者の責務について規定しています。大学には人材の育成や研究およびその成果の普及に努めるとともに、研究者および技術者の適切な処遇の確保と研究施設の整備を行う責務が課されています（知的財産基本法7条）。また、事業者には、自らもしくは他の事業者、大学等が創造した知的財産の積極的な活用を図るとともに、知的財産の適切な管理に努める責務が課されています（知的財産基本法8条）。

(2)　知的財産と知的財産権

　知的財産基本法において知的財産および知的財産権が明確に定義されたことにより、これらの用語の統一が図られました（知的財産基本法2条）。すなわち、知的財産基本法では、「**知的財産**」とは、発明、考案、植物の新品種、意匠、著作物その他の人間の創造的活動により生み出されるもの（発見または解明がされた自然の法則または現象であって、産業上の利用可能性があるものを含む）、商標、商号その他事業活動に用いられる商品または役務を表示するものおよび営業秘密その他の事業活動に有用な技術上または営業上の情報をいうと定義されています。また、「**知的財産権**」とは、知的創造物についての権利である特許権、実用新案権、育成者権、意匠権、著作権等と、営業標識についての権利である商標権等の知的財産に関して法令により定められた権利または法律上保護される利益にかかる権利をいうと定義されています。これらのうち特許庁が管轄している特許権、実用新案権、意匠権、商標権を**産業財産権**といいます。

　知的財産権の分類方法にはいろいろありますが、次頁にその一例を挙げておきます。

①精神的活動による創作物を保護するもの	特許権、実用新案権、意匠権、著作権
②営業上の標識を保護するもの	商標権、不正競争防止法上の商品等表示の保護、商法・会社法上の商号に関する権利
③その他の無体財産を保護するもの	不正競争防止法上の営業秘密に関する権利

　こうした知的財産および知的財産権は、無断使用、盗用（コピー）等の侵害に対して以下で述べるように各種の法律で保護されています。

（3）　知的財産高等裁判所

　知的財産高等裁判所は、知的財産高等裁判所設置法に基づき、東京高等裁判所の特別の支部として設置されています。知的財産高等裁判所では、特許権、実用新案権、意匠権、商標権、著作権等に関する訴えまたは営業秘密侵害にかかる訴えの控訴事件であって、その審理に専門的知見を要するもの等について審理をします。

❷ 著作権とは

（1）　著作権法の目的と著作権

ア）著作権法の目的

　著作権法は、公衆による著作物の自由な利用に制限を加えて著作権者の利益保護を図ることにより、著作者の創作活動に対するインセンティブを高め、文化の発展を促すことを目的としています。このために、著作権法は著作権と著作隣接権を保護した上、公衆による著作物利用の利益との間の調整を図る諸規定を設けています。

イ）著作権

　著作権とは、著作権法上の定義としては「複製権」等の権利を総称したものをいいます（狭義の著作権）。しかし、一般には、それらの権利と著作者

人格権とを含めたものを指すこともあります（広義の著作権）。その他、実演家等の権利を定めた「著作隣接権」を含めて「著作権」と呼ぶことがあります。

(2) 著作物の定義と種類

ア）著作物

著作権法による保護の対象となるのは著作物です。**著作物**とは、「思想又は感情を創作的に表現したものであって、文芸、学術、美術又は音楽の範囲に属するもの」をいいます（著作権法2条1項1号）。著作権法上の著作物と認められるためには、次の①〜④の要件を備えなければなりません。

> ① 思想または感情の表現であること
> ② 創作性を有すること
> ③ 表現したものであること
> ④ 表現が文芸、学術、美術または音楽の範囲に属するものであること

まず、①に関連して、**事実の伝達にすぎない雑報および時事の報道は、言語の著作物に該当しません**（著作権法10条2項）。次に、②の創作性を有すると認められるためには、著作者の個性が何らかの形で表現されていれば足り、高度な学術性や美術性を備えた表現であることを要しません。したがって、例えば幼児などが描いた絵であっても創作性を有することがあります。また、③実際に表現されたものでなければならず、**表現の背後にあるアイデアや着想自体が著作物として保護されるわけではありません**。さらに、④の要件は、一般に「文芸、学術、美術または音楽の範囲」のすべてをあわせて捉え、文化的活動による創作の範囲に属することを意味すると考えられています。この要件は、いわゆる実用品や工業デザインが著作物として著作権法上の保護を受け得るかという問題と密接に関連します。

イ）著作物の種類

著作権法は、次頁の①〜⑨に掲げる主要な著作物を例示しています（著作権法10条1項）。

(3) 著作者

著作物を創作する者を**著作者**といいます（著作権法2条1項2号）。

例えば、企業の従業員がその職務に関連して著作物を創作する場合があります。いわゆる**職務著作**と呼ばれるものです。職務著作においては、複数の従業員が創作に携わることが通常です。これを全員の共有とすると、著作物の利用に支障をきたすおそれがあるため、**職務著作の著作者は、原則として、法人その他の使用者であるとされています**（著作権法15条1項）。

職務著作に該当するのは、①法人その他の使用者の発意に基づき、②その法人等の業務に従事する者が職務上作成する著作物であり、③その法人等が自己の名義の下に公表するものです（著作権法15条1項）。

ただし、プログラムの著作物については、③の法人名義での公表がなされなくても職務著作に該当します（著作権法15条2項）。

（著作物）

①言語の著作物 （著作権法10条1項1号）	言語による著作物です。同号には「小説、脚本、論文、講演」が例示されていますが、これらに限定されるわけではなく、短歌や随筆などを含みます。また文書などの形式で有形的に作成されるものだけでなく、口頭により無形的に作成されるものも言語の著作物に該当し得ます。
②音楽の著作物 （同項2号）	音により構成される著作物です。メロディ、和声、拍子、リズム、テンポなどの要素によって構成される楽曲や歌詞が音楽の著作物に該当し得ます。このうち歌詞は、音楽の著作物とともに言語の著作物とされることがあります。
③舞踊または無言劇の著作物 （同項3号）	身振りや動作によって表現される演技の型（振り付け）が舞踊・無言劇の著作物に該当します。この演技の型（振り付け）に従って実際に行う演技は、「実演」として後述する著作隣接権の保護対象となるのであり、舞踊・無言劇の著作物には該当しません。
④美術の著作物 （同項4号）	形状や色彩により表現される著作物です。美術の著作物は、基本的には鑑賞目的で創作された美的価値を有するものに限られると考えられています。したがって、例えば電気製品のデザインなど、実用品のためのデザインは、一般に美術の著作物には当たらないと考えられています。ただし、著作権法上、美術の著作物には「美術工芸品」が含まれるため（著作権法2条2項）、実用品であっても一品製作的な茶碗や壺、刀剣などの「美術工芸品」に該当する場合には、美術の著作物として保護され得ます。

⑤建築の著作物 （同項5号）	建築の著作物は、著作者の思想または感情が土地の工作物によって表現されるものです。すべての建築物が建築の著作物として保護されるわけではなく、いわゆる建築芸術として芸術的価値を有するものを保護する趣旨です。建築の著作物の複製には、実際に建築された建築物と同じものを建築する場合だけでなく、その建築物の設計図面（これ自体は図形の著作物です）に従って建築物を完成する場合が含まれます（著作権法2条1項15号ロ）。
⑥図形の著作物 （同項6号）	図形の著作物は、著作者の思想または感情が図の形状・模様によって表現されているものであり、地図または学術的な性質を有する図面、図表、模型などがこれに当たります。 建築物や機械の設計図面は図形の著作物に該当するため、例えば、機械の設計書を複写機でコピーした場合は著作権侵害となり得ます。ただし無権原者が他人の機械の設計書を入手し、それに従って機械を製造した場合は、著作権の侵害とはなりません。
⑦映画の著作物 （同項7号）	映画の著作物は、思想または感情を影像の連続により表現した著作物です。映画の著作物と認められるためには、影像の構図や編集の仕方などを工夫することにより、著作者の創作性が認められなければなりません。したがって、例えば、ビデオカメラを特定地点に固定して単にそこにあるものを機械的に撮影したにとどまる場合は映画の著作物と認められません。 なお、映画の著作物には、映画の効果に類似する視覚的または視聴覚的効果を生じさせる方法で表現され、かつ物に固定されている著作物が含まれます（著作権法2条3項）。
⑧写真の著作物 （同項8号）	写真の著作物は、思想または感情が一定の影像によって表現された著作物です。 写真の著作物には、写真の製作方法に類似する方法を用いて表現される著作物が含まれます。
⑨プログラムの著作物 （同項9号）	著作権法上のプログラムは、コーディングされたプログラムの「表現」（磁気テープ、ディスク等に固定されたもの）であり、「表現」の手段である言語や「表現」の背後にあるアイデアは含まれません。具体的には、「プログラム言語（コボル、アセンブラ、C言語等）」「規約（プログラム言語用法についての特別の約束）」および「解法（コンピュータへの指令の組合せ方法）」は著作権法による保護の対象となりません（著作権法10条3項）。したがって、プログラムの開発者は、誰の審査も受けずに著作権を取得しますが、著作権の行使は「表現」（表現物）の複製行為に対してのみ認められ、その背後にあるアイデアの使用に関しては異議を主張できません。 なお、プログラム作成のためのシステム設計書、プログラム設計書、ユーザーズ・マニュアルについては、プログラムの著作物には該当しませんが、言語または図形の著作物として著作権法上保護され得ます。

（4） 著作者の有する権利

著作者の有する権利には、「**著作者人格権**」と「複製権」等の総称である「**著作権**」（著作財産権）の2つがあります。

ア）著作者人格権

著作者人格権は、著作者の人格的な利益保護に関する権利であり、**公表権、氏名表示権**および**同一性保持権**の3つに分けられます。これらの具体的な意味は以下の通りです。

（著作者人格権）

①公表権（著作権法18条1項）	公表権は、まだ公表されていない著作物等を公衆に提供し、または提示する権利です。つまり、**公表権は、著作物を公表するか否かを決定する権利**です。公表権は、これだけではなく、公表する時期やその方法を決定することができる権利も含むと一般に考えられています。 公表権の対象となるのは、未公表の著作物であり、これには著作者の同意を得ないで公表された著作物が含まれます。
②氏名表示権（著作権法19条）	氏名表示権は、著作者がその著作物の原作品に、またはその著作物の公衆への提供・提示に際し、**著作者名（実名・変名）を表示するか否かを決定する権利**です。
③同一性保持権（著作権法20条）	同一性保持権は、著作物およびその題号の同一性を保持する権利であり、著作者は、**自己の意に反して著作物およびその題号の変更、切除その他の改変を受けない**ものとされます。

イ）著作権（著作財産権）

著作権（著作財産権）には、複製権・上演権・公衆送信権・口述権・展示権・頒布権・上映権・貸与権・翻訳権等の権利があります。例えば、複製権は、著作物を複製する権利であり、他人が勝手に著作物を印刷・撮影・複写・録画することはできません。

もっとも、著作権法は、著作者の許諾を要求することにより、文化的所産の公正な利用を妨げる場合があることを考慮し、一定の場合に、著作権の効力を制限し、著作者と著作物を利用する者との間の利益調整を図っています。例えば、私的使用を目的とするための複製、引用などの行為は、著作者の許

諾がなくても、許されています（著作権法30条以下）。また、デジタル化・ネットワーク化の進展に対応し、アーカイブの利活用を促進するための法整備もなされています（著作権法30条の4・31条・47条・47条の4・47条の5等）。

　なお、著作権等を侵害する自動公衆送信を受信して行うデジタル方式の録音または録画を、著作権等を侵害する自動公衆送信である事実を知りながら行う場合には、私的使用目的の複製としては認められません（著作権法30条1項3号）。これにより、インターネット等を通じた違法な著作物の流通抑止の強化が図られています。

（著作権）

①複製権（著作権法21条）	複製権は、複製、印刷、写真、複写、録音、録画その他の方法により著作物を有形的に再製する権利です。
②上演権および演奏権（著作権法22条）	著作物を公に上演し、または演奏する権利です。
③上映権（著作権法22条の2）	著作物を公に上映する権利です。例えば、映画館でフィルムをスクリーンに映写し、公衆の視聴に供することがこれに当たります。
④公衆送信権等（著作権法23条）	著作物について、公衆送信を行う権利および公衆送信される著作物を受信装置を用いて公に伝達する権利です。
⑤口述権（著作権法24条）	言語の著作物を公に口述する権利です。例えば、小説などを朗読することがこれに当たります。
⑥展示権（著作権法25条）	美術の著作物またはいまだ発行されていない写真の著作物をこれらの原作品により公に展示する権利です。
⑦頒布権（著作権法26条）	映画の著作物をその複製物により頒布する権利です。
⑧譲渡権（著作権法26条の2）	映画の著作物を除く著作物をその原作品または複製物の譲渡により公衆に提供する権利です。
⑨貸与権（著作権法26条の3）	著作物をその複製物の貸与により公衆に提供する権利です。書籍または雑誌の貸与による公衆への提供についても貸与権が及びます。
⑩翻訳権・翻案権等（著作権法27条）	著作物を翻訳し、編曲し、もしくは変形し、または脚色し、映画化し、その他翻案する権利です。翻案された結果創作されたものは二次的著作物となり、原著作物とは別個の著作権の保護対象となります。

(5) 著作隣接権

　他人の創作した著作物を利用し、公衆に伝達する実演家やレコード製作者などは著作物を創作する者ではありませんが、文化の発展を促すという観点からは一定の保護を与えられる必要があります。そのために認められたのが**著作隣接権**です。すなわち、**著作隣接権とは、実演家、レコード製作者、放送事業者の著作物利用に関して付与される権利**です（著作権法89条）。例えば、実演家は、著作隣接権として自己の実演の録音権、録画権、放送権等を有します（著作権法90条の2～95条の3）。

著作者の権利		著作隣接権		
著作者人格権	著作権（財産権）	実演家人格権	財産権	
			許諾権	報酬請求権
公表権 氏名表示権 同一性保持権	複製権 上演・演奏権 上映権 公衆送信権 公の伝達権 口述権 展示権 頒布権 譲渡権 貸与権 翻訳権 翻案権（二次的著作物の創作権） 二次的著作物の利用権	氏名表示権 同一性保持権	録音権・録画権 放送権・有線放送権 送信可能化権 譲渡権 貸与権	放送二次使用料を受ける権利 貸レコードについて報酬を受ける権利

(6) 著作権の効力と侵害に対する措置

ア) 著作権の効力

　著作権は著作物の創作の時に成立し、特許権等と異なり権利として保護されるために登録を受ける必要はありません。著作権を有する者は、自己の著作権を侵害している者に対して、その著作物の利用の差止めなどを請求することができます。もっとも、著作権はいわゆる相対的独占権としての性格を

有し、複数の者がそれぞれ独自に創作した結果、同様の著作物となった場合、それぞれに著作権が認められます。この点は、特許制度などの産業財産権と根本的に異なる点です。その理由は、著作権は創作によって直ちに発生し、行政官庁等への登録などを要しないため、たまたますでに同様の著作物が創作されていたことにより後から創作した者が著作権侵害となるのでは、不測の損害が生じるからです。また、著作権法は、著作者の創作活動へのインセンティブを高めて、文化の発展を図ることを目的としていることもあり、独自創作を奨励することが必要だからでもあります。なお、著作権は登録をすることができ、プログラムの著作権の登録は、プログラムの著作物に係る登録の特例に関する法律（プログラム登録特例法）によって整備されています。

　著作権は、原則として著作者の死後70年を経過するまで存続します（著作権法51条）。

イ）著作権侵害に対する措置

　著作権の侵害に対しては、著作権者は、差止請求、損害賠償請求、名誉回復請求、不当利得返還請求などを行うことができます。また、著作権を侵害した者は、刑事罰として懲役または罰金に処せられることがあります（著作権法119条〜124条）。著作権等を侵害する罪は、原則として、被害者の告訴がなければ刑事責任を問うことができない親告罪ですが、一定の要件を充たす場合には、告訴がなくても刑事罰を科すことができます（著作権法123条）。

　なお、著作権等を侵害する行為によって作成された物（海賊版）を、その事実を知りながら、「頒布する旨の申出」をする行為については、著作権等を侵害する行為とみなされ（著作権法113条1項2号）、懲役または罰金に処せられることがあります（著作権法119条2項3号）。これにより、違法な著作物の流通抑止が強化されています。

　また、著作物等の利用を管理する効果的な技術的手段（いわゆる「アクセスコントロール」）等を、権限なく回避する行為につき、原則として、著作権等を侵害する行為とみなすとともに、アクセスコントロールを回避する装置を販売する等の行為を刑事罰の対象としています（著作権法113条6項・120条の2）。

さらに、違法にアップロードされた著作物へのリンクを集約したリーチサイトの運営や、違法にアップロードされたものだと知りながら侵害コンテンツをダウンロードする行為も、刑事罰の対象です。

法改正・新法制定

2023年の著作権法の改正

　2023年5月に、著作物等の公正な利用を図るとともに著作権等の適切な保護に資するため、著作権法が改正されました（一部の規定を除き、公布の日から起算して3年を超えない範囲内で政令で定める日から施行）。主な改正点は次の通りです。

1　著作物等の利用に関する新たな裁定制度の創設等

（1）利用の可否に係る著作権者等の意思が確認できない著作物等の利用円滑化

　未管理公表著作物等を利用しようとする者は、一定の要件を充たす場合、裁定において定める期間に限り、当該未管理公表著作物等を利用することができる制度（新裁定制度）が設けられました（改正著作権法67条の3）。

（2）窓口組織による新たな制度等の事務の実施による手続の簡素化

　新裁定制度の手続事務は、文化庁の裁定を受けた民間の窓口組織が行うことができ、新裁定制度および現行著作権法67条1項の供託は、文化庁長官の指定を受けた指定補償金管理期間に支払えば、不要とすることができるとされました（改正著作権法104条の18・104条の20・104条の21）。

2　立法・行政における著作物等の公衆送信等を可能とする措置

（1）立法または行政の内部資料についてのクラウド利用等の公衆送信等

　立法または行政の目的のために内部資料として必要と認められる場合には、必要な限度において、内部資料の利用者間に限って著作物等をクラウドを利用して公衆送信等できることとされました（改正著作

権法42条)。

（2）特許審査等の行政手続等のための公衆送信等

　特許審査等の行政手続・行政審判手続について必要と認められる限度において、著作物等を公衆送信等できることとされました（改正著作権法41条の2・42条の2）。

3　海賊版被害等の実効的救済を図るための損害賠償額の算定方法の見直し

（1）侵害品の譲渡等数量に基づく算定に係るライセンス料相当額の認定

　侵害者の売上げ等の数量が、権利者の販売等の能力を超える場合等であっても、ライセンス機会喪失による逸失利益の損害額の認定が可能とされました（改正著作権法114条）。

（2）ライセンス料相当額の考慮要素の明確化

　損害額として認定されるライセンス料相当額の算定に当たり、著作権侵害があったことを前提に交渉した場合に決まるであろう額を考慮できる旨が明記されました（改正著作権法114条）。

3　商標権とは

(1)　商標の機能

　商標には、自他の商品または役務を識別する機能をはじめとして、出所表示機能、商標を付す商品または役務の質を保証する機能、宣伝・広告機能があります。商標の使用を繰り返し継続することによって商標の機能が発揮され、商標に業務上の信用が化体して初めて商標そのものに財産的な価値が生じます。

(2)　商標法の目的

　商標法は商標に化体された「業務上の信用」を実質的な保護対象とします。この点、創作時点から価値を生じる創作物を保護する他の産業財産権と異なります。また、商標法は他の産業財産権法と同様に産業の発達を目的としま

すが、それのみならず需要者（消費者）の誤認混同による不利益から消費者を保護するという目的も併せ持ちます。すなわち、商標法は、商標を保護することにより、商標使用者の業務上の信用の維持を図り、もって産業の発達に寄与し、あわせて需要者の利益を保護することを目的としているのです（商標法1条）。

　このように商標は、それ自体が創作的活動の成果といえるわけではありませんが、その商標が営業活動に使用され、顧客の信用を得ることで財産的価値を持つに至るものです。この意味で商標の保護は、人の知的活動の結果得られる信用を保護することにほかなりません。

(3)　商標権とは

　商標権は、商標を使用する者に蓄積された業務上の信用を保護するため、指定した商品・役務の範囲で登録商標を独占的に使用し、類似範囲における他人の使用を禁止することができる権利です。**商標**とは、自己の商品・役務と他社の商品・役務を識別するために、その商品・役務について使用するマークです。商標法上は、人の知覚によって認識することができるもののうち、文字、図形、記号、立体的形状もしくは色彩またはこれらの結合、音その他政令で定めるもの（これらは「**標章**」と呼ばれます）であって、業として商品を生産し、証明し、または譲渡する者がその商品について使用をするもの（**商品商標**）、または業として役務を提供し、または証明する者がその役務について使用をするもの（**役務商標**）をいいます（商標法2条1項）。一般に、**商品商標はトレードマークと、役務商標はサービスマークとそれぞれ呼ばれる**ことがあります。

　商標には、かつては色彩そのものや音などから構成されるものは含まれませんでしたが、現在はこれらも標章に含まれることとされ、色彩そのもの、音、ホログラム等から構成されるものも商標になり得ます（商標法2条1項・5条2項）。

　また、識別力を有することが商標登録の要件であり、その**商品・役務の普通名称、慣用商標または品質表示のみからなる商標などは登録できません**（商標法3条）。また、他人がすでに登録している商標と同一または類似の商標も登録することができません。

なお、地域ブランドの保護を図る目的で、「関さば」、「京人形」など地域名と商品・役務の普通名称または慣用名称のみの組み合わせからなる商標で一定の範囲で周知となったものを保護する「**地域団体商標登録制度**」が設けられています（商標法7条の2）。

（4）　商標権の取得手続
ア）商標権の取得手続
　商標権は、願書に登録を受けたい商標を記載するとともに商品・役務を指定して特許庁に出願し、一定の審査手続を経て設定登録されることにより発生します。

（商標権の取得手続）

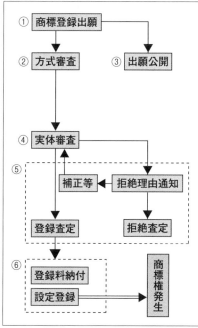

①商標登録を受けようとする者は、所定の書類を特許庁長官に提出して、商標登録出願をしなければなりません。

②方式審査は、出願書類の形式面を審査するものです。方式に不備がある場合には、補正指令等がなされます。

③商標登録出願がなされると、一定の事項が商標公報に掲載されます（出願公開）。

④実体審査において、商標法15条に規定する拒絶理由に該当するか否かが審査されます。

⑤拒絶理由が認められない場合には、商標登録をすべき査定（登録査定）がなされます。拒絶理由を有するときは、拒絶理由が出願人に通知され、意見書提出や補正の機会が与えられますが、それでも拒絶理由が解消されなければ拒絶査定がなされます。拒絶査定に対しては、これを不服とする審判の請求が可能です。

⑥登録査定がなされると査定謄本が送達され、所定の期間内に登録料を納付すれば商標権の設定登録がなされます。

イ）先願主義
　同一または類似の商標が複数出願された場合については、特許権の場合と同様に、**先に出願した者が権利者となる先願主義**がとられています。すなわち、

同一または類似の商品または役務について使用する同一または類似の商標について、異なった日に2以上の出願があったときは、最先の出願人のみがその商標について商標登録を受けることができます（商標法8条1項）。また、同一または類似の商品または役務について使用する同一または類似の商標について同日に2以上の出願があったときは、出願人の協議により定めた出願人のみがその商標について商標登録を受けることができます（商標法8条2項）。

(5) 商標権の存続期間と効力

商標権の存続期間は**設定登録の日から10年**ですが、**10年単位で何回でも更新することができます**（商標法19条・20条）。もっとも、登録商標は適切な方法で使用することが必要であり、**継続して3年以上使用していない登録商標は、第三者からの不使用商標取消審判請求により取り消されることがあります**（商標法50条）。

商標権者は、商標権を侵害した者に対して差止請求（商標法36条）、損害賠償請求（民法709条、商標法38条・39条、特許法103条）、信用回復措置請求（商標法39条、特許法106条）、不当利得返還請求（民法703条・704条）を行うことができます。また、損害賠償の額については、推定規定等があります（商標法38条）。

4 意匠権とは

(1) 意匠法の目的

意匠法は、意匠の保護および利用を図ることによって、意匠の創作を奨励し、もって産業の発達に寄与することを目的とします（意匠法1条）。意匠制度は、特許制度と同様に、最終的にはわが国産業の発達に寄与することを目的とするものです。

(2) 意匠権と意匠

意匠法上、**意匠**とは、①物品の形状・模様・色彩またはこれらの結合（形状等）、②建築物の形状等、③一定の画像であって、視覚を通じて美感を起

こさせるものをいいます（意匠法2条1項）。

意匠権については、多様なデザインを保護するために、物品等の全体ではなくその一部分のみを意匠登録の対象とする**部分意匠制度**があります（意匠法2条1項）。また、コーヒーカップとソーサーのセットなど、同時に使用される2以上の物品等を組み合わせた全体として統一性がある**組物の意匠**（意匠法8条）、意匠にかかる物品等の形状等が変化する場合にその変化の前後にわたる形状等を保護する**動的意匠**（意匠法6条4項）、1つのデザインコンセプトから創作されたバリエーションの**関連意匠**（意匠法10条）も登録できます。

(3) 意匠登録の要件

意匠権は、所定の事項を記載した願書に意匠登録を受けようとする意匠を記載した図面を添付して特許庁に出願し、一定の審査を経て意匠登録を受けることにより発生します。意匠登録を受けるためには、その意匠が**工業上の利用性**（工業的技術を用いて同一物を反復して多量に生産できるものであること）、**新規性**（出願前に公知となっていないこと）、**創作非容易性**（公然と知られた形状等に基づき容易に創作することができないこと）を備えなければなりません（意匠法3条）。また、物品等の機能を確保するために不可欠な形状等のみからなる意匠等は、意匠登録を受けることができません（意匠法5条3号）。

(4) 意匠権の効力

意匠権者は、原則として、意匠登録を受けた意匠およびこれに類似する意匠を、業として独占排他的に実施する権利を有します（意匠法23条）。意匠権の存続期間は、登録出願日から25年間です（意匠法21条）。

意匠権を侵害する者に対しては、差止請求（意匠法37条）、損害賠償請求（民法709条、意匠法39条・40条）等を行うことができます。

❺ 特許権とは

(1) 特許制度

特許制度は、発明をした者（**発明者**）等に対して、一定期間、その発明を独占排他的に実施する権利を付与する一方で、その発明を公開して公衆にその発明を利用する機会を与えることによって、わが国産業の発達に寄与することを目的とします（特許法1条参照）。すなわち、特許権者の利益と第三者の利益の調和を図ることで、技術の進歩を促すとともに、工業的生産を拡大し、産業の発展を図るのです。

(2) 特許権とは

特許権は、特許を受けた（特許権設定の登録が行われた）発明を業として独占的に実施し得る排他的権利であり、主として特許法で保護されています。特許法上、**発明**とは、自然法則を利用した技術的思想の創作のうち高度のものです（特許法2条1項）。発明は公開され、第三者が研究等に利用することで産業の発達に寄与します。なお、特許を受けている発明は「**特許発明**」と呼ばれます（特許法2条2項）。

(3) 特許要件とは

特許権を取得するためには、出願された発明が特許要件を充たしている必要があり、主に以下の3つの要件が規定されています。

ア）産業上利用可能性（特許法29条1項柱書）

発明に特許権が付与されるためには、当該発明が産業上利用し得るものでなければなりません。特許法の目的は、発明の保護および利用を図ることにより、発明を奨励し、産業の発達に寄与することにありますから、産業に利用できない発明を特許法で保護する必要はありません。**産業には、工業だけでなく農林水産業、鉱業、商業のほかサービス業も含まれます。**

イ）新規性（特許法29条1項1号～3号）

新規性とは、発明がいまだ社会に知られていないものであることをいいま

す。すでに公開されている発明について特定の者に特許権が付与されると、他の者による当該発明の利用が制限されるのみであり、何ら産業の発展に寄与しないからです。**他人によって公開された場合だけでなく、特許を受ける権利を有する者が出願前に自ら公開した場合も、原則として新規性は失われます。**

新規性の有無は、具体的には次の①～③の**新規性喪失事由**の有無により判断されます。

（新規性喪失事由）

①狭義の公知	特許出願前に日本国内または外国において公然知られた発明（特許法29条1項1号）
②公用	特許出願前に日本国内または外国において公然実施をされた発明（同項2号）
③刊行物記載等	特許出願前に日本国内または外国において、頒布された刊行物に記載された発明または電気通信回線を通じて公衆に利用可能となった発明（同項3号）

新規性の判断は、日本、外国にかかわらず考慮されるものであり、また、インターネットを通じて行われた公開も新規性喪失事由に該当します。なお、新規性を喪失した場合でも、一定の条件を充たせば特許を受けられる例外があります（特許法30条）。

なお、出願人が有する先行技術文献情報を出願時に開示するいわゆる「先行技術文献開示制度」により、不十分な開示の場合には拒絶査定を受ける可能性があります（特許法49条5号・48条の7・36条4項2号）。これにより、新規性判断の実効性を高める効果も期待されています。

ウ）進歩性（特許法29条2項）

進歩性とは、当該発明の属する技術分野における通常の知識を有する者が、特許出願時の技術常識に基づいて容易に発明をすることができないことをいいます。発明に進歩性を要するのは、高度な発明を保護して公開することに

より、公衆に当該発明の利用の機会を与え、産業の飛躍的進歩を図ることが、産業の発達につながるからです。

いったん出願から審査を経て特許権を付与された特許発明であっても、進歩性がないものとして、無効審判（特許法123条）などにより特許権が遡及して消滅する場合があります。この意味で、実務では進歩性の要件が重視されています。

なお、特許権が付与されるためには、以上の特許要件を充たすとともに、特許法に定められた不特許事由に該当しないことも必要です。特許法上の**不特許事由は、公の秩序、善良の風俗または公衆の衛生を害するおそれがある発明**です（特許法32条）。

（4）　特許を受ける権利

特許を受ける権利は、発明の完成と同時に発生し、自然人である発明者に帰属します。

（5）　職務発明

企業の従業員が、企業の業務範囲に属し、企業の設備等を利用して現在または過去の職務として実現した発明は、**職務発明**と呼ばれます。職務発明についての**特許を受ける権利は発明をした従業員に帰属しますが、企業にはその発明を実施する権利（通常実施権）が認められます**（特許法35条1項）。また、契約、勤務規則等においてあらかじめ定めを置くことで、職務発明についての特許を受ける権利を、その発生した時から原始的に使用者に帰属させることもできます（**予約承継**、特許法35条3項）。

従業員が使用者に対して特許を受ける権利または特許権を承継させる等する場合には、従業員は承継等の対価として相当の金銭その他の経済上の利益（**相当の利益**）を受ける権利を有します（特許法35条4項）。そして、この相当の利益について定める場合には、下記の要素を考慮して、その定めたところにより相当の利益を与えることが不合理であると認められるものであってはならないとされています（特許法35条5項）。

（不合理性の判断）

以下の各要素が総合的に考慮されます。
① 対価決定の策定に際し、使用者と従業員との間で行われる協議の状況
② 策定された基準の開示状況
③ 対価算定について従業員からの意見聴取状況等

経済産業大臣は、研究を奨励するため、この相当の利益の内容を決定するための基準の策定に際して使用者等と従業員等との間で行われる協議の状況等に関する事項について、指針を公表しています（特許法35条6項）。

(6) 特許権の取得手続

特許権を取得するためには、特許権設定の登録を経なければなりません（効力発生要件、特許法66条1項）。具体的には、特許権は、特許庁長官に対して発明の内容等を記載した願書等を提出（出願）し、審査官による審査を経た後に特許査定を受け、所定の期間内に特許料を納付した後、特許登録原簿に登録することにより成立します。

（特許権の取得手続）

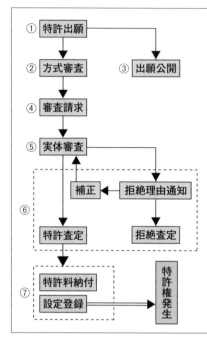

①特許を受けようとする者は、所定の書類を提出して、特許庁長官に対して発明を出願しなければなりません。

②方式審査は、なされた出願の形式面を審査するものです。方式に不備がある場合には、補正指令等がなされます。

③原則として出願の日から1年6か月経過すると、特許出願の内容が特許公報に掲載され公開されます。

④出願された発明に対する実体審査は、特許出願後一定の期間内に出願審査の請求をしたものについてのみ行われます。

⑤発明が新規性や進歩性などの特許要件を具備しているかなど、出願内容の実体について審査されます。

⑥拒絶理由が認められない場合には、特許をすべき査定（特許査定）がなされます。拒絶理由があれば、それが出願人に通知され、意見書提出の機会が与えられますが、それでも拒絶理由が解消されなければ拒絶査定がなされます。拒絶査定に対しては、これを不服とする審判の請求が可能です。

⑦特許査定がなされると特許査定謄本が送達され、所定の期間内に特許料を納付すれば特許権の設定登録がなされます。

(7)　先願主義(せんがんしゅぎ)

　複数の者が、別個独立に同じ内容の発明を完成させた場合、それぞれに特許を受ける権利が発生しますが、同一の発明について複数の者に特許権が認められるわけではありません。このような場合に、いずれの者の発明に特許を認めるかを決する考え方として、**先発明主義**(せんはつめいしゅぎ)と**先願主義**があります。先発明主義は先に発明を完成させた者に特許を認める考え方であり、先願主義は最先の出願人に特許を認める考え方です。日本においては先願主義がとられています。

　特許法上、まず、**同一の発明について異なった日に2以上の出願がなされた場合、最先の特許出願人のみがその発明について特許を受けることができます**（特許法39条1項）。次に、同じ日に2以上の特許出願があった場合には、その特許出願人が協議をして定めた特許出願人のみが特許を受けることができます（特許法39条2項）。なお、協議の結果、共同出願とすることも可能です。

(8) 特許権の発生

特許権は、その設定登録によりその効力を生じ、その存続期間は、原則として**特許出願の日から20年**をもって終了します（特許法67条1項）。なお、一定の要件を充たす場合は、延長登録の出願により、存続期間を延長することが認められます（特許法67条2項）。

(9) 特許権の実施許諾

特許権者は、他人に自己の有する特許発明を実施する権利を許諾することができます。特許法では、**専用実施権**と、**通常実施権**の2つの実施権が定められています。

専用実施権	特許権者は、その特許権について専用実施権を設定することができ（特許法77条1項）、専用実施権の設定を受けた者には、その設定契約等で定めた範囲において、業としてその特許発明を独占排他的に実施する権利が認められます（特許法77条2項）。
通常実施権	特許権者は、その特許権について他人に通常実施権を許諾することができ（特許法78条1項）、特許権者との間でその特許権について通常実施権の許諾を受けた者（通常実施権者）は、その許諾契約等で定めた範囲において、業としてその特許発明を実施する権利が認められます（特許法78条2項）。

専用実施権と通常実施権の最も大きな違いは、実施権者が特許発明を独占排他的に実施することができるか否かです。すなわち、特許権者は、専用実施権を設定した範囲内においては、第三者に対して重ねて実施権を許諾することができないだけでなく、**自ら特許発明の実施をすることもできなくなります**。これに対して、通常実施権を許諾した場合は、同一の範囲において重ねて通常実施権を許諾することも、またその範囲で特許権者が自ら実施することも可能です。

(10) 特許権の侵害に対する措置

特許権者は、自己の特許権が侵害された場合、当該特許権を侵害する者に対して、差止請求（特許法100条）、損害賠償請求（民法709条、特許法102条・103条）、信用回復措置請求（特許法106条）、不当利得返還請求（民法703条・704条）を行うことができます。

その際、特許権者が実効的な証拠収集を行えるよう、査証制度が設けられています（特許法105条の2以下）。裁判所が第三者の事業実態等も踏まえて判断することができるようにするため、第三者意見募集制度も定められています（特許法105条の2の11）。

　損害賠償の額については、推定規定等があります（特許法102条）。

　さらに、特許権を侵害した者には刑事罰が科される場合があります。

法改正・新法制定

2022年の経済安全保障推進法の制定による特許出願の非公開制度の創設

　国際情勢の複雑化、社会経済構造の変化等により、安全保障の裾野が経済分野に急速に拡大する中、国家・国民の安全を経済面から確保するための取組を強化・推進することが求められています。そのため、2022年5月に「経済政策を一体的に講ずることによる安全保障の確保の推進に関する法律」（経済安全保障推進法）が成立しました。

　同法によって、公にすることにより国家および国民の安全を損なう事態を生ずるおそれが大きい発明が記載されている特許出願について、特許手続を通して当該発明に関する情報の流出を防止するために、出願公開の留保等を行う制度（特許出願の非公開制度）が設けられました（経済安全保障推進法65条）（公布日から2年を超えない範囲で政令で定める日から施行）。

　特許出願の非公開制度により、安全保障上の観点から特許出願を諦めざるを得なかった発明者に、特許法上の権利を受ける途が開かれました。

⑥ 実用新案権とは

　実用新案権は、自然法則を利用した技術的思想の創作（**考案**）であって、物品の形状、構造または組合せに関するものを保護する権利です（実用新案法1条参照）。考案は、発明と同様に**技術的思想の創作**ですが、発明ほど高度な技術的創作でなくとも構いません（実用新案法2条）。そこで、実用新案権

は小発明を保護するための制度であるといわれています。

　実用新案権は、特許権と同様に、その設定登録により発生し（実用新案法14条1項）、また、権利の目的（考案）が産業上の利用可能性、新規性、進歩性等の登録要件を備えていることが必要となります（実用新案法3条）。しかし、小発明を早期に保護するという実用新案法の趣旨から、形式的要件のみを審査し、産業上の利用可能性等の実体的要件については審査を行わずに設定登録を行う制度がとられています（実用新案法14条2項）。

　このように、実用新案権は実体的審査を経ずに発生することから、権利の有効性を判断するために、誰でも特許庁に対して技術評価書の作成を請求できます（実用新案法12条）。また、実用新案権の権利行使に際しては、権利者は技術評価書を提示して警告することが必要です（実用新案法29条の2）。

　実用新案権の存続期間は、登録出願の日から10年です（実用新案法15条）。

❼　営業秘密（トレードシークレット）とは

(1)　営業秘密（トレードシークレット）の定義

　営業秘密（トレードシークレット）とは、商品の製造方法、設計図・実験データ、製造ノウハウ等の技術情報および顧客リストや販売マニュアル等の営業情報など、**事業活動に有用な技術上または営業上の情報で、秘密として管理されている非公知のもの**をいいます（不正競争防止法2条6項）。営業秘密は不正競争防止法によって保護され、産業財産権と異なり登録は不要ですが、秘密管理性、有用性、非公知性の各要件を充たさなければなりません。

（営業秘密の要件）

秘密管理性	秘密として管理されていること
有　用　性	事業活動に有用であること
非　公　知　性	公然と知られていないこと

(2) 営業秘密に関する不正競争

　不正競争防止法は、技術革新の進む中で、特許権等の権利を付与して保護する制度と並行して、営業秘密を役員、従業員、第三者などによる不正使用から守ることを目的としています。

　同法では、営業秘密に関する不正競争として、不正な手段を用いた営業秘密の取得・利用・開示行為等が類型化されています。

(営業秘密にかかる不正競争の類型)

営業秘密にかかわる不正競争	具体的な行為の例
①不正取得・使用・開示（不正競争防止法2条1項4号）	企業の従業員が、窃取など不正な手段で会社から取得した営業秘密を第三者に開示する行為など
②不正取得後の転得（同項5号）	産業スパイによりA社から窃取された営業秘密であることを知りながら、A社の競争会社であるB社の役員・従業員が、その営業秘密を産業スパイから取得する行為など
③不正取得に関する事後的悪意による使用・開示(同項6号)	営業秘密を取得した後に、その営業秘密は不正取得されたものであったことを、報道などによって知ったにもかかわらず、取得した営業秘密を使用する行為など。ただし、契約等に基づき取得した権原の範囲内での使用・開示は認められる(不正競争防止法19条1項6号)。
④不正使用・開示（同項7号）	企業から営業秘密であるノウハウを（正当に）開示された従業員が、不正の利益を得る目的または保有者に損害を加える目的で、競争会社にそのノウハウを開示して報酬を得る行為など
⑤不正開示後の転得（同項8号）	通信販売業を主たる営業目的とする会社の従業員から、当該会社が保有する顧客名簿の不正開示を受け、不正開示であることを知りながら当該名簿を使用して勧誘活動をする行為など
⑥不正開示に関する事後的悪意による使用・開示(同項9号)	営業秘密を取得した後に、その営業秘密につき不正開示があったことを、保有者から警告を受けて知ったにもかかわらず、取得した営業秘密を使用すること。ただし、契約等に基づき取得した権原の範囲内での使用・開示は認められる(不正競争防止法19条1項6号)。
⑦営業秘密侵害品の譲渡・輸出入等（同項10号）	当該商品が不正に取得された営業秘密を用いて生産された物であることを営業秘密の保有者からの警告で知ったにもかかわらず、海外から当該商品を輸入する行為

（3） 営業秘密の侵害に対する措置

　特許権・実用新案権・意匠権・商標権は、いずれも権利の対象となるものを公にして保護するものであるのに対し、営業秘密の制度は、公になっていない有用な秘密情報を保護する点に特徴があります。

　不正競争によって営業上の利益を侵害され、または侵害されるおそれがある者には、不正競争を行った者に対する差止請求権が認められます（不正競争防止法3条）。また、故意・過失により不正競争が行われ、営業上の利益を侵害された者には、不正競争を行った者に対する損害賠償請求権が認められます（不正競争防止法4条）。

　営業秘密侵害行為については、刑罰の対象にもなっており、10年以下の懲役または2000万円以下の罰金に処せられ、またはこれらを併科されます（不正競争防止法21条1項）。さらに、営業秘密侵害行為が法人の業務に関してなされた場合には、行為者のほか当該法人にも5億円以下の罰金が科されます（両罰規定。不正競争防止法22条）。また、営業秘密侵害行為により取得した財産等は、任意的没収の対象となります（不正競争防止法21条10項～12項）。

法改正・新法制定

2023年の不正競争防止法等の改正

　2023年6月に、知的財産の分野におけるデジタル化や国際化の更なる進展などの環境変化を踏まえ、不正競争防止法が改正されました（一部の規定を除き、公布の日から起算して1年を超えない範囲内で政令で定める日から施行）。主な改正点は次の通りです。

1　デジタル化に伴う事業活動の多様化を踏まえたブランド・デザイン等の保護強化

（1）　デジタル空間における模倣行為の防止

　メタバースなどのデジタル空間での形態模倣事例に対応するため、「電気通信回線を通じて提供する行為」が「不正競争」に付加されました（改正不正競争防止法2条1項3号）。

（2）　登録可能な商標の拡充

他人が既に登録している商標と類似する商標について、先行商標権者の同意があり、出所混同のおそれがない場合には、登録可能とされ（コンセント制度の適用除外、改正商標法4条4項等）、その上で、コンセント制度の適用除外によって登録された商標について、不正の目的でなくその商標を使用する行為等を「不正競争」と扱わないことが定められました（改正不正競争防止法19条1項3号等）。

（3）営業秘密・限定提供データの保護の強化

　ビッグデータを他者に共有するサービスにおいて、データを秘密管理している場合も含め限定提供データとして保護し、侵害行為の差止請求等が可能とされ（改正不正競争防止法2条7項）、損害賠償請求訴訟で被侵害者の生産能力等を超える損害分も使用許諾料相当額として増額請求を可能とするなど、営業秘密等の保護が強化されました（改正不正競争防止5条1項）。

2　コロナ禍・デジタル化に対応した知的財産手続等の整備

　在外者へのオンライン送達制度の見直し（改正工業所有権特例法5条3項1号・2号）、書面手続のデジタル化等のための見直し（改正工業所有権特例法8条・10条）等が行われました。

3　国際的な事業展開に関する制度整備

　国外において日本企業の営業秘密の侵害が発生した場合にも日本の裁判所に訴訟を提起でき、日本の不正競争防止法を適用することとされました（改正不正競争防止法19条の2）。

CHAPTER **4**

Laws and regulations on corporate business activities
【第4章　企業活動に関する法規制】

第1節　取引に関する各種の規制
第2節　ビジネスと犯罪

第❶節
取引に関する各種の規制

Ⅰ 経済関連法規

❶ 独占禁止法の規制

（1） 独占から生じる弊害

　ある特定の市場において、特定の企業が市場支配力を獲得し、または複数企業が結合し特定のグループが形成された場合、その特定の企業やグループによってその経済力が濫用されると、自由で公正な競争メカニズムが働かなくなり、国民経済全体の円滑な発展が阻害されます。そこで、競争の機能や秩序を維持、回復するために、企業活動の自由を政策的に規制する法規が必要となります。この競争政策の基本法が「私的独占の禁止及び公正取引の確保に関する法律」（独占禁止法）です。この法律を運用し執行するための行政機関として、**公正取引委員会**が設置されています。

（2） 独占禁止法による規制の内容

ア）独占禁止法の目的

　独占禁止法は、公正かつ自由な競争を促進することなどによって、一般消費者の利益の確保と民主的で健全な国民経済の発達を促進することを目的としています（独占禁止法1条）。この目的を達成するため、独占禁止法では、私的独占、不当な取引制限、不公正な取引方法という、主要な3種の類型の行為が禁止されています。このほか独占禁止法の規定は、株式保有や合併等の企業結合による市場集中や一般集中に対する規制および独占的状態の規制を含んでいます。

イ）独占禁止法の定める主要な概念

独占禁止法の内容を理解するにあたっては、その前提としていくつかの基礎概念を理解しておく必要があります。

まず、独占禁止法の規制対象となるのは、「事業者」と事業者で構成される「事業者団体」です。ここでいう「**事業者**」とは、商業、工業、金融業その他の事業を行う者をいい、商人や会社だけでなく、公益法人、公共団体なども含まれます。**事業者団体**とは、一般に、事業者としての共通の利益を増進することを主たる目的とする2以上の事業者の結合体またはその連合体のことをいい、組織形態や名称は問わないとされています。社団法人、財団法人、組合等の形態の組織も含まれます（法人については第6章第1節Ⅰ参照）。

次に、以下で述べるように私的独占や不当な取引制限は、公共の利益に反して行われた場合に違法となりますが、ここでいう「**公共の利益**」とは、一般に自由競争を基盤とする経済秩序を意味すると考えられています。したがって、競争を実質的に制限する行為が公共の利益に反する行為ということになります。

（3）　私的独占とは

私的独占とは、ある事業者が他の事業者の事業活動を排除しまたは支配することにより、公共の利益に反して一定の取引分野における競争を実質的に制限することをいいます（独占禁止法2条5項）。例えば、**優越した市場支配力を得た事業者が、その力を利用してダンピングや差別価格を設定するなどの方法により、他の事業者を市場から実質的に締め出したり（排除）、他の事業者が自由な判断で活動することを困難にしたりする（支配）ような行為**をいいます。また、競争企業の株式を取得したり、役員を兼任したりすることにより優越的地位を占め、直接的、間接的に自己の意思に従わせることも私的独占に当たるとされます。ただし、事業者が正常な事業活動の結果高い占拠率を実現したとしても、それ自体が直ちに私的独占に該当するわけではありません。

(4) 不当な取引制限とは

「**不当な取引制限**」とは、事業者が、契約、協定その他何らの名義をもってするかを問わず、他の事業者と共同して対価を決定し、維持し、もしくは引き上げ、または数量、技術、製品、設備もしくは取引の相手方を制限するなど、相互にその事業活動を拘束し、または遂行することにより、公共の利益に反して、一定の取引分野における競争を実質的に制限することをいいます（独占禁止法2条6項）。不当な取引制限は一般に「**カルテル**」と呼ばれ、競争を制限する行為の典型です。

例えば、**事業者が協議して市場価格を引き上げる価格カルテル、商品の供給を制限して価格の維持を狙った数量カルテル、取引先の争奪を制限するカルテル（特に受注予定者を決定するための事業者によるカルテルは「談合」といわれています）**などが違法とされているほか、事業者の新規参入を阻止

（不当な取引制限の態様の例）

行為態様	内　　容
価 格 協 定	価格に関する協定で、特に値上げ協定は不当な取引制限の典型例であり、違法となるケースも少なくありません。 価格協定の内容としては、例えば次の内容のものが禁止の対象となります。 ①　価格の維持または改定に関する協定 ②　最低販売価格、値上げ率など価格水準を決定する協定 ③　標準価格、基準価格、目標価格など価格設定の基準を決定する協定 ④　共通の価格算定方式を決定する協定 ⑤　リベート、手数料、値引きなど実質的に価格の構成要素となるものについて限度を決定する協定
生産制限協定	生産・販売・出荷などの数量を制限する協定です。これらの数量を制限する協定は、需給関係を操作し、価格維持を図る狙いの下に締結されることがあるため、禁止の対象とされています。
設備制限協定	生産設備の新設や増設を制限することにより、将来の生産数量を規制する行為です。
技術制限協定	同業者間で技術の開発・利用などを制限して、共存共栄を図ろうとする行為であり、経済社会の進歩を阻害するおそれが大きいものです。
取引制限協定	競争関係にある事業者間で、取引の相手方やその数、販売地域などを定めることにより顧客の争奪を制限する協定で、部分的な独占を形成する効果があります。

210

するための数の制限や、価格・取引条件・営業方法の制限も、市場における競争を実質的に制限する場合には違法となります。

(5) 不公正な取引方法とは

不公正な取引方法とは、それ自体は競争を直接制限していなくても、公正な競争を阻害する可能性のある行為をいい（独占禁止法19条・2条9項参照）、正当な理由がないのに不当に、あるいは、**正常な商慣習に照らして不当に**取引が行われた場合に違法となります。

独占禁止法は、不公正な取引方法として、次の11種類を定めています。

① 共同供給拒絶
② 差別対価
③ 不当廉売
④ 再販売価格の拘束
⑤ 優越的地位の濫用
⑥ 不当な差別的取扱い
⑦ 不当対価取引
⑧ 不当な顧客誘引および不当強制
⑨ 不当拘束条件付取引
⑩ 取引上の優越的地位の不当利用
⑪ 競争者に対する不当妨害

また、不公正な取引方法に該当する具体的な行為類型について公正取引委員会の告示でも定めています（一般指定）。以下では、不公正な取引方法のうち代表的な行為類型を挙げて説明します。

ア) 共同の取引拒絶（独占禁止法2条9項1号、一般指定1項）

これは、同業者等が結託して、特定の第三者または特定範囲外の者から商品や役務の供給を受けることや、商品や役務を供給することを拒絶し、これらの者の新規参入を困難にする行為や、既参入者を市場から締め出す行為です。

イ) 不当廉売（独占禁止法2条9項3号、一般指定6項）

これは、正常な価格競争の観点からみて不当に低い価格で商品や役務を提供し、競争者の販売活動を困難にさせるような行為です。このような行為の

うち、**仕入費用を下回るような採算を度外視した極端な廉売を継続する行為**は法律で定め、それ以外の廉売を一般指定で定めています。なお、不当廉売に関して、公正取引委員会は、「不当廉売に関する独占禁止法上の考え方」（不当廉売ガイドライン）を策定しています。不当廉売ガイドラインは、不当廉売規制の目的を明らかにし、独占禁止法2条9項3号に定める不当廉売（法定不当廉売）と告示「不公正な取引方法」6項に定める不当廉売のそれぞれについて、不当廉売の規定の適用に当たり、留意すべき事項を示しています。

ウ）不当顧客誘引（一般指定8項・9項）

　これは、虚偽や誇大な広告によって顧客を誘引したり、過大な景品を付けて商品を販売したりするような行為です。このような行為は、消費者の正しい商品選択をゆがめることになるため違法とされます。なお、このような行為は、「不当景品類及び不当表示防止法」（景品表示法）によっても規制されています。

エ）抱き合わせ販売（一般指定10項）

　これは、ある商品やサービスを販売する際に、別の商品やサービスを同時に購入するよう義務付ける行為です。この取引強制行為は、相手方の適正かつ自由な商品選択を妨げるおそれがあり、公正な競争秩序に悪影響を与えます。

　ただし、2つ以上の商品を組み合わせた販売であっても、①それによって、**別個の特徴を持つ商品になる**、②**顧客がそれぞれ単独に購入することができる**、③**2つの商品、サービス間に機能上補完関係がある**という場合には、ここでいう抱き合わせ販売には該当しないとされています。

オ）排他条件付取引（一般指定11項）

　これは、取引の相手方に対して、**自己の競争者と取引しないことを条件と**して取引を行い、競争者の取引の機会を不当に減少させるおそれをもたらす行為です。排他条件付取引は、両当事者間の関係を緊密にし、販売促進的な効果をもたらすメリットもありますが、有力事業者がこれを行うと、競争者

を市場から締め出すことになりかねません。したがって、各種の排他条件付取引のうち、公正な競争を阻害するおそれのあるケースのみが、「不当に」のケースに該当し、禁止行為とされます。

カ）再販売価格の拘束（独占禁止法2条9項4号）

これは、**メーカー等が、その供給する商品について、供給先である卸売業者や小売業者に対し、卸売価格、小売価格を指定し、契約などの実効性がある方法でこれを守らせる行為**です。拘束が、メーカーからの要請ではなく、流通業者からの要請に基づく場合も、これに該当します。再販売価格拘束行為は、販売業者の基本的機能である販売価格の自由な決定を制約し、価格競争を消滅させる効果を持つため、公正な競争を阻害するおそれのある行為の典型であるとされています。

なお、著作物（新聞、雑誌、書籍、レコード等）を発行・販売する事業者の再販売価格拘束行為は、それが正当な行為であれば独占禁止法の適用除外（法定再販、独占禁止法23条）となります。しかしながら、最近、書籍・新聞の再販売価格のあり方をめぐっては種々の意見が出されています。

キ）拘束条件付取引（一般指定12項）

これは、取引の相手方の事業活動を拘束する条件を付けて、当該相手方と取引をする行為をいい、不当性（公正な競争を阻害するおそれ）を有する場合に違法とされます。拘束条件付取引として規制されるのは、排他条件付取引（オ）や再販売価格の拘束（カ）以外の事業活動についての拘束です。この拘束には、価格の拘束（例えば、販売した商品を取引先が加工して完成品にして転売する場合の転売価格の拘束）、取引先の拘束（例えば、帳合取引の義務付け）、販売地域の拘束（例えば、テリトリー制）などがあります。

ク）優越的地位の濫用（独占禁止法2条9項5号、一般指定13項）

これは、**有力な小売業者や元請事業者などが、取引上の地位が相手方（納入業者、下請業者等）に優越していることを利用して、正常な商慣習に照らして不当に、押付け販売、返品、協賛金の負担の要請、不利益な取引条件の**

設定またはその実施をするなどの行為です。特に、相手方会社の役員選任に対する干渉行為を一般指定で定めています。このような行為は、取引の相手方が競争機能を発揮することを妨げ、自由で公正な競争基盤を侵害するおそれがある行為だとみなされています。なお、優越的地位の濫用は、特に下請取引関係で問題となることが多いことから、独占禁止法の補完法である「下請代金支払遅延等防止法」（下請法）によっても規制されています。

ケ）競争者に対する取引妨害（一般指定14項）

これは、事業者が、競争関係にある他の事業者とその取引相手方との取引を不当に妨害したり、競争事業者の信用を毀損する行為です。競争事業者の活動を妨げ、競争秩序に悪影響を及ぼすおそれがある場合に、取引妨害行為として禁止対象となります。

(6) 独占禁止法に違反した場合の措置

企業の行為が前記（3）〜（5）のいずれかに該当すると公正取引委員会が認める場合には、行政上の措置として、**違反行為の排除措置命令**（独占禁止法7条・8条の2・17条の2・20条）が出されるほか、不当な取引制限や私的独占、一定の不公正な取引方法については**課徴金納付命令**（独占禁止法7条の2・20条の2ないし20条の6）が出されることがあります。課徴金納付命令には、違反企業が自主的に違反を報告した場合に、課徴金の額を減免する制度があります（独占禁止法7条の4・7条の5）。この減免制度は、リニエンシーとも呼ばれます。

また、独占禁止法上、民事上の措置として、差止請求（独占禁止法24条）および損害賠償請求（独占禁止法25条・26条）が定められています。

さらに、刑事上の措置として、違反企業、その代表者、違反行為をした者（例えば従業員）に刑罰が科されることもあります（独占禁止法89条以下）。

❷ 大店立地法による大規模小売業者の立地の調整

(1) 大店立地法制定の趣旨・目的

　経済発展の中で流通革新が進み、大規模小売店舗（例えば、大型スーパーマーケットや専門量販店等）の活動が活発になっています。これらの大規模小売店舗は、不特定多数の来客や大規模な物流等により、日常的に利用されるとともに、一般に生活空間から一定の範囲に存在する施設である点で工場や娯楽施設などの他の大規模施設と異なります。そのため、大規模小売店舗は、周辺の地域の生活環境に大きな影響を与える可能性を持ちます。

　そこで、**大規模小売店舗の立地がその周辺の地域の生活環境を保持しつつ適正に行われることを確保する**ため、その立地について一定の調整等を図るために、大規模小売店舗立地法（大店立地法）が定められています。

　大店立地法は、大型店の出店などに伴う地域の生活環境の保全を目的としており、店舗面積が1,000㎡を超える店舗を新設する場合に、都道府県または政令指定都市への届出を義務付けるなどの規制を行っています。

(2) 大店立地法による規制の内容

　大店立地法では、店舗面積1,000㎡を超える大規模小売店舗に対して、その周辺の生活環境の保持を図る観点から、店舗新設時の届出などの規制がなされています。生活環境の保持を目的とすることから、生協・農協等も対象とされています。

　また、大店立地法では、大規模小売店舗の面積・営業時間・休業日数等について直接規制はなされない反面、周辺の交通に配慮して必要な台数の駐車場を設置することや、騒音や廃棄物によって周辺の生活環境を悪化させないことなどが求められています。

　大店立地法上、都道府県・政令指定都市は、届出をした者がその勧告に正当な理由なく従わなかった場合、その旨を公表することができるとされています。

Ⅱ 消費者保護関連の規制

❶ 消費者保護法制の概要とその必要性

　ビジネス法の根本である民法は、互いに平等な権利能力を持った人が、それぞれの理性的判断に基づいて、自由な意思で取引を行うという社会を想定しています。しかしながら、今日のように取引が細分化、複雑化した経済社会においては、特定の取引について理性的な判断を下すだけの専門的知識や技術を有する者（企業、事業者などと呼ばれます）と、これらの専門的な知識や技術を有しない消費者というように情報等の非対称性・不平等といった問題が現れてきます。

　こうした状況では、消費者が、クレジット契約・保険契約・不動産取引等の契約条件や内容について十分な理解を得ないままで契約を締結し、または、訪問販売等で、相手からの勧誘に乗って契約内容を十分確認しないまま契約を締結し、あるいは欠陥商品を購入して思わぬ被害を被るといった問題が生じます。

　このような事態に対処するために、事業者と消費者間のあらゆる契約を適用対象とする消費者契約法が定められているほか、消費者保護の見地から様々な取引形態に応じた法規制が行われています。例えば、一定の取引についてはその契約内容や方法に一定の情報開示や解約等の規制を設け（割賦販売法・特定商取引法等）、あるいは一定の取引を行う事業者についてはその資格や業務に関して特別な規制を設けているほか（各種の業法）、欠陥商品による消費者の損害について事業者に無過失の賠償責任を負わせる（製造物責任法）といった様々な法規制があります。

　以下では、これらの消費者保護を目的とした様々な法規制について説明します。

❷ 消費者契約法による消費者の保護

(1) 消費者契約法とは

　消費者契約法は、事業者と消費者間の情報の量と質・交渉力の格差に鑑み、消費者の利益を保護する観点から民法の契約の有効性に関する原則を一部修正する広範な適用範囲を持つ特別法です。

(2) 消費者契約法が適用される対象

　消費者契約法は、**消費者と事業者との間で締結されるすべての契約**（**消費者契約**）に適用されます（消費者契約法2条3項）。また、取引の対象が特に限定されていないため、契約の対象となる商品や役務、権利の種類を問わず適用されます。その**唯一の例外は、特別法である労働基準法等で別途保護されている労働契約**です（消費者契約法48条）。

　この法律で消費者とは個人をいいます。ただし、個人であっても、個人事業主など、**事業としてまたは事業のために契約の当事者となる個人は、消費者契約法にいう個人から除かれます**（消費者契約法2条1項）。そして、事業者とは、法人その他の団体および事業としてまたは事業のために契約の当事者となる場合における個人をいいます（消費者契約法2条2項）。事業者には、商人だけでなく、一般社団法人・財団法人、公益社団法人・財団法人、学校法人、宗教法人など営利を目的としない法人、団体も該当することに留意する必要があります（法人については第6章第1節Ⅰ参照）。

(3) 事業者の努力義務

ア）消費者契約の条項の作成（消費者契約法3条1項1号）

　消費者契約の条項を定めるにあたっては、消費者の権利義務その他の消費者契約の内容が、その解釈について疑義が生じない明確なもので、かつ、消費者にとって平易なものになるよう配慮するよう努めることとされています。

イ）情報の提供（消費者契約法3条1項2号）

　消費者契約の締結について勧誘をするに際しては、消費者の理解を深めるために、物品、権利、役務その他の消費者契約の目的となるものの性質に応じ、個々の消費者の知識および経験を考慮した上で、消費者の権利義務その他の消費者契約の内容についての必要な情報を提供するよう努めることとされています。

（4）　消費者契約法に基づく取消し

　消費者契約法では、事業者の一定の行為により、消費者が**誤認**したり、**困惑**したことにより締結された契約や、**過量**な内容の契約については、消費者はその契約の申込みまたは承諾の意思表示を取り消すことができるとされています（消費者契約法4条）。

ア）誤認による取消しとは

　誤認による取消しとは、事業者の①**重要事項の不実告知**、②**将来における変動が不確実な事項についての断定的判断の提供**、③**故意または重過失による不利益事実の不告知**によって、消費者が誤認した場合に、申込みや承諾の意思表示を取り消すことです（消費者契約法4条1項2項）。

　なお、重要事項には、「消費者契約の目的となるものの質、用途その他の内容であって、消費者の当該消費者契約を締結するか否かについての判断に通常影響を及ぼすべきもの」（消費者契約法4条5項1号）、「消費者契約の目的となるものの対価その他の取引条件であって、消費者の当該消費者契約を締結するか否かについての判断に通常影響を及ぼすべきもの」（消費者契約法4条5項2号）、「消費者契約の目的となるものが当該消費者の生命、身体、財産その他の重要な利益についての損害または危険を回避するために通常必要であると判断される事情」（消費者契約法4条5項3号）が含まれるとされています。

イ）困惑による取消しとは

　事業者の以下の行為によって消費者が困惑した場合、当該消費者は、困惑して行った意思表示を取り消すことができます（消費者契約法4条3項）。

（困惑による取消しの対象となる行為の例）

①	不退去（家庭等を訪問し、帰らずに居座る行為）
②	退去妨害（消費者を勧誘している場所から帰さない行為）
③	不安をあおる告知（就職セミナー商法等）
④	社会生活上の経験不足を不当に利用する行為（デート商法等）
⑤	加齢等による判断力の低下を不当に利用する行為
⑥	霊感等による知見を用いた告知（霊感商法等）
⑦	契約締結前に債務の内容を実施する行為

ウ）過量な内容の契約の取消しとは

過量な内容の契約の取消しとは、消費者契約の目的となるものの**分量、回数または期間**がその消費者にとって**通常想定されるものを著しく超えるもの**であり、事業者がそのことを知っていながら勧誘を行ったために契約が締結された場合等に、申込みまたは承諾の意思表示を取り消すことです（消費者契約法4条4項）。

エ）取消しの効果

消費者契約法に基づいて契約の申込みまたは承諾の意思表示を取り消した場合、その意思表示は初めから無効であったことになり（消費者契約法11条、民法121条）、事業者と消費者の双方は、**原状回復義務**を負います（民法121条の2）。つまり、事業者側はすでに受け取った代金などを返還しなければならず、消費者側は商品の引渡しや役務の提供を受けている場合は、当該部分を精算する必要があります。

オ）取消権の消滅時効

消費者契約法による取消権は、追認をすることができる時（誤認に気づいた時や、困惑状態を脱した時）から1年間（霊感等による知見を用いた告知については3年間）行使しないと時効により消滅し、また契約から5年間（霊感等による知見を用いた告知については10年間）を経過したときも消滅します（消費者契約法7条）。

(5) 消費者契約法に基づく契約条項の無効

消費者契約法は、消費者にとって不利益となる一定の契約条項を無効としています（消費者契約法8条～10条）。これらの条項が含まれている契約は、**全体として有効であっても、当該条項は少なくとも無効**になり、当事者間の契約に適用されません。

(消費者にとって不利益となる契約条項の例)

> ① 事業者側の債務不履行によって消費者側に生じた損害を賠償する責任の全部を免除する条項
> ② 事業者側の故意または重大な過失による債務不履行によって消費者側に生じた損害を賠償する責任の一部を免除する条項
> ③ 事業者側の不法行為によって消費者に損害が生じた場合に、その損害を賠償する責任の全部を免除する条項
> ④ 事業者側の故意または重大な過失による不法行為によって消費者に損害が生じた場合に、その損害を賠償する責任の一部を免除する条項
> ⑤ 損害賠償請求を困難にする不明確な一部免責条項
> ⑥ 事業者の債務不履行により生じた消費者の解除権を放棄させる条項
> ⑦ 事業者が自らの責任(債務不履行・不法行為)を自ら決定する条項
> ⑧ 消費者の後見開始等を理由とする解除条項
>
> など

(6) 解約料の説明の努力義務

事業者は、消費者契約における解約料等の定めにつき、次の努力義務を負います。

① 消費者に対して、解約料の算定根拠の概要を説明する努力義務（消費者契約法9条2項）

② 適格消費者団体に対して、解約料の算定根拠を説明する努力義務（消費者契約法12条の4）

(7) 適格消費者団体制度

適格消費者団体とは、不特定かつ多数の消費者の利益のために消費者契約法上の差止請求権を行使するのに必要な適格性を有する法人である消費者団体として内閣総理大臣の認定を受けた者をいいます（消費者契約法2条4項）。

この適格消費者団体は、事業者等が、消費者を勧誘するに際して不特定かつ多数の消費者に対して、前述（P.218）のような消費者が誤認する行為や困惑する行為をした場合等に当該行為に対して差止請求権を行使することができ、必要に応じて差止請求訴訟を提起することもできます（消費者契約法12条・41条）。また、適格消費者団体は、事業者等が景品表示法および特定商取引法に違反している場合にも、差止請求権を行使することができます（景品表示法30条、特定商取引法58条の18）。

法改正・新法制定

2022年の消費者契約法の改正（1）

　消費者被害の防止・救済を強化する観点から、2022年5月に消費者契約法が改正されました（2023年6月1日施行）。主な改正点は、契約の取消権の対象を追加、解約料の説明の努力義務、免責の範囲が不明確な条項の無効、事業者の努力義務の拡充です。

1　契約の取消権の対象を追加

　新たに次の場合に消費者に契約の取消権が認められます（改正消費者契約法4条3項）。

　　①勧誘をすることを告げずに、退去困難な場所へ同行し勧誘すること
　　②威迫する言動を交え、他者に相談の連絡をすることを妨害すること
　　③契約前に目的物の現状を変更し、原状回復を著しく困難にすること

2　解約料の説明の努力義務

　事業者は、消費者契約における解約料等の定めにつき、次の努力義務を負います。

　　①消費者に対して、解約料の算定根拠の概要を説明する努力義務
　　　（改正消費者契約法9条2項）
　　②適格消費者団体に対して、解約料の算定根拠を説明する努力義務（改正消費者契約法12条の4）

3　免責の範囲が不明確な条項の無効

　賠償請求を困難にする不明確な一部免責条項は無効となります（改正消費者契約法8条3項）。

　例えば、「法令に反しない限り、1万円を上限として賠償します」という

条項は、改正法では無効です。なお、「軽過失の場合は、1万円を上限として賠償します」という条項は、改正後も有効です。

4　事業者の努力義務の拡充

契約の解除に必要な情報提供等などにつき、事業者の努力義務が拡充されました（改正消費者契約法3条1項等）。また、事業者は、適格消費者団体の要請に応じて、契約条項・差止請求を受けて講じた措置を開示する努力義務を負います（改正消費者契約法12条の3・12条の5）。

2022年の消費者契約法等の改正（2）

消費者の利益の擁護をさらに図るため、2022年12月に消費者契約法等が改正されました（2023年1月5日施行）。消費者契約法では、霊感等による告知を用いた勧誘について、取り消すことができる範囲を拡大するとともに、取消権の行使期間が伸長されました（改正消費者契約法4条3項6号・7条）。

❸ 特定商取引法による消費者の保護

(1)　特定商取引法による規制の対象となる取引

特定商取引に関する法律（特定商取引法）は、訪問販売・通信販売・電話勧誘販売・連鎖販売取引・特定継続的役務提供・業務提供誘引販売取引・訪問購入・送り付け商法という、一般の売買契約とは異なる販売形態や、契約内容や条件に特殊なものを含む販売形態・取引（後記の表参照）について、業者に対する規制を行い、もって消費者を保護するための法律です。

なお、特定商取引法は事業者間の契約には適用されませんが（特定商取引法26条1項1号）、これを悪用し、小規模の個人事業者や高齢の個人事業主をターゲットにして事業者名で契約させ、特定商取引法の規制を免れようとする悪質商法が横行しました。そのため、経済産業省の通達により、一見事業者名で契約していても、その契約の主たる目的が事業のためではなく、家庭用・個人用で使用する目的であれば、原則として本法が適用されることが明確にされました。

ここでは、訪問販売を中心に説明します。

（特定商取引法による規制の対象となる取引）

訪 問 販 売	販売業者が、営業所等以外の場所で契約の申込みを受け、もしくは契約を締結して行う、商品・役務・特定権利の有償での提供、または営業所等以外の場所での呼止め等により誘引し、営業所等で契約の申込みを受け、もしくは契約を締結して行う、商品・役務・特定権利の有償での提供
通 信 販 売	郵便その他の方法により契約の申込みを受けて行う、商品・役務・特定権利の有償での提供であって、電話勧誘販売に該当しないもの 「その他の方法」としては、電話・電子メール・テレビ・ラジオ・新聞・カタログなどの様々な通信・情報伝達媒体があります
電話勧誘販売	販売業者が電話をかけ、または所定の方法で電話をかけさせて勧誘を行い、相手方から契約の申込みを受け、もしくは契約を締結して行う、商品・役務・特定権利の有償での提供
連鎖販売取引	取引料その他の利益を収受し得ることをもって誘引して、対価の負担を伴う、商品・権利の再販売・受託販売、同種役務の提供もしくは販売・役務提供のあっせんにかかる取引をするもの（いわゆるマルチ商法）
特定継続的 役 務 提 供	役務提供事業者が、身体の美化または知識・技能の向上等の目的を実現させる役務で、その性質上目的の実現が確実でないものを、政令で定める金額を超える金銭の支払いを受け、政令で定める期間を超えて提供するもの
業務提供誘引 販 売 取 引	取引の目的である物品・権利・役務を利用する業務により利益を収受し得ることをもって誘引して、対価の負担を伴う、商品・権利の販売もしくはあっせんまたは役務の提供・あっせんにかかる取引をするもの（いわゆる内職・モニター商法）
訪 問 購 入	物品の購入を業として営む者が、営業所等以外の場所において、売買契約の申込みを受け、または売買契約を締結して行う指定物品の購入
送り付け商法 （ネガティブオプション）	販売業者が、売買契約の申込みをした者および売買契約を締結した者以外の者に、売買契約の申込みとともに商品を送付し、返品や購入しない旨の通知がない限り、売買契約が成立したものとして、代金を請求するもの

（2） 訪問販売への特定商取引法適用の要件

　次のア）～ウ）の要件を充たす販売方法が特定商取引法における「訪問販売」とされています。

ア）次の①、②のいずれかに該当すること。

　① 営業所等以外の場所で行われる商品の販売・権利の販売・役務の有

償提供であること（典型的な訪問販売）

②　業者が営業所等以外の場所において呼び止めて営業所に同行させた者、その他電話・郵便・電報・ビラ・パンフレットの配布、拡声器による外からの呼びかけによって営業所へ誘引した者との間での、**商品の販売・権利の販売・役務の有償提供であること**（いわゆるキャッチセールスやアポイントメントセールス）

イ）売買契約の申込みを受け、もしくは売買契約を締結し、または役務提供契約の申込みを受け、もしくは役務提供契約を締結すること

ウ）（権利の販売の場合には）特定権利であること

　商品と役務については、原則としてすべての商品・役務が訪問販売の対象ですが、権利の販売については、政令によって対象となる「特定権利」が定められています。

　特定権利とは、①施設を利用し、または役務の提供を受ける権利のうち国民の日常生活にかかる取引において販売されるものであって政令で定めるもの、②社債その他の金銭債権、③株式会社の株式、合同会社、合名会社もしくは合資会社の社員の持分もしくはその他の社団法人の社員権または外国法人の社員権でこれらの権利の性質を有するものとされています（特定商取引法2条4項）。

(3)　訪問販売に対する規制

　特定商取引法上の訪問販売には、次のような規制が定められています。

ア）氏名等の明示義務・書面交付義務

　販売業者等が訪問販売を行おうとするときは、**その勧誘に先立って**、その氏名または名称、売買契約または役務提供契約の締結について勧誘する目的である旨、勧誘にかかる商品等の種類を相手方に明らかにしなければなりません（特定商取引法3条）。また、訪問販売で商品等の売買契約等の申込みを受けたり、契約の締結をした場合は、直ちに、商品等の対価、支払いの時期、商品等の引渡し時期、申込み等の撤回・解除に関する事項などを記載した書面を交付しなければなりません。この書面については、相手方の事前の同意がある場合には、電磁的方法による提供が認められます（特定商取引法4条）。

業者がこれらの義務を怠ると、営業停止などの行政処分を受けるだけでなく、不実告知の刑事罰、契約の取消しなどの対象となるおそれがあります。

イ）クーリング・オフの適用（特定商取引法9条・9条の2）

a. クーリング・オフとは

　購入意思のない消費者に積極的に販売活動を行い、購入意思が不十分なまま強引に契約をさせることによるトラブルが発生した場合には、その解決のため、消費者は契約の申込みまたは契約締結のときから一定期間は、**無条件で解約できます**。無条件とは、解約に伴って消費者が一切の不利益を受けないという意味です。すなわち、**損害賠償金や違約金を支払う必要もなく、また商品が引き渡されていても、業者の負担で引き取らせることができます**（特定商取引法9条4項）。

b. クーリング・オフの要件

　訪問販売において、クーリング・オフを行使するには、次の要件をすべて充たすか（特定商取引法9条）、過量販売取引の要件を充たす必要があります。

① 契約の対象が商品・役務である場合は政令で定めた一定の商品・役務ではないこと、権利である場合は特定権利であること

② 営業所等以外の場所（例えば喫茶店、自宅）や、キャッチセールス、アポイントメントセールスで営業所に呼び出されて契約の申込みや契約をした場合であること

③ 契約対象金額が一定の金額以上であること

④ クーリング・オフできる旨の告知（書面または相手方の事前同意を得た上での電磁的記録によることが必要）を受けた日から一定期間以内に行使すること（訪問販売の場合は8日）

⑤ ④の期間内に**書面または電磁的記録による解約の通知を発すること**

ウ）解除に伴う損害賠償等の額の制限（特定商取引法10条）

　契約の履行等をめぐってトラブルが生じた場合に、販売業者が契約を解除し、高額な損害賠償金を消費者に請求する例があることから、消費者の利益が損なわれないよう、損害賠償額の上限が定められています。

エ）違反業者への対応

特定商取引法は、違反業者に対し、主務大臣等（内閣総理大臣、消費者庁長官、都道府県知事）が、行政権限を行使することを認めています。

訪問販売に関していえば、主務大臣等には、報告・立入検査（特定商取引法66条）、行政指示（特定商取引法7条）、業務停止命令等（特定商取引法8条）が認められています。

このほか、業務禁止命令制度（特定商取引法8条の2・15条の2等）、所在不明の違反事業者への処分手続（特定商取引法66条の3～66条の5）等が定められています。

（4）　通信販売に対する規制

通信販売は、郵便、テレビやインターネットなどを通じて商品の販売等を行うものです。**通信販売は、訪問販売とは異なり、不意打ち性がないためクーリング・オフの制度は設けられていません。**しかし、購入者は広告やインターネット上の表示を見て購入するか否かを決めることがあるため、通信販売には、販売業者が行う広告などについて一定の規制がなされています。例えば、販売業者等は、広告を通じて販売する商品等に関して、販売価格や送料、支払時期、定期購入か否かなど、特定商取引法所定の事項を広告に表示しなければならないとされています（特定商取引法11条）。

❹ 割賦販売法による消費者の保護

（1）　割賦販売法による規制の対象となる取引

割賦販売法は、購入した商品の代金等を分割して支払う取引のうち、法律に指定された商品、役務、権利等の代金・対価を2か月以上の期間にわたり、かつ3回以上に分割して支払う取引などについて規制しています。割賦販売法の対象となる取引は、次の表の通りです。

（割賦販売法の対象となる取引）

割賦販売（狭義）	販売業者が、購入者から商品の代金等を、**2か月以上の期間にわたり、かつ、3回以上に分割して受領することを条件**として行う商品の販売等
ローン提携販売	商品の代金等の全部または一部に充てるため、2か月以上の期間にわたり、かつ、3回以上に分割して返還することを条件として購入者が金銭を借り入れ、販売業者が購入者の当該借入債務の保証をして行う商品の販売等
信用購入あっせん	購入者が加盟店で商品の購入等を行った場合に、信販会社が購入者に代わって商品等の代金を販売業者に立替払いし、購入者が信販会社に立替金を、2か月以上の期間にわたって支払う方法。 カードを利用する方法を「包括信用購入あっせん」、契約ごとにクレジット契約を締結する方法を「個別信用購入あっせん」といいます。 また、個別信用購入あっせんについては、一定の場合にクーリング・オフが認められます。
前払式割賦販売	商品等の引渡しに先立って、購入者から2回以上にわたってその代金の全部または一部を受領して行う割賦販売
前払式特定取引	商品の売買等の取次ぎにおいて、商品等の引渡しに先立って、事業者が購入者から代金等の全部または一部を、2か月以上の期間にわたり、かつ、3回以上に分割して受領する取引

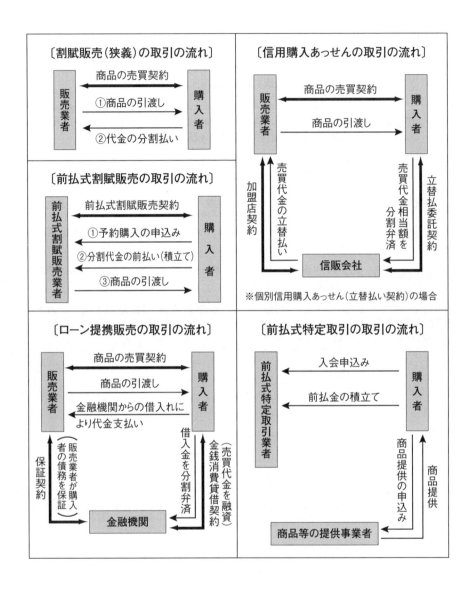

〔割賦販売（狭義）の取引の流れ〕

販売業者 ←商品の売買契約→ 購入者
①商品の引渡し
②代金の分割払い

〔前払式割賦販売の取引の流れ〕

前払式割賦販売業者 — 前払式割賦販売契約 — 購入者
①予約購入の申込み
②分割代金の前払い（積立て）
③商品の引渡し

〔信用購入あっせんの取引の流れ〕

販売業者 ←商品の売買契約→ 購入者
商品の引渡し
加盟店契約　売買代金の立替払い
売買代金相当額を分割弁済　立替払委託契約
信販会社
※個別信用購入あっせん（立替払い契約）の場合

〔ローン提携販売の取引の流れ〕

販売業者 ←商品の売買契約→ 購入者
商品の引渡し
金融機関からの借入れにより代金支払い
保証契約（販売業者が購入者の債務を保証）
借入金を分割弁済　金銭消費貸借契約（売買代金を融資）
金融機関

〔前払式特定取引の取引の流れ〕

前払式特定取引業者 ←入会申込み— 購入者
←前払金の積立て—
商品提供の申込み　商品提供
商品等の提供事業者

(2)　割賦販売法による規制の対象となる商品・役務

　割賦販売法は、信用購入あっせんを除いて、次の表の通り、対象となる「指定商品」および「指定役務」、「指定権利」を定めています（割賦販売法2条5項）。

	意　義	具体例（政令）
指定商品	定型的な条件で販売するのに適する商品であって政令で指定されたもの	衣服、家具、書籍、ミシン、時計、家庭用電気機械器具、パーソナルコンピュータ、化粧品、楽器など54商品
指定役務	国民の日常生活にかかる取引において有償で提供される役務であって政令で指定されたもの	語学教室・エステティックサロン・スポーツクラブ等の利用、家屋・塀などの補修・改良、有害動物・植物の駆除など10役務
指定権利	施設を利用しまたは役務の提供を受ける権利のうち国民の日常生活にかかる取引において販売されるもの	語学教室・学習塾・エステティックサロン・パソコン教室などのサービスを受ける権利や、スポーツクラブなどを利用する権利など7権利

（3）　割賦販売（狭義）に対する消費者保護規制の内容

　割賦販売法は、購入者保護の観点から、様々な規制を設けています。前述したように、割賦販売法は、5種類の取引をその規制の対象としていますが、ここでは、最も基本的な取引形態である狭義の割賦販売に対する規制について説明します。

ア）契約締結前の割賦販売条件の表示

　割賦販売業者は、割賦販売の方法により指定商品もしくは指定権利の販売または指定役務の提供を行うときは、**現金販売価格、割賦販売価格等の割賦販売条件を相手方に示さなければなりません**（割賦販売法3条1項）。この割賦販売条件は、営業所等において見やすい方法により掲示するか、書面により提示しなければなりません（割賦販売法施行規則1条の2第1項）。

イ）書面の交付

　割賦販売業者は、割賦販売の方法により指定商品もしくは指定権利を販売する契約または指定役務を提供する契約を締結したときは、遅滞なく、賦払金の額等の所定の事項につき、契約内容を明らかにする書面を購入者または役務の提供を受ける者に交付しなければなりません（割賦販売法4条）。この書面の交付は、購入者または役務の提供を受ける者の承諾を得て、パソコンで作成した電磁的記録を、電子メールで相手方のパソコンに送信したり、こ

れを記録したCD-R、USBメモリ等の媒体を交付したりする方法に代えることができます（割賦販売法4条の2）。

ウ）契約内容に関する規制

　割賦販売法は、割賦販売業者が消費者との間で締結する契約の内容についても規制を設けています。具体的には、①割賦販売業者の一方的な権利行使を制限するため、割賦販売業者は、賦払金の支払いの遅滞を理由として、契約を解除し、または期限の利益を喪失させるためには、20日以上の相当な期間を定めて、書面により消費者に催告しなければなりません（割賦販売法5条）。

　また、②契約解除の際に、消費者が支払う損害賠償等の額につき制限が設けられています（割賦販売法6条）。

エ）その他

　販売事業者によるクレジットカード番号等の漏えいや不正使用の防止のため、販売事業者に対し、クレジットカード番号等の適切な管理といったカード情報の漏えい対策および偽造カードやネット取引の「なりすまし」といった不正使用の防止（決済端末のIC対応化等）が義務付けられています（割賦販売法35条の16・35条の17の15）。

　カード発行をする会社と、販売業者と契約をする会社が別となる形態でも、販売業者への管理が行き届くよう、クレジットカード番号等の取扱を認める契約をする事業者に登録制度を設け、その契約をした販売事業者に対する調査および調査結果に基づき必要な措置を行うこと等が義務付けられました（割賦販売法35条の17の2～35条の17の15）。

　分割払いの場合は、特定商取引法と同じように、申込者には、不実告知を理由とする取消権、電話勧誘による過量契約がなされた場合の取消権が、1年間認められています（割賦販売法35条の3の12・35条の3の13）。

5 各種の業法による消費者の保護

(1) 各種の業法が制定されている趣旨

　銀行業・保険業・証券業等の金融業、電気・ガス・運送や鉄道等の事業を営もうとする企業は、各業法の定めにより所管官庁から免許ないしは許可を取得したり、登録を受けなければ事業を行うことができません。

　これは、これらの事業には公共性があり、多数の人々の日常生活に密接なかかわりを持った業務であるため、事業運営に関し一定水準の能力、条件を備えた企業にのみ免許（証券業は登録制度）を与え、経常的な業務についても国民に代わって、国や行政庁が監督を及ぼしていこうとする趣旨からです。

(2) 取引に利用される約款に対する規制

　資本主義経済の発展による、取引の大量化、簡易・迅速化に伴い、同種・同量の商品・サービスを効率的に提供することが企業にとって必要不可欠となっています。上記各業種における取引はその典型的なものであり、かつ極めて大量の数の取引が存在しますが、**これらの取引は、企業が特定の種類の取引を画一的かつ確実に処理するため、あらかじめ作成した定型的な契約条項である「約款」に基づいて行われることが一般的です。**

　約款は、行政庁が当該事業における消費者の立場と責任を十分考慮し、その内容を検討した上で、企業の作成した約款を認可することにより、公平性の確保を図っている例が多くみられます（保険・航空・電気・ガス等）。

　なお、不特定多数の者を相手方として行う取引に用いられる約款について、民法では「定型約款」という名称で一定の規制がなされています（民法548条の2〜548条の4、P.44参照）。

6 製造物責任法による消費者の保護

　企業が製造・販売した商品に欠陥があり、その欠陥が原因で消費者等に損害が発生した場合、商品の製造者等に責任を負わせる考え方を製造物責任
（Product Liability – PL）といいます（P.157参照）。経済の発展に伴い、商

品が多様化し、取扱いが複雑になるのに応じて、製造物責任が問題となる例が増加しています。

製造物責任法（PL法）では、被害者は製品に欠陥があり、かつこれによって損害が生じたことを立証すれば、故意または過失があったことを立証しなくても、製造企業に損害賠償責任を追及することができます。その意味で消費者保護が進展したものと評価されています。

Ⅲ その他の取引に関する規制

❶ 個人情報の保護

インターネット等をはじめとするデジタル社会の進展に伴い、個人情報の利用が著しく拡大していること等の事情を背景とし、個人情報の適正な取扱いに関して基本理念および政府による基本方針の作成その他の個人情報の保護に関する施策の基本となる事項を定め、国および地方公共団体の責務等を明らかにし、個人情報を取り扱う事業者および行政機関等についてこれらの特性に応じて遵守すべき義務等を定めるとともに、個人情報保護委員会を設置することにより、個人情報の有用性に配慮しつつ、個人の権利利益を保護することを目的として「個人情報の保護に関する法律」（個人情報保護法）が定められています。

(1) 個人情報とは

個人情報とは、**生存する個人**に関する情報であって、①当該情報に含まれる氏名、生年月日その他の記述等（個人識別符号を除く）により特定の個人を識別することができるもの（他の情報と容易に照合することができ、それにより特定の個人を識別することができることとなるものを含む）、または、②個人識別符号が含まれるものをいいます（個人情報保護法2条1項）。**個人識別符号**とは、（ⅰ）特定の個人の身体の一部の特徴を電子計算機のために変換した符号であって、当該特定の個人を識別することができるもの、または、（ⅱ）対象者ごとに異なるものとなるように役務の利用、商品の購入

または書類に付される符号であって、特定の対象者を識別することができるものをいいます（個人情報保護法2条2項）。個人情報によって識別される特定の個人を「本人」といいます（個人情報保護法2条4項）。

個人情報には、氏名、住所、電話番号などのほか、職種や財産、会社における肩書きなど当該特定の個人についての事実、判断、財産等を示す情報のすべてが含まれます。その情報が映像や音声であっても同様です。また、指紋認識データや顔認識データは（ⅰ）に、旅券番号や免許証番号は（ⅱ）に当たり、それぞれ個人識別符号として個人情報に含まれます。

個人情報は、「生存する個人」に関する情報とされています。したがって、**生存する外国人に関する情報は個人情報に該当しますが、会社などの法人についての情報や死者に関する情報については、直ちに個人情報に該当するわけではありません。**これらの者の情報から生存する特定の個人を識別することができる場合に、当該情報が個人情報に該当することがあります。

そして、本人の人種、信条、社会的身分、病歴、犯罪の経歴、犯罪により害を被った事実その他本人に対する不当な差別、偏見その他の不利益が生じないようにその取扱いに特に配慮を要するものとして政令で定める記述等が含まれる個人情報を**要配慮個人情報**といい（個人情報保護法2条3項）、その取扱いにはより強い制限が課されます。

なお、**個人データ**とは、個人情報データベース等を構成する個人情報のことをいいます（個人情報保護法16条3項）。

(2) 個人情報データベース等とは

個人情報データベース等とは、個人情報を含む情報の集合物であって、①特定の個人情報を電子計算機（コンピュータ）を用いて検索できるように体系的に構成したもの、②特定の個人情報を容易に検索することができるように体系的に構成したものとして政令で定めるものをいいます。ただし、利用方法からみて利益を害するおそれが少ないものとして政令で定めるものは除かれます（個人情報保護法16条1項）。

この②の政令で定めるものとは、これに含まれる個人情報を一定の規則に従って整理することにより特定の個人情報を容易に検索することができ

るように体系的に構成した情報の集合物であって、目次、索引その他検索を容易にするためのものを有するものをいいます（個人情報保護法施行令4条2項）。一定の規則とは、50音順や入社などの年月日順などを指し、この一定の規則に従って整理した情報を索引などを付して他人でも容易に検索可能な状態においているものが該当することになります。

(3) 個人情報取扱事業者とは

個人情報取扱事業者に該当するのは、個人情報データベース等を事業の用に供している者です。ただし、国の機関など一定のものは除かれます（個人情報保護法16条2項）。個人情報データベース等を構成する個人情報によって識別される特定の個人の数の多寡は関係なく、少数の個人情報を取り扱う事業者であっても、個人情報取扱事業者に該当します。

なお、「事業」とは、小売業や各種サービス業を含め、あらゆる業種がこれに該当し、営利性を要件とはしていません。もっとも、社会的にみて事業とはいえないようなもの（個人的に行う親戚や友人などの宛名の管理等）は含みません。**事業の主体は、法人・個人いずれでもよい**とされています。

「事業の用に供している」とは、事業のために個人情報データベース等を利用していることをいい、その具体的な利用目的・方法は問いません。

(4) 個人情報取扱事業者の義務

個人情報取扱事業者の義務には、例えば次の表に掲げるものがあります。

＊表中の条項は個人情報保護法の条文番号です。

義務の種類	内　容
利用目的に関する義務	①個人情報を取り扱うにあたり、利用目的を特定しなければなりません（17条1項） ②利用目的を変更する場合、変更前の利用目的と関連性を有すると合理的に認められる範囲を超えて変更してはなりません（17条2項） ③一定の場合を除き、あらかじめ本人の同意を得ないで、利用目的の達成に必要な範囲を超えて、個人情報を取り扱ってはなりません（18条1項）
不適正な利用の禁止	違法または不当な行為を助長し、または誘発するおそれがある方法により個人情報を利用してはなりません（19条）
個人情報取得に関する義務	①偽りその他不正の手段により個人情報を取得してはなりません（20条1項） ②個人情報を取得した場合、あらかじめ利用目的を公表している場合を除き、速やかに、利用目的を本人に通知し、または公表しなければなりません（21条1項）

データ内容に関する義務	利用目的の達成に必要な範囲で、個人データを正確かつ最新の内容に保つとともに、利用する必要がなくなったときは、当該個人データを遅滞なく消去するよう努めなければなりません（22条）
安全管理に関する義務	①取り扱う個人データの漏えい、滅失または毀損の防止その他の安全管理のために必要かつ適切な措置を講じなければなりません（23条） ②従業者に個人データを取り扱わせるにあたっては、安全管理が図られるよう、従業者に対する必要かつ適切な監督を行わなければなりません（24条） ③個人データの取扱いの全部または一部を委託する場合は、安全管理が図られるよう、委託先に対する必要かつ適切な監督を行わなければなりません（25条）
漏えい等の報告等	①その取り扱う個人データの漏えい、滅失、毀損その他の個人データの安全の確保に係る事態であって個人の権利利益を害するおそれが大きいものとして個人情報保護委員会規則で定めるものが生じたときは、原則として、個人情報保護委員会規則で定めるところにより、当該事態が生じた旨を個人情報保護委員会に報告しなければなりません（26条1項） ②①の個人データの漏えい等が生じた場合には、原則として、本人に対し、個人情報保護委員会規則で定めるところにより、当該事態が生じた旨を通知しなければなりません（26条2項）
第三者提供に関する義務	①一定の場合を除き、あらかじめ本人の同意を得ないで、個人データを第三者に提供してはなりません（27条1項） ②本人の求めに応じて第三者提供を停止することとしている場合で、第三者に提供される個人データの項目等、一定の事項を、あらかじめ本人に通知し、または本人が容易に知り得る状態に置くとともに、個人情報保護委員会に届け出たときは、個人データを第三者に提供することができます（この手続をオプトアウトといいます）。ただし、要配慮個人情報は、この方法で第三者提供をすることはできません（27条2項） ③個人データの取扱いの委託や、合併その他の事由による事業の承継などにより、個人データの提供を受けた者は、先述の第三者に該当しません（27条5項）
本人の関与に関する義務	①保有個人データに関し、開示等に必要な手続など、一定の事項について、本人の知り得る状態に置かなければなりません（32条1項） ②本人から、利用目的の通知を求められたときは、一定の場合を除き、遅滞なくこれを本人に通知しなければなりません（32条2項） ③本人から、その本人が識別される保有個人データの開示の請求を受けたときは、原則として、本人が請求した方法により、遅滞なくこれを本人に開示しなければなりません（33条2項） ④本人から、その本人が識別される個人データの第三者提供記録の開示請求を受けたときは、原則として、本人が請求した方法により、遅滞なくこれを本人に開示しなければなりません（33条5項）。 ⑤本人から、その本人が識別される保有個人データの内容が事実でないとの理由によって訂正等の請求を受けた場合には、利用目的の達成に必要な範囲内で、遅滞なく必要な調査・訂正等を行わなければなりません（34条2項） ⑥本人から、個人情報保護法に違反して、保有個人データが取り扱われ、または取得されたとの理由で、個人データの利用停止等の請求を受けた場合、その請求に理由があることが判明したときは、一定の場合を除き、違反の是正に必要な限度で、遅滞なく利用停止等を行わなければなりません（35条2項） ⑦本人から、個人情報保護法に違反して、保有個人データの第三者提供が行われているとの理由で、その停止の請求を受けた場合、その請求に理由があることが判明したときは、一定の場合を除き、遅滞なく第三者への提供を停止しなければなりません（35条4項）
苦情処理に関する義務	個人情報の取扱いに関する苦情の適切かつ迅速な処理に努め、この目的を達成するために必要な体制の整備に努めなければなりません（40条）

(5) データベース提供罪

　個人情報取扱事業者もしくはその従業者またはこれらであった者が、その業務に関して取り扱った個人情報データベース等を自己または第三者の不正な利益を図る目的で提供し、または盗用する行為については、刑事罰の対象となります（データベース提供罪、個人情報保護法179条・183条・184条）。

COLUMN　EU一般データ保護規則（GDPR）

　「EU一般データ保護規則」(General Data Protection Regulation：GDPR)は、EUにおける個人データ保護に関する規則であり、2018年5月25日から施行されました。

　これにより、EU加盟国の中に支店、現地法人などがなくても、インターネット取引などで加盟国所在者の個人データをやり取りする場合はGDPRの対象になり、組織の規模、公的機関、非営利団体等に関係なく対象とされます。

　GDPRが適用されると、個人データの適正な管理が必要とされ、違反には厳しい行政罰が定められています。このため、GDPRが適用される可能性が少しでもある場合には注意が必要です。

---

② マイナンバー法

　個人番号や法人番号を活用した効率的な情報管理、利用や迅速な情報の授受等を目的として、「行政手続における特定の個人を識別するための番号の利用等に関する法律」（マイナンバー法）が定められています。

　マイナンバー法は、行政事務の処理において、個人や法人等の情報の管理を効率化するとともに、事務の対象となる者を特定する簡易な手続を設けることで、行政運営の効率化や国民の利便性を向上させたり、また、年金などの社会保障給付や納税等の行政分野で情報を共有することで、給付と負担の適切な関係を維持すること等を基本としています。他方で、個人番号を用いて収集・整理された個人情報が法令の定める範囲を超えて利用されたり漏えいしたりすることがないように、その適正な管理の確保も図られています。

　マイナンバー法では、市区町村長が各個人に指定する個人番号を利用する

事務を行う者に、個人番号の漏えい、滅失または毀損の防止その他適切な管理のために必要な措置を講ずることを義務付けています。

マイナンバーカード（個人番号カード）は、マイナンバー（個人番号）が記載された顔写真付のカードです。マイナンバーカードは、プラスチック製のICチップ付きカードで券面に氏名、住所、生年月日、性別、マイナンバー（個人番号）と本人の顔写真等が表示されます。

本人確認のための身分証明書として利用できるほか、自治体サービス、e-Tax等の電子証明書を利用した電子申請等、様々な行政サービスを受ける際にも用いることができます。

法改正・新法制定

2021年の個人情報保護法・マイナンバー法の改正

2021年5月に、デジタル社会形成基本法に基づきデジタル社会の形成に関する施策を実施するため、「デジタル社会の形成を図るための関係法律の整備に関する法律」が成立し、個人情報保護法およびマイナンバー法について、次の改正が行われました（一部の規定を除き、2021年9月1日施行）。

1　**個人情報保護法の改正**（2022年4月1日施行。ただし、地方公共団体については2023年4月1日施行）

（1）個人情報保護法、行政機関個人情報保護法、独立行政法人等個人情報保護法の3本の法律が1本の法律に統合され、全体の所管が個人情報保護委員会に一元化されました（改正個人情報保護法1条・2条・60条～126条等）。

（2）国公立の病院、大学等には、原則として、民間の病院、大学等と同等の規律を適用することとされました（改正個人情報保護法2条・16条等）。

（3）学術研究分野を含めたEU一般データ保護規則（GDPR）の十分性認定への対応を目指し、学術研究に係る適用除外規定が精緻化されました（改正個人情報保護法18条3項・20条2項・27条1項・59条等）。

（４）個人情報の定義等が国・民間・地方で統一され、また、行政機関等での匿名加工情報の取扱いに関する規律が明確化されました（改正個人情報保護法2条・107条〜121条等）。

2　マイナンバー法の改正

（１）マイナンバーを活用した情報連携の拡大等による行政手続の効率化のため、国家資格に関する事務等におけるマイナンバーの利用および情報連携や、従業員本人の同意があった場合における転職時等の使用者間での特定個人情報の提供を可能とする旨の改正がなされました（国家資格関係事務については、公布の日から4年を超えない範囲内で政令で定める日から施行。改正マイナンバー法9条・19条等）。

（２）マイナンバーカードの利便性の抜本的向上、発行・運営体制の抜本的強化のため、郵便局において公的個人認証サービスの電子証明書の発行・更新等を可能とすること、地方公共団体情報システム機構（J-LIS）に関する規定の整備等の改正がなされました（改正マイナンバー法38条の8〜38条の13等）。

法改正・新法制定

2023年のマイナンバー法等の改正

　2023年6月、デジタル社会の基盤であるマイナンバー、マイナンバーカードについて国民の利便性向上等の観点から、マイナンバー法が改正されました（一部の規定を除き、公布の日から起算して1年3か月を超えない範囲内で政令で定める日から施行）。主な改正点は次の通りです。

（１）マイナンバーの利用範囲の拡大

（２）マイナンバーの利用および情報連携に係る規定の見直し

（３）マイナンバーカードと健康保険証の一体化

（４）マイナンバーカードの普及・利用促進

（５）マイナンバーカードの券面見直し

（６）公金受取口座の登録促進

❸ デジタル社会と法律

　情報通信技術（IT）が急速に発達・普及しデジタル社会が形成されつつあります。これまで紙の書面を交付したり、書面によってなされていた手続の中には、現在、電子データによる提供や電子メールを送信することで可能なものが増えています。また、テレワークの推進や押印の見直し等も進められています。その反面、インターネットやスマートフォンの普及に伴って、権利侵害やネット犯罪等も報道等で取り上げられる機会が増しており、このような被害を防止するための規制も必要です。そこで、各種のIT関連法が制定されています。

(1)　サイバーセキュリティに関する法律

　サイバーセキュリティについては、サイバーセキュリティ基本法が定められています。

　まず、サイバーセキュリティとは、コンピュータ等に記録され、発信や受信等をする情報の漏えい、滅失または毀損の防止といった一定の措置が講じられ、その状態が適切に維持管理されていることをいいます（サイバーセキュリティ基本法2条）。

　サイバーセキュリティに類似した言葉に「情報セキュリティ」があります。情報セキュリティは、一般に、情報の機密性（confidentiality）、完全性（integrity）、可用性（availability）を確保することをいいます。

機密性	情報へのアクセスを認められた人だけが、その情報にアクセスできる状態を確保すること
完全性	情報が破壊、改ざんまたは消去されていない状態を確保すること
可用性	情報へのアクセスを認められた人が、必要な時に中断することなく、情報にアクセスできる状態を確保すること

　情報セキュリティについて検討する場合、情報の機密性、完全性、可用性を確保するための様々な措置がその対象となりますが、サイバーセキュリティは、情報の漏洩、滅失または毀損を防止するために講ずべき具体的な措置がサイバーセキュリティ基本法に定められています。サイバーセキュリティは、

いまや情報システムを利用するすべての企業や個人が有効な対策をすることを求められています。

(2)　不正アクセス禁止法

　デジタル社会においては、情報をコンピュータやシステムで管理するに際し、パスワード等を設定して特定のファイルへのアクセスを制御することがあります。

　このように、アクセスが制御されているコンピュータに対し、「他人のID・パスワード等」を入力して（他人になりすまして）不正に利用する行為や、セキュリティホール（プログラムの不備等）を不正に利用する行為を禁止する法律として、「不正アクセス行為の禁止等に関する法律」（不正アクセス禁止法）があります。他人のIDやパスワード（これは「識別符号」と呼ばれます）を無断で入力し、アクセス制限を解除してコンピュータを利用できるようにする「なりすまし行為」は、不正アクセス禁止法に基づく罰則の対象となります。

(3)　プロバイダ責任制限法

　インターネット上でプライバシーや著作権の侵害があった場合に、いわゆるプロバイダ（Internet Service Provider：ISP）や電子掲示板を設置するウェブサイトの運営者が負う損害賠償責任の範囲や、発信者情報の開示を請求する権利について定める法律に、「特定電気通信役務提供者の損害賠償責任の制限及び発信者情報の開示に関する法律」（プロバイダ責任制限法）があります。

　インターネット上に開設されたホームページ（HP）や電子掲示板等で誹謗中傷を受けたり、個人のプライバシーを侵害する情報が掲載されるなど、情報の流通（掲載等）によって権利侵害が発生した場合でも、所定の要件を充たすときは、それによって生じた損害については、プロバイダ等はその賠償の責任を負いません（プロバイダ責任制限法3条1項）。

　また、ウェブページや電子掲示板などでの情報の流通によって権利侵害を受けた被害者は、一定の要件を充たす場合、その権利侵害を行った発信者の

情報の開示をプロバイダ等に請求することができます（プロバイダ責任制限法5条）。

(4) 迷惑メール防止法

現在では、商品やサービスを宣伝するため、電子メールによる広告が広く利用されています。もっとも、電子メールを利用する広告の中には、受信者の承諾なく一方的かつ執拗に送付される広告宣伝メールや、受信者にとって不快な内容を含むものがあります。このような一時に多数の者に対して送信される広告宣伝用の電子メールに関して、「特定電子メールの送信の適正化等に関する法律」（迷惑メール防止法）が制定されています。

迷惑メール防止法の規制対象は電子メールの送信者が広告・宣伝を行うための手段として送信する電子メールであり、これを「特定電子メール」といいます（迷惑メール防止法2条2号）。送信者とは、電子メールを送信する者のうち、営利を目的とする団体および営業を営む個人です。送信者は、あらかじめ同意した者など一定の者に対して特定電子メールを送信する場合を除き、原則として、特定電子メールの送信をしてはならないとされています。

法改正・新法制定

2022年の民事訴訟法の改正

日常生活やビジネスにおける手続等のIT化が進む中で、民事裁判手続のIT化等に対応するため、2022年5月に民事訴訟法が改正されました（原則として、公布の日から起算して4年を超えない範囲内において政令で定める日から施行）。以下のようなIT化に対応するための制度が設けられました。

1 インターネットを用いてする申立て等（訴え提起、準備書面の提出）等

訴えの提起も含め、申立て・申述などを、裁判所の事件管理システムにデータをアップロードする方法によって、オンラインで行うことができます（改正民事訴訟法132条の10）。また、オンライン送達を受

ける旨の届出が事前になされているときなど一定の場合には、裁判所はオンラインによるシステム送達をすることができます（改正民事訴訟法109条の2第1項第2項）。

2　口頭弁論等

裁判所は、相当と認めるときは、当事者の意見を聴いて、web会議の方式によって、口頭弁論の期日における手続、および弁論準備手続を行うことができます（改正民事訴訟法87条の2第1項・170条3項）。

また、証人尋問については、改正前は、裁判所は、一定の場合に限り、web会議の方式によって証人の尋問をすることが可能でした（民事訴訟法204条1号2号）。改正民事訴訟法では、従来認められていた場合に加えて新たに、当事者に異議がなく、かつ相当と認めるときも、web会議の方式によって証人の尋問をすることができるようになりました（改正民事訴訟法204条3号）。

3　判決

裁判所は、判決の言渡しをするときは、電子判決書を作成しなければなりません（改正民事訴訟法252条1項）。判決の言渡しは、この電子判決書に基づいてなされます（改正民事訴訟法253条1項）。

法改正・新法制定

2023年の「民事関係手続等における情報通信技術の活用等の推進を図るための関係法律の整備に関する法律」の成立

2023年6月に、「民事関係手続等における情報通信技術の活用等の推進を図るための関係法律の整備に関する法律」（民事関係手続デジタル化法）が成立しました。この法律は、2022年に成立した「民事訴訟法等の一部を改正する法律」によって、民事訴訟手続が、全面的にデジタル化したことに引き続いて、民事訴訟以外の民事関係手続についても全面的なデジタル化を図るとともに、公正証書の作成に係る一連の手続について全面的なデジタル化を図るものであり、民事執行法、破産法、民事再生法、会社更生法などが改正されました（一部の規定

を除き、公布の日から起算して5年を超えない範囲内で政令で定める日から施行)。

1 民事関係手続の主な変更点

(1) インターネットを利用した申立て等の実現

民事裁判手続において、インターネットを利用して裁判所に申立てや資料の提出などができるようになり、裁判所からの送達もインターネットを通じて行うことができるようになります。

(2) 期日におけるウェブ会議等の活用

民事訴訟にある期日(例:口頭弁論期日・審尋期日)においてウェブ会議が利用されるだけでなく、民事訴訟にない期日(例:債権者集会の期日、財産開示期日)についても、ウェブ会議等を利用して期日に参加することができます。現行民事訴訟法にある遠隔地要件を削除するなどして、当事者等が遠隔地に居住していないケースでも電話会議等を利用することができると明確化されました。

(3) 判決等の事件記録の電子化

判決等の債務名義が電子データで作成されている場合に、債務名義の正本等の提出を省略することができる仕組みが設けられました。

2 公正証書に係る一連の手続のデジタル化

①公正証書の作成の嘱託(申請)を、インターネットを利用して、電子署名を付して行うこと、②公証人の面前での手続について、嘱託人が希望し、かつ、公証人が相当と認めるときは、ウェブ会議を利用して行うことを選択できることが可能となります。

また、③公正証書の原本は、原則として、電子データで作成・保存することとなり、④公正証書に関する証明書(正本・謄抄本)を電子データで作成・提供することを嘱託人が選択できるようになります。

④ 環境保全にかかわる規制

企業の生産活動等に伴って生じる相当広範囲にわたる大気の汚染、水質の汚濁、土壌の汚染、騒音、振動、地盤の沈下、悪臭等によって、人の健康または生活環境にかかわる被害が生じることを一般に公害といいます。

企業は、社会・経済を構成する一員であり、これらの被害（社会的に**受忍すべき限度**、つまり**受忍限度**を超えた被害）を具体的に発生させた場合には、その責任を負う必要があります。

　公害を防止し、規制するために次のような多くの法律が制定されており、企業活動はその規制に従っています。中には、**生じた損害について、事業者の無過失責任を定めている法律もあります**（大気汚染防止法・水質汚濁防止法）。

> 鉱業法、大気汚染防止法、水質汚濁防止法、廃棄物の処理及び清掃に関する法律、騒音規制法、悪臭防止法、土壌汚染対策法　等

　また、廃棄物の処理の問題も近年大きな問題となっています。これについては、廃棄物の処理及び清掃に関する法律（廃棄物処理法）で主として規制がなされています。廃棄物処理法では、事業者は、その事業活動に伴って生じた廃棄物を自らの責任において適正に処理しなければならないとされています（廃棄物処理法3条）。

第❷節
ビジネスと犯罪

　ビジネス活動では、例えば、企業の役員や従業員が所属する企業に対して犯罪行為（刑法などの法律に定められた定型的で違法・有責な行為）を行うことや、所属企業の取引先に対して犯罪行為を行うこと、また、会社法によって特に禁止された行為をすることがあります。こうした企業犯罪は、日常の経済取引の一環としてなされることが多いため、問題となる行為が経済活動として許される範囲内なのか、犯罪とされ違法な行為に当たるのかが外部から分かりにくいことがあります。また、企業ぐるみの犯罪は、被害者の数、被害額などが桁違いに大きくなる危険性を有しています。

❶ 所属企業に対する犯罪

（1）　会社の企業秘密を他社に漏えいし、報酬を得た場合

　会社の企業秘密を他社に漏えいした場合、一定の要件を充たすと不正競争防止法により刑事責任を問われます（不正競争防止法21条・22条）。

　また、部課長など**会社の秘密文書を保管する権限を有する者**が、その秘密文書を持ち出した場合には**業務上横領罪**（刑法253条）として10年以下の懲役に、保管権限のない者が、その秘密文書を持ち出した場合には窃盗罪（刑法235条）として10年以下の懲役または50万円以下の罰金に処せられます。

　さらに、**秘密自体を他社に漏らし、会社に財産上の損害を与えた場合などは、秘密の保管義務のある責任者であれば背任罪**（刑法247条）として、5年以下の懲役または50万円以下の罰金に処せられます。

（2）　手形の振出権限のない者が、無断で手形を振り出した場合

　手形の振出権限は、会社の代表取締役など限られた地位の者に限定されて与えられるのが一般的ですが、実際に手形振出事務を行っている者は経理部

員などです。そのため、**手形の振出権限を与えられずに、手形事務を行っている経理部員が無断で手形や小切手を作成すれば、有価証券偽造罪**（刑法162条）として3か月以上10年以下の懲役に処せられます。その上、**偽造手形を使用した場合には、偽造有価証券行使罪**（刑法163条）として3か月以上10年以下の懲役に処せられます。

　さらに、**この手形を使用して商品を購入し、または**債務の支払いに充てた**場合、詐欺罪**（刑法246条）にも該当し、10年以下の懲役に処せられます。

(3)　業務上保管している会社の金品等を自分のものにした場合

　最も一般的にみられる従業員の犯罪で、会社の商品の横流しや集金した金銭の使い込みなどがこの代表例であり、業務上横領罪（刑法253条）として10年以下の懲役に処せられます。

❷ 会社法上の犯罪

(1)　会社が粉飾決算をして、剰余金の配当を行った場合

　粉飾決算とは、会社の決算において、資産状態や業績がよくないにもかかわらず、良好であるかのように見せかけるために経理を不正に操作して、利益金額を実際よりも過大に表示することをいいます。いったん粉飾決算を始めると、これを修正することが技術的に困難となり、財務状況がさらに悪化し倒産に至ることも少なくありません。

　会社法は、このような粉飾決算をし、架空の利益を計上した上で、株主に剰余金の配当をすること（いわゆる「タコ配当」）は、違法配当罪に当たるとして、5年以下の懲役もしくは500万円以下の罰金に処し、またはこれを併科すると定めています（会社法963条5項2号）。

　さらに、この剰余金の配当が経営者としての地位の保全あるいは役員や特定株主の利益追求のためであるときは特別背任罪となり、10年以下の懲役または1000万円以下の罰金に処せられ、または併科されます（会社法960条）。また、会社法上の犯罪を行ったことは、取締役の欠格事由になります（会社法331条1項）。

(2) 金融機関の役員等が不良貸付を行った場合

　不良貸付とは、金融機関の融資担当役員等が、回収の困難や損害の発生が常識的に予想されるにもかかわらず、十分な担保もとらずに融資を実行することです。この結果、貸付債権が回収できず会社に損害を与えた場合、担当役員は特別背任罪（会社法960条）に問われるおそれがあります。

(3) 株主総会対策として株主に金品などを提供した場合

　株式会社では、株主総会で決算の承認や剰余金の配当、取締役や監査役の選任等会社の重要事項を決定します。そのため、会社によっては、業績悪化による経営責任や役員のスキャンダルの追及等を免れたり、株主総会を形骸化し短時間で終わらせたりするために、株主に金品などを提供する者が出てきます。これに目を付け、不当な利益を得ようとするのがいわゆる総会屋です。このような行為は、株主総会での正当な株主の権利行使を封じ、経営の悪化を招く、あるいは助長するおそれがあります。そこで、会社法は、**取締役等の役員や支配人等の使用人が**、**株主の権利行使に関し**、**株式会社またはその子会社の計算において財産上の利益を提供した場合**には、3年以下の懲役または300万円以下の罰金に処すると定めています（**利益供与罪**、会社法970条1項)。

❸ その他の企業に関連する犯罪

　企業の役員・従業員などが、官公庁との契約の締結や許認可を得やすくするなど、有利な扱いを受けるために、その業務を担当する公務員に対して金品を贈ることがあります。これが、**社交儀礼の範囲を超えて行われると**、**賄賂とみなされて贈賄罪**が成立し、3年以下の懲役または250万円以下の罰金に処せられることになります（刑法198条）。

　この場合、受け取った公務員にも収賄罪等が成立し、重い刑が科せられます（刑法197条）。

　さらに、会社法上、会社の役職員に贈賄罪や収賄罪が成立する場合が規定されています。例えば、会社の取締役が、その職務に関して不正の請託を受

けて金品を受け取ったり、約束をしたりした場合、その取締役には収賄罪が成立し、5年以下の懲役または500万円以下の罰金に処せられます（会社法967条1項）。他方、金品を贈った者には贈賄罪が成立し、3年以下の懲役または300万円以下の罰金に処せられます（会社法967条2項）。

また、会社の株主が、株主総会における議決権の行使など株主の権利行使に関して、例えば、取締役などから不正の請託を受けて金品を受け取った場合、その株主には収賄罪、金品を贈った取締役などには贈賄罪が成立し、どちらも5年以下の懲役または500万円以下の罰金に処せられます（会社法968条）。

法改正・新法制定

2022年の刑法の改正

2022年6月に刑法が改正されました。

刑事施設における受刑者の処遇および執行猶予制度等のより一層の充実を図るため、懲役および禁錮を廃止して拘禁刑が創設されました（公布日から3年を超えない範囲で政令で定める日から施行）。

また、インターネット上の誹謗中傷が社会問題化し、これを抑止するため、侮辱罪の法定刑が引き上げられました（2022年7月7日施行）。改正前の侮辱罪の法定刑は、「拘留または科料」でしたが、改正により「1年以下の懲役もしくは禁固もしくは30万円以下の罰金または拘留もしくは科料」となりました（改正刑法231条）。

なお、上記の拘禁刑に関する改正の施行後は、刑法を含む様々な法令で懲役・禁固が定められているものは、拘禁刑となります。

CHAPTER

5

Management of credits and debt collection

【第5章　債権の管理と回収】

通常の債権の管理

Ⅰ 債権管理の必要性と信用調査

① 取引に重要な信用調査

ケース1

製菓会社		菓子問屋		菓子屋		
生産者 （A）	⇔ 売買	卸売商 （B）	⇔ 売買	小売商 （C）	⇔ 売買	消費者 （D）

　ケース1で、製菓会社（生産者）Aが菓子問屋（卸売商）Bとの間で製品（菓子）の売買を行う場合、Aにとって次に挙げるような事項が重要な関心事となります。

　新規に取引を開始する場合には、Bに対する製品の代金債権が期日までに確実に回収できるか、契約を結ぶのに問題のない相手か、といったことが問題です。また、継続的な取引関係がある場合には、相手方Bに対する代金債権の未収残高や支払時期は現在どのようになっているのか、またBの信用状況に変化（特に悪化）はないか、確実に契約内容を履行してくれそうか、といったことが問題となります。

　このように、経済的な取引が行われる場合に、**取引によって発生した代金債権などが確実に回収できるかどうか**は、資金繰りとの関連も含め、企業にとって重要な問題です。債権が回収できないと、契約上の権利があったとしてもいわゆる絵に描いた餅になってしまうからです。したがって、契約を締結しても問題がない相手かどうか、契約を締結した後も確実に契約を履行し

てくれるかどうかなど、債権を回収し終わるまで、常に相手企業の動向を把握しておくことが大切です。

そこで、相手の信用状態を調査する**信用調査**を行います。信用調査は、取引先の企業をヒト・モノ・カネの観点から有機的に捉えて判断し、優良取引先を選別することを目的とするもので、特に新規取引を開始する場合に行われます。これを行うことが、不良債権、ひいては損失の発生を防止することにつながります。

信用調査のポイントは次のような点に求められます。

---

① 企業の理念や目標が正しく設定され、確立しているか。
② 経営者が信頼でき、長期的な観点に基づき経営計画・資金計画を立て実行しているか。
③ 企業としての強みはどこにあるか。
④ 不況や試練に対応できる経営的、財務的基盤を有しているか。

そして、上記のポイントを把握・判断するため、一般に以下のような内容について調査が行われます。

---

① 取引先の名称・所在地・代表者名・資本金・売上高等の基本的事項
② 役員・主要株主・労使関係といった経営的事項
③ 財務諸表上の諸指標、取引銀行との関係などの財務的事項
④ 主要原材料の仕入状況・工場の稼働状況・技術水準や販売状況など

---

2 信用調査の方法

(1) 信用調査の種類

信用調査は、取引先の業界や環境を的確に把握するとともに、顧客の物的・人的な信用状態を把握することを目的として行われます。信用調査の方法を大別すると、①相手方に対する直接的調査方法（相手方から提供された資料を調査し、または直接相手方を訪問しその営業所の状況などを調査したり経営者と面談する方法）、②相手方に対する間接的調査方法（公刊資料を調査し、または民間信用調査機関を通じて行うなどの方法）に分けることができます。

実務では、民間信用調査機関による調査報告をもとに営業担当者が取引先

の実態に触れる面談調査を行う方法が一般的です。

(2) 信用調査における検討事項

　様々な方法で収集した、法的・財務的ポイントに関連するデータから検討資料を作成し、新規取引開始の妥当性を判断しなければなりません。その結果、取引候補先の信用状態に問題がないと判断できれば信用限度を設定して取引に入ります。

ア）法的検討事項

　法人（第6章第1節Ⅰ参照）には、株式会社等の営利法人、一般社団法人・一般財団法人、公益社団法人・公益財団法人、その他信用金庫・協同組合等様々な種類があり、それぞれ代表者の名称・権限・責任等が異なっています。さらに権利能力なき社団との取引が問題となる場合もあります。

　これら法人の種類に応じ、それぞれの登記簿、定款、寄附行為（注）、規約、規制法規等から、法人の目的・代表者・代表権の制限等を確認する必要があります。登記簿の調査においても、単に現在の登記簿を調べるだけでなく、過去にどのような登記であったのか（目的が度々変更されていないか、役員の変動に不自然な点はないか等）まで調べておけばより万全です。

　また、取引が各種の営業規制にかかわる場合は、取引先が所轄監督官庁の許認可を受けているかどうかの確認が必要となる場合があります。例えば、建築業であれば、営業開始にあたっては、原則として建設業法に基づき国土交通大臣または都道府県知事の許可を要する（建設業法3条）ので、許可取得の有無を各地方整備局・都道府県土木部等に照会します。

(注)定款とは、会社等の社団法人や財団法人の目的・組織・活動等を定めた根本規則、またはこれを記載・記録した書面等のことをいいます。寄附行為は、定款と同じく、法人の根本規則またはこれを記載・記録した書面等を指す語で、学校法人や一部の財団で用いられています。

イ）財務的検討事項

　企業内容を客観的に把握するためには、次の観点からの経営分析が有益です。近時は、資金繰りをより直接的に把握するため、キャッシュ・フロー分野の把握が重要になっています。

①安全性の分析	長期・短期の安全性に関し、自己資本比率や借入金依存度、流動比率、当座比率、固定長期適合率等の比率分析を行います。
②収益性の分析	売上高経常利益率・自己資本利益率・経常収支比率・売上高人件費率等の比率分析を行います。
③成長性の分析	相手先の成長性は、債権回収率の高さや取引拡大の可能性を示すので、増収率や経常利益増加率、②の各種利益率の増減等で分析を行います。

（3）　取引の開始と信用調査

　上記のような様々な調査項目から収集した、法的・財務的ポイントに関連するデータに基づいて、新規取引開始の適否を判断することになります。そして、取引候補先の信用状態に確信が持てれば、問題のない範囲で信用限度を設定して取引に入ります。

　なお、取引を開始すればその後は一切の信用調査（信用管理）が不要になるわけではありません。取引開始後も日常的に取引先に対する信用管理を行い、取引先の信用状態の変化を迅速に把握することが債権管理の上では非常に重要です。

(各種の法人の代表者とその確認方法)

法人の種類	代　表　者	確認方法
株　式　会　社	取締役（ただし、代表取締役を定めたときと取締役会設置会社では代表取締役、指名委員会等設置会社では代表執行役）	法人の登記記録（登記事項証明書・代表者事項証明書（資格証明書）等）
有　限　会　社（注）	取締役（ただし、代表取締役がいるときは代表取締役）	
持分会社（合名会社、合資会社、合同会社）	社員（ただし、業務執行社員がいるときは業務執行社員）	
相　互　会　社	代表取締役	
一 般 社 団 法 人	代表理事	
一 般 財 団 法 人	代表理事	
公 益 社 団 法 人	代表理事	
公 益 財 団 法 人	代表理事	
特定非営利活動法人	理事	
宗　教　法　人	代表役員	
学　校　法　人	理事長	
医　療　法　人	理事長	
社 会 福 祉 法 人	理事	
信　用　金　庫	代表理事	
農 業 協 同 組 合	代表理事	
消 費 生 活 協 同 組 合	理事	
中小企業等協同組合	代表理事	
労　働　組　合	理事	

(注) 有限会社は、現在は設立することができません。ただし、2006年の会社法施行の前から存続する有限会社は、現在の法制度上は株式会社とされていますが、名称としては「有限会社」を引き続き用いることができます。このような会社を特例有限会社といいます。

Ⅱ 日常的な債権の管理回収

❶ 日常的な債権の管理

　回収するべき債権には、貸金債権や物の売買代金債権など、様々なものがあります。これを回収する場合には、まず債権が現に存在しているかを確認しておかなければなりません。

　契約が無効であったり、取り消されたりした場合には、そもそも債権は存在していないのであり、また、債務者による弁済（履行）がなされる以外にも、法律の規定によって債権が消滅する場合があるからです。

(1)　債権の存在の確認

　債権の管理・回収にあたっては、まず、債権の存在を次のポイントから確認することが大切です。

①債権の発生	受注等により契約が成立し、債権が発生しているか
②債務の履行期	債務の履行期が到来しているか
③債権の消滅	債権が弁済などにより消滅していないか

(2)　履行期の管理

　債権者にとっては、債権の履行期の把握、例えば代金の支払時期・消滅時効期間などを債権の内容に基づいて知ることが重要です。

ア）同時履行の抗弁権と履行の拒絶

　売買などの双務契約では、どちらか一方の債務を先に履行する旨の特約（先履行特約）がない限り、当事者双方の債務は同時履行の関係にあります（民法533条、P.89参照）。したがって、**契約の一方当事者は相手方が弁済期の到来している債務の履行を提供しないうちは、自らの債務の履行を拒むことができます。**

　このように同時履行の抗弁権は、債務の履行期を具体的に決定する要素の1つとなっています。

ただし、企業間の売買取引などでは、一方の債務を先に履行することもあります（例えば、代金の支払いを商品の納入の翌月とするような場合）。

イ）期限の利益喪失と期限の到来

　当事者は、期限が到来するまでは履行遅滞とならない、あるいは債務の履行を強制されない、などの利益（**期限の利益**）を有しています（P.75、P.100参照）。**期限の利益は、債務者が有するものと推定されています**（民法136条1項）。

　ただし、債務者が破産したり、担保を傷つけあるいは壊したり（毀滅）するなど、信用状態の悪化を示す事由が生じたときには、債務者は法律上当然に期限の利益を喪失します（民法137条）。また、当事者が、「他から差押えを受けるなど一定の事由が生じた場合には期限の利益を喪失させる」という内容の特約（**期限の利益喪失約款**）を設けることもよく行われています。

　債権を管理するにあたって、債務者に危険な兆候が現れたとしても、履行期が到来しない限り、債権者はその権利を行使することができません。そのため、どのような場合に相手方の期限の利益を喪失させることができるのか確認しておくことは重要です。また、相手方が期限の利益を喪失した後は、相手方に対し遅延損害金の請求をすることができますので、期限の利益の喪失日は、遅延損害金の請求の起算日ともなります。

　期限の利益喪失約款として、一般に次のような事由が定められます。

（期限の利益の喪失事由）

① 契約上の義務を怠り、相当の期間を定めて催告してもなお履行しないとき
② 破産、特別清算、会社更生、民事再生等の法的整理手続開始の申立てがあったとき
③ 競売、差押え、仮差押え、仮処分の申立てがあったとき
④ 電子交換所または電子債権記録機関の取引停止処分があったとき

など

　期限の利益を失うと履行期が到来することになり、債務者は直ちに債務の履行をしなければならなくなります。

❷ 債権の消滅

　契約などにより有効に成立した債権は、特定の人に対して一定の行為を請求できる権利ですから、この一定の行為（給付内容という）が実現された場合、消滅します。また、給付内容の実現が不可能になった場合や、不必要となった場合にも、やはり債権は消滅します。また、債権も権利ですから、権利一般に共通する消滅事由によっても消滅します。

（1）　内容実現による債権の消滅
ア）弁済

　弁済は、債務者が債務の内容である給付を実現する行為です（P.79〜参照）。債権本来の消滅原因といえます。弁済により債権が消滅するには、その本旨に従った給付がなされなければならず、これは契約の内容などに照らし具体的に決せられることとなります。なお、一定の場合を除き、**債務者以外の第三者も弁済をすることができます**（民法474条）。

　債務者は、弁済と引換えに、弁済を受領する者に対して受取証書（P.140参照）の交付を請求することができます（民法486条）。また、**債権に関する証書（債権証書）がある場合、債権の全部を弁済した債務者は、債権証書の返還を請求することができます**（民法487条）。

イ）代物弁済（だいぶつべんさい）

　代物弁済は、本来の給付に代えて他の給付をすることによって債権を消滅させる**債権者と弁済者との契約**です。代物弁済契約に基づき、弁済者が他の給付をすると、債権は消滅します（民法482条）。例えば、借入金の返済に代えて、債務者が所有する自動車1台を債権者に給付する場合がこれに当たります。

　代物弁済も、債権の内容が実現されて消滅する場合といえますから、代物弁済をした債務者は、受取証書の交付請求権および債権証書の返還請求権を有します。

　なお、代物弁済は担保に利用される場合があります（仮登記担保に関しP.311参照）。

ウ）供託

　供託とは、弁済者が弁済の目的物を債権者のために供託所に寄託して債務を免れる制度です。民法上、弁済者が供託をすることができる（供託原因）のは、①債権者が弁済の受領を拒んだとき、②債権者が弁済を受領することができないとき、③弁済者が過失なくして債権者を確知することができないときです（民法494条）。供託の場合も、債権が消滅するためには、供託の目的物が債務の本旨に従った有効な弁済となるものでなければなりません。

（2）　内容実現不必要による債権の消滅
ア）相殺（そうさい）

　相殺とは、2人の者が互いに相手方に対して**同種の債権**を持っている場合に、その債務を**対当額で消滅させる**ことをいいます（民法505条1項）。

　例えば、AがBに対して10万円の金銭債権を持っており、BがAに対して20万円の金銭債権を持っているとします。この場合、AがBに対して持っている債権の期限が到来していれば、AがBに対して10万円について相殺する旨の意思表示をすることによって、それぞれの債務は10万円ずつ消滅し、BのAに対する10万円の金銭債権だけが残ることになります。この場合の相殺する債権（AのBに対する金銭債権）を**自働債権**（じどう）、相殺される債権（BのAに対する金銭債権）を**受働債権**（じゅどう）といいます。

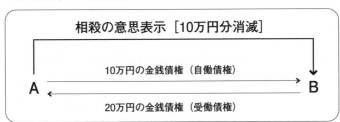

　Aが相殺をするには、自働債権と受働債権とが相互に相殺するのに適した状態（**相殺適状**）（そうさいてきじょう）にあることが必要です（民法505条）。相殺適状であるといえるためには、次の要件を充たしていることが必要です。

①債権が対立していること	原則として、相互に相手方に対する債権を有することを要します。
②双方の債権が同種の目的を有する債権であること	例えば、当事者双方が金銭債権を有する場合などです。 金銭の支払いを目的とする債権と、商品の引渡しを目的とする債権とを相殺することはできません。
③双方の債務が弁済期にあること	民法上、自働債権と受働債権の双方とも弁済期が到来していることが必要です。 ただし、自働債権の弁済期が到来していれば、受働債権の弁済期が未到来であっても、受働債権の債務者（本文の例ではA）は、期限の利益を放棄することによって（民法136条2項）、期限到来前でも弁済することができるため、相殺が可能です。

　また、当事者間の特約や法律で、相殺が禁止されていないことが必要です。例えば、受働債権が、悪意による不法行為によって生じた損害賠償請求権や、人の生命または身体の侵害による損害賠償請求権である場合、被害者救済などのため、相殺は禁止されています（民法509条）。

イ）更改

　更改は、従前の債務に代えて、新たな債務であって、①従前の給付の内容について重要な変更をする、②従前の債務者が第三者に交代する、または③従前の債権者が第三者に交代することにより、従前の債務を消滅させる契約です（民法513条）。

　更改における新債務と旧債務には同一性が認められず、この点で、債権・債務が同一性を保ったまま移転する債権譲渡・債務引受とは異なります。

ウ）免除

　免除は、債権を無償で消滅させる債権者の行為です（民法519条）。言い換えれば、債権の放棄です。免除は、債権者から債務者に対する一方的な意思表示（単独行為という）であり、**債務者の承諾は必要ありません**。

エ）混同

混同とは、債権および債務が同一人に帰属することです（民法520条）。例えば、**債権者の死亡により債務者が債権者を相続した場合**や、**債務者が債権者からその債権を譲り受けた場合**などに、混同が生じます。自己に対して債権を有する（あるいは債務を負う）ということは、通常無意味なので、原則としてその債権は消滅します。

（債権の消滅事由）

Ⅰ　内容の実現による債権消滅事由	
①弁済	債務の本旨に従った履行がなされること。
②代物弁済	本来の給付に代えて別の物を給付し、それによって債権を消滅させる旨の債権者と債務者の契約。
③供託	弁済の目的物を供託所（法務局）に寄託すること。目的物は債権者の下に置かれるわけではありませんが、供託が行われることで債務者は債務から解放され、債務者に対する債権は消滅します。
Ⅱ　実現が不要となることによる債権消滅事由	
①相殺	債務者が債権者に対し、自らも同種の債権を有している場合に、その債権と債務を対当額で消滅させること。相殺は一方の意思表示だけですることができ、その意思表示が相手方に到達すると効力が生じます（債権は消滅します）。
②更改	新たな債権を成立させることにより、前の債権を消滅させること。
③免除	債権者が債務者に対して、その債権を放棄することにより消滅させること。債権者の一方的な意思表示ですることができます。
④混同	債務者が債権者を相続するなど、債権と債務が同一人に帰属すること。その結果債権は原則として消滅します。
Ⅲ　その他の債権消滅事由	
①消滅時効	債権者が権利を行使しない状態が一定期間継続することにより、債権そのものが消滅する事由。消滅時効の完成により債権が確定的に消滅するには、債務者による時効の援用が必要です。
②契約解除	債務が履行されない場合や債務の履行が不能となった場合等、一定の状態が発生したことで債権者がその意思表示によって契約の効力を一方的に廃棄するもの。解除により契約は遡って消滅し、債権は消滅します。契約解除の意思表示ができる事情は、契約等の内容として定めることができます。
③法律行為の取消し	制限行為能力者の法律行為や詐欺により行われた法律行為を最初から行われなかったものとする債権者の行為。取り消されるまでは一応有効な債権ですが、取消しがあると債権が遡って消滅します。

COLUMN 　債務の履行が不能となった場合

　債務の履行が契約その他の債務の発生原因および取引上の社会通念に照らして不能であるときは、債権者は、その債務の履行を請求することができません（民法412条の2第1項）。

　本条の趣旨は、まず、債務の履行が不能であるときは、債権者はその債務の履行を請求することができないという基本的な規律を明文化することにあり、次に、債務の履行が不能であるかどうかは、「契約その他の債務の発生原因および取引上の社会通念に照らして」判断されることを明らかにすることにあります。

　「契約その他の債務の発生原因および取引上の社会通念に照らして」とは、契約その他の当該債務の発生原因をめぐる一切の事情に基づき、当該取引に関する取引通念をも勘案することを意味します。

　そして、この判断により、債務の全部について履行することができない場合、債権者は、債務者に対し履行の催告をしなくても契約を解除することができます（民法542条1項1号）。

3　消滅時効とは

（1）　時効制度とは

　時効とは、一定の事実状態が一定期間を超えて継続する場合に、それが真実の権利状態と一致するかどうかを問わずに、そのまま権利関係として認める制度です。

　例えば、①ある人（A）が他人の土地を所有者であるかのように使用していた場合や、あるいは②BがCに対して金銭を貸し付け、返済の期限が到来しているにもかかわらず、その返済をCに求めない、といった状態が一定期間を超えて続いている場合に、Aが真の所有者であるかどうか、あるいはBがCに対して真に債権を有しているかどうかを問わずに、Aが土地所有者であること、あるいはBの債権は消滅したと確定させる（他に真実の所有者が

あったり、実際には債権があったりしても、それらの主張は認めない）制度です。

　時効には、①の例のように権利者であるかのような事実状態を根拠にして真実の権利者とするもの（**取得時効**といいます）と、②の例のように権利不行使の事実状態を根拠にして権利を消滅させるもの（**消滅時効**といいます）とがあります。

　なお、時効が成立したことによる効果（権利の取得あるいは消滅）を主張するためには、**時効の援用**が必要です（民法145条）。時効の援用とは、時効の成立により利益を受ける者がその利益を受ける旨の意思を表示することです。**この意思表示は、裁判外で行っても構いません。**例えば、相手方に時効が成立した旨の内容証明郵便（P.264参照）を送るなどの行為がこの時効の援用として認められます。

（2）　消滅時効の期間

　消滅時効が完成するまでの期間は、権利の種類によって異なっています。

権利の種類	時効の起算点	期間
一般の債権 （民法166条1項）	権利行使可能なことを知った時	5年
	権利行使可能な時	10年 20年（注1）
債権・所有権以外の財産権 （民法166条2項）	権利行使可能な時	20年
不法行為による損害賠償請求権 （民法724条）	被害者またはその法定代理人が損害および加害者を知った時	3年 5年（注2）
	不法行為の時	20年
製造物責任 （製造物責任法5条1項）	被害者またはその法定代理人が損害および賠償義務者を知った時	3年 5年（注2）
	製造物を引き渡した時	10年

（注1）人の生命・身体の侵害による損害賠償請求権の場合には、20年となります（民法167条）。
（注2）人の生命・身体を侵害する不法行為・製造物責任による損害賠償請求権の場合には、5年となります（民法724条の2、製造物責任法5条2項）。

(3) 時効の障害事由

ア）時効の完成猶予と時効の更新

時効期間の進行中であっても、真実の権利者は、その権利を行使することができます。また、いったん時効期間が進行し始めた後であっても、その途中で進行を止めることもできます。つまり、時効期間の進行中に、法定の時効障害事由が生じた場合には、時効の完成が妨げられるという時効の完成猶予、または、それまでに進行した時効が全く効力を失い、新たな時効が進行を始めるという時効の更新が認められています。

時効の完成猶予は、時効をそのまま完成させるのが妥当でない一定の事由がある場合に、一定期間、時効の完成を猶予する制度です。時効の完成猶予の場合、その事由が終了するまで（一定の完成猶予の事由については、終了時から一定の期間が経過するまで）の間、時効は完成しません。これに対して、**時効の更新は、完成猶予の事由のうちの一定のものについて、その後、それまでの時効期間の経過がなかったものとして、新たな時効を開始させる制度です。**

この時効の完成猶予または更新の効果は、原則として、当事者およびその承継人に対してのみ生じます（民法153条）。

イ）時効の完成猶予と時効の更新に該当する事由

時効の更新は、権利の存在について確証が得られたと評価できる事実が生じた場合に認められます。そして、時効の完成猶予が認められる事由は、①権利行使の意思が明らかな事由と、②権利行使が困難と認められる事由に分けることができます。

①に該当するものとして、裁判上の請求等（民法147条）、強制執行等（民法148条）、仮差押え・仮処分（民法149条）、催告（民法150条）、協議を行う旨の合意（民法151条）があります。このうち、裁判上の請求等と強制執行等については、事由の終了により時効の更新が認められますが、それ以外の事由については時効の更新は認められません。

②は、天災等のように事実上権利行使ができない場合に時効が成立するのは妥当ではないという考え方に基づく制度であり、特殊な事情がある場合

にのみ認められます（民法158条〜161条）。②に該当する事由については、時効の更新は認められません。

　なお、特殊な事由として、権利の承認があります（民法152条）。承認とは、時効により利益を受ける者（債権の消滅時効の場合には債務者）が権利の存在等を認める旨を権利者に対して表示することです。**権利の承認があると、時効の完成を猶予することなく、直ちにその時から時効が更新されます。**

④ 債権の管理回収の手段

　債権、特に売掛代金・貸付債権等の金銭債権の回収は、債務者の経済状態と直結しており、債務者の債務不履行の状況に応じて効果的な対策をとらなければなりません。特に、債務者が株式会社などの法人の場合は、一般的に個人と比べて取引額も多く、一度債務者が破産するなどして倒産すると深刻な事態となります。

　主な回収に向けての法的準備には次のものがあります。

(1)　請求

　債権は、請求できる時点から消滅時効が進行しますから、消滅時効の進行を停止させ、時効の進行を振出しの状態に戻すため、督促などの催告手続を進めるほか、裁判上の請求・（仮）差押えなどを行います。

　催告には、特に定められた形式はありません。面談・電話・電子メール・ファクシミリ・電報等により支払いを促すことで足ります。しかし、後日の証拠、特に裁判上の証拠とすることを考慮すれば、内容証明郵便による督促が効果的です。

　内容証明郵便とは、日本郵便株式会社法および郵便法に基づき、日本郵便株式会社が郵便物の内容を証明するもので、文書を相手方に郵送したことの証拠となるとともに、受付印によって文書に確定日付を与える効果があります。その際、いつ配達されたかが証明できるように、配達証明郵便にすることが望ましいといえます。

内容証明郵便の出し方

内容証明郵便は、日本郵便株式会社が、郵便物について、「いつ、誰が（差出人）、誰に対し（受取人）、どのような内容の文書を差し出したか」を証明するものです。これに加え、配達証明を利用することにより、郵便物が配達された事実も証明されます。

内容証明郵便にはこのような機能があるため、例えば、金銭消費貸借契約における貸主が、消滅時効の完成猶予（P.263参照）のため、借主に催告する場合に用いられます。また、内容証明郵便の日付は確定日付となるため、債権譲渡の通知または承諾（P.171参照）にも利用されます。

内容証明郵便の発送は、郵便局の窓口で行う方法と、電子内容証明サービスを利用してインターネット経由で行う方法とがあります。いずれについても、所定の書式に従ったり、所定の文書作成ソフトを使用するなど、所定の方法により文書を作成する必要があります。

内容証明郵便について注意すべき点として、①証明の対象となる文書以外に書類や物品等を同封することはできないこと、②一般書留郵便とする必要があること、そして、③文書の内容が真実であることまでは証明されないことなどが挙げられます。

(2) 商品引揚げ

商品の納入先が倒産しそうだとの情報が入った場合、納入済みの商品の返却を受けることがあります。しかし、わが国では、**たとえ債権者でも裁判手続を経ずに実力行使で債権の回収を図ること**（自力救済、P.36参照）**は原則として禁じられています**。したがって、債務者の意向を無視して強引に持ち帰るなど、やり方を誤ると、かえって債務者や他の債権者から民事上の不法行為責任を追及されたり、刑事上の窃盗罪が成立する危険があります。

(3) 留置権行使

留置権は、自分の手元に留め置いている（占有している）債務者の物を留置することにより弁済を強制するもので、結果的に他の債権者に先んじて弁済を受けることができます（P.300以下参照）。

(4) 連帯保証人への催告

連帯保証人に対しても、債務者と同じ手順で請求します（P.314参照）。

(5) 担保権実行

裁判所に競売の申立てをするなど、担保権の実行を申し立てます。

(6) 訴訟等裁判手続

債務者に対する訴訟を裁判所へ提起します。

ただし、裁判所への訴えは、時間と費用を要する点が問題です。

このほか、支払督促の申立て・保全処分の申立て（仮差押え・仮処分）・即決和解・起訴後の和解・仲裁・調停・破産手続開始の申立て・会社更生手続開始の申立て・特別清算申立て・民事再生手続開始の申立て等の方法があります（P.316以下参照）。

(7) その他の方法

相殺・代物弁済（P.257参照）や債務者に対して有する債権の第三者への売却（債権譲渡、P.170参照）等があります。

第 2 節
取引の決済（手形・小切手等）

Ⅰ 手形と小切手

　売買などの取引は代金の支払いと物の引渡しによって一応完結します。

　代金は、例えば下記のケース2で菓子屋Cから消費者Dが菓子を買う場合は現金（通貨）で支払われるのが通常ですが、電気製品や洋服などのように日常使用するが多少高額の商品を消費者が購入する場合には、クレジットカードによる支払いも増えています（P.117参照）。一方で、AB間やBC間のように数量や回数の多い企業間取引では、あらかじめ当事者間で定められた支払期日に銀行などの金融機関の相手方口座への振込みや手形・小切手によって代金決済をすることが一般的に行われています。

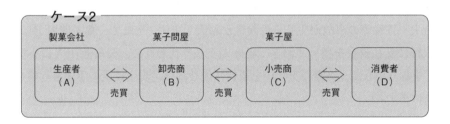

　手形・小切手は、わが国では個人の日常の取引で用いられることはほとんどなくなじみが薄いですが、商取引では代金支払いの手段として重要な役割を果たしています。

　手形・小切手として使用する用紙は、法律上は規制されておらず、いかなる用紙を用いることもできます。しかし、商取引において使われる手形・小切手については、専用の用紙が制定されており（全国銀行協会が制定した**統一手形用紙・統一小切手用紙**）、銀行等の金融機関はこの用紙を用いなければ取り扱わないこととしています。したがって、ビジネスにおいて手形・小切手を利用する場合には、必ず統一手形用紙・統一小切手用紙によって作成

されているものを発行し、また受け取るようにしなければなりません。

　統一手形用紙・統一小切手用紙は、銀行と当座勘定規定に基づいて当座勘定取引契約を結ぶことによりその銀行から交付されます。

❶ 手形・小切手の経済的役割

　企業間の取引の決済方法には、その場で直ちに現金を決済する**現金取引**と、一定期間支払いを猶予する**信用取引**とがあります。小切手は主に現金取引の代替手段として用いられ、手形は主として信用取引に用いられています。このほか、手形は送金の手段としても利用されています。

　手形・小切手の経済的な役割は次の通りです。

(1)　現金取引の代替手段（支払手段）としての利用

　例えば、ケース2（P.267）で菓子問屋Bが製菓会社Aから商品を仕入れている場合に、AB間の取引の回数・数量・金額が増えてくると、仕入れの都度現金による決済をすることの繁雑さや、多額の現金を持ち歩くことによる紛失・盗難等の事故が生じる危険性が増大します。そこで、菓子問屋Bは、銀行に支払資金を預けておき、現金で支払う代わりに、製菓会社Aに小切手を振り出して、実際の支払いを銀行に任せれば、現金授受の手間と危険を省けます。

(2)　信用の手段としての利用

　ケース2で、Bが仕入時には代金を支払うことはできないが、2か月後ならば支払える見通しがあるという場合があります。この場合、Bは2か月後に支払うことを約束した手形をAに振り出して商品を仕入れ、2か月の間にその商品を売却するなどして資金調達すれば、仕入先Aに渡した手形を決済でき、支払いを完了できます。

(3)　送金の手段としての利用

　ケース2で、製菓会社Aが大阪、菓子問屋Bが東京にあるといったように

ABの所在地が遠く離れている場合に、Bが現金を直接Aのもとへ持参するのでは不便であり、紛失・盗難の危険もあります。そこで、BがE銀行の東京支店に現金を払い込み、E銀行の大阪支店を支払人とする手形の振出^{ふりだし}を受け、これをAに送付すれば、送金したのと同じ結果を得られます。

手形は歴史上はこのような送金の手段として登場したのですが、現在の国内取引では、小切手・郵便為替・銀行振込みなどの簡便な送金方法があるため、手形の送金手段としての役割は、昔ほどは大きくありません。しかし、国際取引では現在でも手形が重要な決済手段となっています。

手形・小切手を利用する効用は、以上に限られません。最も大きな効用は、債権者にとって債務者からの支払いを確実にできる点にあります。

手形・小切手ともに銀行による決済が予定されており（特に小切手は法律上銀行等が支払人でなければなりません）、手形を振り出した企業が期限までに手形金を支払えないこと（不渡り）が6か月の間に2回生じると、その企業は「銀行取引停止処分」を受け、事実上、銀行と取引ができなくなるおそれがあります。企業にとって（企業ばかりでなく個人事業者にとって）銀行と取引ができないことは、事実上倒産したのと同様の不利益があります。そのため、債務者の立場からすれば、単に取引先に債務を負っている場合よりも手形債務を負っている方が、約束通り支払わなければならないという心理的プレッシャーが強いといえます（P.285参照）。

また、手形・小切手を利用すると、万が一債務者から支払いを受けられない場合でも、「手形訴訟及び小切手訴訟に関する特則」（民事訴訟法350条以下）という簡易迅速な訴訟制度が認められていますので、債権者としては、比較的容易に債権の回収を図ることができます。

❷ 手形・小切手の種類

(1) 約束手形と為替手形（かわせてがた）

　約束手形は、振出人が受取人（名宛人）に対して、一定期日に一定金額を支払うことを約束した証券です。これに対して、**為替手形**は、振出人が支払人（名宛人）に対して、一定期日に一定金額を受取人に支払うよう委託した証券です。

　約束手形と為替手形の違いは、約束手形では振出人が支払いの約束をする形をとるのに対し、為替手形では振出人が別の人（支払人）に支払いの依頼をするという形式をとる点にあります。

　なお、わが国の手形取引では、為替手形の利用は極めて少なく、約束手形を利用するものが手形取引のうちの大部分を占めています。したがって、以下では特に限定しない限り約束手形について解説します。

(2) 小切手

　小切手は、為替手形と同様に、**振出人が支払人（名宛人）に対して、一定期日に一定金額を受取人に支払うよう委託した証券**です。ただ、為替手形が信用の手段・送金の手段として用いられるのに対して、小切手は現金取引の代替手段として用いられる点が異なります。

❸ 取引における手形・小切手の利用

　約束手形や小切手は、実際の取引の中で次のように使われています。

(1) 約束手形による取引の流れ

ア）約束手形の振出とは

　振出人は通常、銀行に当座勘定口座を設けて、銀行に手形金支払いの窓口となることを委託した上で、銀行から交付される統一手形用紙に必要事項を記入して、これを支払先に引き渡します。次のケース3では、菓子問屋Bが統一手形用紙に必要事項を記入して製菓会社Aに引き渡すことになります。

これを**手形の振出**といいます。

イ）約束手形の譲渡と裏書

約束手形を受け取った者（受取人）は、その手形を自ら（受取人）の取引先への代金支払いに充てるために**譲渡**したり、銀行に持ち込んで現金化（**手形の割引**という）することができます。

このように手形を譲渡する場合には、手形の裏面に必要事項を記入した上で譲受人に手形を引き渡しますが、これを**手形の裏書**といいます。

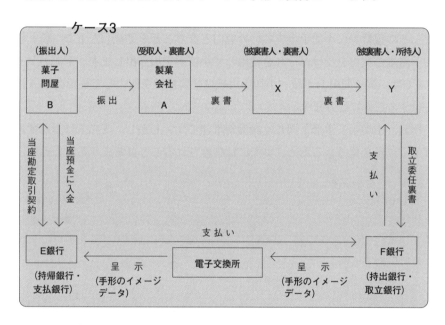

ウ）約束手形の支払い

約束手形の所持人が手形金の支払いを受けるためには、**支払呈示期間内**に、振出人に対し、手形を呈示しなければなりません（呈示証券性）。支払呈示期間は、一覧払いの手形の場合には、原則として、振出日から1年間で、呈示があった時が満期とされます（手形法34条1項・77条1項）。**一覧払い以外の手形の場合には、満期か、それに続く2取引日内に振出人に対して手形を呈示しなければなりません**（手形法38条1項・77条1項）。この呈示は、実際には、所持人の取引銀行を通じて行うのが一般的です。

具体的には、所持人が満期の前日までに**取立委任の裏書**をして（手形法18条・77条1項）、自己の取引銀行に手形を持ち込み取立てを依頼します。依頼された銀行は、満期に電子交換所を通じて支払銀行に手形を**呈示（手形イメージの送受信）** します。呈示を受けた支払銀行は、振出人の当座預金から手形金を引き落とし、決済します。

(2)　小切手による取引の流れ

ア）小切手の振出

　小切手を利用するには、約束手形と同様に銀行等と当座勘定取引契約を結び、その銀行等に小切手金支払いの窓口となることを委託した上で、統一小切手用紙の交付を受け、それを使用して小切手を振り出します。下記のケース4では、菓子問屋Bが統一小切手用紙に必要事項を記入して製菓会社Aに交付することになります。

　なお、小切手も手形と同じく譲渡が可能です。しかし、支払人に呈示すればすぐに現金化できるため、実際には譲渡されることはあまりありません。

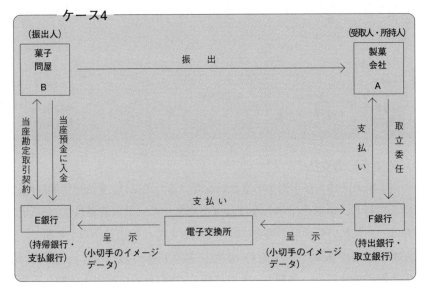

イ）小切手の支払い

　小切手の受取人Aは、その小切手の裏面に住所・氏名を記入し、押印し

て支払銀行に呈示すれば、小切手と引換えに振出人の当座預金から小切手金額が引き落とされ、現金の支払いを受けることができます。また、受取人の取引銀行の預金口座に預け入れることもできます。

なお、小切手の場合には、原則として振出日の翌日から起算して10日以内に呈示を行わなければなりません（小切手法29条1項）。

④ 手形・小切手の法律的特徴

手形・小切手が経済的機能を十分に発揮して取引が円滑に行えるよう、その取扱いに関し法律（手形法・小切手法）で厳格な定めが設けられています。

手形・小切手は、一定額の金銭の支払いを目的とする債権（金銭債権）を表示する証券ですが、権利の発生・移転・行使のすべての段階で権利と証券が緊密に結びついている点が大きな特徴となっています。

「権利の設定」は証券の作成によって、「権利の移転」は証券の引渡しによって、「権利の行使」は証券の呈示によって行われます。

また、**手形や小切手は、一定の金額を記載して振り出せば、証券に表示された内容の債権が発生し**（設権証券性）、**いったん振り出すと、発生した手形・小切手上の債権は振出の原因となった取引とは切り離された独立した別個の債権となります**（**無因証券性**）。

例えば、商品を仕入れ、その代金支払のために約束手形を振り出す場合の商品の仕入契約のように、手形・小切手を振り出す場合には、通常その振出の原因となる取引があります。このような手形・小切手の振出の原因となる取引を原因関係といいます。この原因関係と手形や小切手上の法律関係（手形関係・小切手関係）は、法律的には別個独立のものとされ、原因関係が無効や取消し、解除となっても、手形関係は影響を受けません。

さらに、手形・小切手では権利の発生・移転・行使の全段階で証券が必要とされることから、その**権利・義務の内容は証券の記載内容に基づいて決定され**（**文言証券性**）、**またその記載事項は法律によって定められています**（**要式証券性**）。

なお、手形・小切手のように、債権などの財産権を表す証券で、権利の移

転に証券の交付を、そして権利の行使に原則として証券の所持を必要とするものを**有価証券**といいます。手形・小切手は、有価証券の代表的なものですが、このほか株券や商品券なども有価証券です。

Ⅱ 手形による取引

　手形・小切手は、権利と証券が一体となっている点に特徴があり、記載事項が法律で厳格に定められています。そのため、受け取った手形の記載事項に不備があれば、手形そのものが無効となり、手形金の支払いを受けられなくなることもあります。

　そこで次に、手形を受け取るに際してはどのような点に注意する必要があるのかを説明します。

❶ 手形受取り時の注意点と記載事項

（1）　統一手形用紙の使用

　手形は必ず**統一手形用紙**によって作成されているものを受け取るようにします（P.267参照）。

　また、手形には、収入印紙の貼付欄があります。印紙が貼付されずに振り出された手形も、手形としては有効ですが、必要な印紙税額とその2倍の過怠税（たいぜい　ちょうしゅう）が徴収されます。

（2）　約束手形を受け取る際の注意点

　手形の記載事項には、手形を振り出す際に手形に必ず記載しなければならない**必要的記載事項**のほか、手形に記載するかどうかは振出人の自由ですが、記載すると法律的に効力が生じる有益的記載事項（任意的記載事項ともいいます）と、記載しても手形法上の効力が生じない無益的記載事項、記載すると手形自体が無効となってしまう有害的記載事項があります。

ア）必要的記載事項

　手形については、記載すべき事項が法律で定められており（手形要件または必要的記載事項といいます。手形法75条）、このうちの1つでも欠けると手形は原則として無効となります。無効な手形を所持していても手形金の支払いは受けられませんので、記載事項には十分注意しなければなりません。

　さらに、手形法に規定されていなくても、銀行実務で定められている事項もありますので、注意が必要です。

　必要的記載事項は次の通りです。

（約束手形の例）

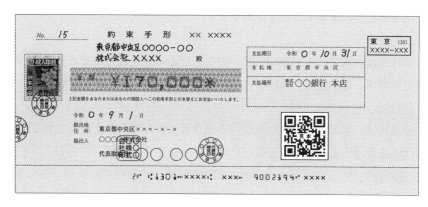

a. 約束手形であることを示す文字（約束手形文句）

　約束手形文句は、約束手形であることを示す文字であり、統一手形用紙では表題と本文中に印刷されています。

b. 一定の金額（手形金額）

　当座勘定規定、手形用法では、手形金額は、アラビア数字の場合はチェックライターを使って、また手書きの場合は漢数字（壱・弐・参‥‥）で、金額欄に記入されていなければなりません。実務上はチェックライターを使用するのが一般的です。チェックライターによる記載の場合には、後で数字が書き加えられること等がないように、「￥1,000,000※」というように前後に記号を印字する必要があります。

c. 支払いを約束する文句（支払約束文句）

統一手形用紙には「上記金額をあなたまたはあなたの指図人へこの約束手形と引き替えにお支払いいたします。」と印刷されています。この支払約束文句に条件がつけられている場合（例えば、「商品の受領と引き替えに手形金を支払います」といった記載）等は、手形自体が無効となります。

d. 支払期日（満期）

手形金が支払われるべき日のことです。大部分は確定日払い（支払期日欄に記載された特定の日を満期とする支払方法）です。

手形用紙には確定日払いを前提とした記載がありますので、それ以外の支払方法の場合には振出人の意思を確認し、場合によっては支払期日欄の記載方法等を銀行に照会する必要があります。

e. 支払地

支払地は、満期に手形金の支払いがなされるべき地域のことです。統一手形用紙では、最小独立行政区画（市町村、東京23区）で記載されています。

f. 受取人

受取人は、手形金の支払いを受けるべき者のことです。受取人である個人の氏名または法人の名称を記載しなければなりません。

g. 振出日

振出日は、手形が振り出された日として手形上に記載された日のことです。

h. 振出地

振出地は、手形が振り出された地として手形上に記載されている地域のことです。支払地と同様に、最小独立行政区画で表示されます。

統一手形用紙では、通常振出人の住所と一体として記載され、これにより振出地の記載を兼ねています。

i. 振出人の署名

法律上は、署名は自署（手書き）または記名押印でよいことになっていますが（手形法82条）、実務では自署の場合でも、あらかじめ銀行に届け出た印鑑が押されていなければ、銀行からは手形金の支払いを受けられないのが通常です。会社などの法人が振り出す場合は、「会社名」、「代表者肩書」、「代表者の氏名」、「銀行届出印の押印」が必要です。

イ）有益的記載事項

手形法は有益的記載事項として次の例を挙げています。

a. 利息文句（手形法77条2項・5条）

一覧払いや一覧後定期払いの手形の場合、手形金額に利息をつける旨の記載をすれば、その効力が生じます。ただし、確定日払いや日付後定期払いの手形では、振出のときに利息を計算して手形金に加算できますので、利息文句の記載は許されません（後述の無益的記載事項となります）。

b. 支払場所（手形法77条2項・4条）

約束手形を振り出す際、振出人は通常、自己と当座勘定取引をしている銀行店舗を支払場所として手形上に記載しています。そして、手形所持人は満期に手形をその支払場所とされた銀行店舗に呈示し、呈示された銀行は振出人の当座預金から手形金額を引き落とすことになります。このことは、振出人にとって、現金支払いの手間を省き、その危険を回避することができるメリットがあります。このように、支払場所は必要的記載事項ではありませんが、記載することによってそれに応じた効力が生じることになります。

統一手形用紙には支払場所の記載欄があり、銀行は自行の支店名を印刷し、その用紙を用いない約束手形については支払わないこととしています。

このほか、振出人の肩書地、拒絶証書不要の記載や裏書禁止文句などが有益的記載事項の例として挙げられます。

ウ）無益的記載事項

手形に記載しても手形法上の効力が生じない**無益的記載事項**としては、支払遅滞による損害賠償額の予定や「本手形は取り立てないこと」という不呈示約款、支払呈示免除などがあります。これらの事項はたとえ記載しても手形法上の効力は生じません。

エ）有害的記載事項

手形には、その記載によって、その記載自体が無効となるだけではなく、手形全体が無効となってしまう**有害的記載事項**があります。例えば、「商品と引換えに支払うこと」というように手形の支払いに条件をつけたり、支払

期日の欄に分割払いとする旨の記載をしたりするもので、手形が無価値の紙になってしまうので注意を要します。

❷ 白地手形

(1) 白地手形とは

　手形法上、手形要件（必要的記載事項）の欠けた手形は無効です（手形法2条1項・76条1項）が、実際の取引では手形要件が記載されていない手形が流通しています。手形の振出にあたり受取人や手形金額など手形に記載すべき内容が未だ確定していない等の理由により、手形要件の全部または一部を記入しないまま、のちに所持人に空白を補充させる趣旨で振出人として署名した手形を**白地手形**といいます。

　白地手形は、手形要件を欠くためそのままでは手形としての効力は生じませんが、将来手形要件が補充されれば有効な手形となることを予定した、いわば未完成な手形として商慣習法上その効力が認められています。

(2) 白地手形の例

　白地手形として流通しているものの多くは、受取人欄白地や振出日白地の手形です。受取人欄白地の手形は、裏書によらず手形をそのまま交付して譲渡することができることからしばしば利用されています。また、振出日白地の手形は、多くは振出日から満期までの期間（手形のサイト）が長いことを表さないために振り出されます。8か月あるいは1年というように手形のサイトが長いと、振出人の資金繰りの悪さを印象づけあるいは疑わせかねないからです。

　金額欄を記載しない金額欄白地の手形は、不当補充等振出人にとっての危険性が大きすぎるため実際にはあまり流通していません。

(3) 白地手形の不当補充

　白地手形の白地を補充する権利を補充権といいます。白地手形に振出人として署名した者は、あらかじめ白地の補充権の内容を定めておくのが通常で

す。民法の原則によれば、不当補充すなわち、あらかじめなされた補充権の合意に反して補充がなされた場合には、振出人は本来は補充された内容に基づく責任を負わないはずです。しかし、手形法は手形取引の安全の見地から、不当補充された手形を、そのことを知って（悪意）または重過失によって知らずに取得した者以外の者に対しては、振出人は不当補充の内容通りの債務を負うとしています（手形法10条・77条2項）。

③ 手形の譲渡

　手形を受け取った者は、支払期日（満期日）まで手形を所持して、支払いを受けることもできますが、それ以前に銀行で割り引いたり、他の債務の支払いのため手形を他人に譲渡することも可能です。手形は、裏書によって譲渡されるのが通常です（手形法11条1項・77条1項）。

(1)　手形の裏書とその方法

　手形の譲渡とは、手形上の権利を他人に譲渡することですが、その方法として一般に裏書が行われています。

　裏書は、手形の裏面に①**裏書文句**（「表記金額を下記被裏書人またはその指図人へお支払いください」という言葉）と、②**被裏書人**（譲渡する相手方）の名前を書き、③**裏書人**（譲渡する人）が署名押印または記名押印して、その手形を被裏書人に引き渡すことによって行われます。

（裏書の例）

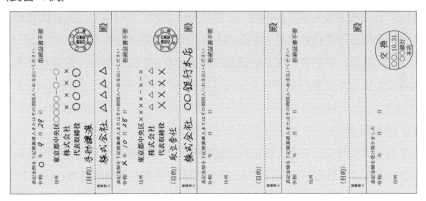

(2) 裏書の連続とは

　裏書の連続とは、手形面に記載された受取人が第一裏書人となり、第一裏書の被裏書人が第二裏書の裏書人となる、というように受取人から最後の被裏書人に至るまでの各裏書が途切れることなく続いていることをいいます。

　銀行では実務上、原則として裏書の連続が欠けている手形は取り扱わないので、このような手形の取立てを銀行に委任しても手形金の支払いを受けることができません。したがって、裏書のある手形を受け取る場合には、裏書の連続があるかどうかに注意する必要があります。

　ただし、相続や会社の合併・商号変更などにより、裏書の連続を欠くに至った場合には、その不連続部分の実質的な権利の移転を証明すれば、所持人は手形金の支払いを受けることができます。

(3) 裏書の効力

　裏書には、次の3つの効力があります。

ア）権利移転的効力・人的抗弁の切断

　裏書により手形上の権利が裏書人から被裏書人に移転することを、裏書の**権利移転的効力**といいます（手形法14条1項・77条1項）。手形が裏書譲渡されると**人的抗弁**が切断されますので（手形法17条・77条1項）、通常の指名債権譲渡と比べ裏書による権利移転は強い効力を有しています。

　人的抗弁とは、例えば売買契約等の手形授受の原因である法律関係（原因関係）の無効・取消しなど、手形外の原因により手形金の支払請求を拒むことができる事由をいいます。手形債務者に裏書人に対する人的抗弁事由があっても、被裏書人がそれを知って譲り受けたのでない限り、人的抗弁が切断され手形債務者は被裏書人からの手形金の支払請求を拒むことができません。この結果、手形金の支払いはより確実となるので、手形の流通が促進されることになります。

イ）担保的効力

　手形を裏書譲渡すると、裏書人は被裏書人その他後者全員に対し担保責任を負います（手形法15条1項・77条1項）。これを裏書の**担保的効力**といいます。

例えば、手形が支払呈示期間内において振出人に適法に呈示されたにもかかわらず、振出人が支払いを拒絶した場合、裏書人が代わって手形上の債務（遡求義務）を負い、振出人の支払いを担保することになります（手形法43条・77条1項）。この結果、手形の支払いはより確実となりますので、手形の流通が促進されます。

ウ）資格授与的効力

手形を裏書譲渡する場合、裏書がなされていればそれに対応する手形上の権利の移転があったものと推定されますから、裏書の連続した手形の所持人は、反証がない限り正当な権利者と認められます（手形法16条1項・77条1項）。この効力を、裏書の**資格授与的効力**といいます。この結果、手形所持人は、権利者であることの実質的な証明をすることなく、裏書の連続した手形を持っているだけで、権利を行使する資格が推定されます。

（4） 手形割引

急に資金が必要となり、取引先から受け取った満期前の約束手形を現金化したい場合に、銀行等の金融機関にこれを裏書譲渡することによって現金化する方法が、手形の割引です。

手形割引は、満期前に手形を現金化する手段ですが、その仕組みは、手形の割引を依頼する者が、手形金額から満期までの金利相当分を差し引いた額を銀行等から受け取り、銀行等はその手形を満期まで保管し、振出人から全額を取り立てるというものです。すなわち、手形割引は手形の売買と解されています。この金利相当額は、手形金額、手形割引を受ける日（割引日）から満期日までの期間、金利（割引率）をもとに日割りで計算します。

銀行が手形を割り引く場合には、万が一手形が不渡りになった場合に備えて、割引依頼人との間で銀行取引約定書により手形の買戻しの特約を締結するのが通常です。したがって、手形が不渡りになると、割引依頼人は銀行等に対して、裏書人としての遡求義務と上記特約に基づく買戻義務を負います。

❹ 手形による支払い

　手形の所持人が手形の支払いを受けるためには、債務者である振出人に手形を呈示して、その手形と引換えに支払いを求めることになります。もっとも、ほぼすべての手形が振出人の取引銀行の店舗を支払場所としているため、手形所持人は、自分の取引銀行に取立てを依頼し（実際には手形所持人は取立てのための裏書をします）、電子交換所を経由して手形の支払いを受けることになります。

　なお、**手形所持人が支払場所である銀行に手形の支払いを求めることができるのは、支払期日（満期）とそれに次ぐ2取引日（この3日間を支払呈示期間という）です**（手形法38条1項・77条1項）。この期間を過ぎても、手形自体が無効になるわけではありませんが、支払場所とされる取引銀行の記載の効力はなくなりますので、手形所持人は債務者である手形の振出人の住所地に直接出向いて手形を呈示し、支払いを受ける必要があります。また、支払呈示期間を過ぎると、裏書人へ請求する権利（遡求権）が消滅するため（手形法53条・77条1項）、振出人が不渡りを出した場合には事実上手形債権者はその債権を回収することができなくなるという不利益を被ります。

Ⅲ 小切手による取引

❶ 小切手の振出

　小切手は、振出人が支払人に対して、一定期日に一定金額を受取人に支払うよう委託した証券です。**小切手の支払人となるのは、銀行またはこれと同視すべき信用金庫等に限られます**（小切手法3条・59条）。そのため、小切手を振り出すためには、支払人となる銀行などと当座勘定取引契約を結ばなければなりません。その際、当座預金口座のある銀行に小切手の振出に使用する印鑑を届け、小切手帳（統一小切手用紙）の交付を受けます。

❷ 小切手の記載事項

　小切手についても、手形と同じく記載するべき事項が法律で定められています（**必要的記載事項**、小切手法1条）。

　小切手については、①小切手文句、②小切手金額、③支払委託文句、④支払人の名称、⑤支払地、⑥振出日、⑦振出地、⑧振出人の署名が必要的記載事項となっています。

　このうち小切手金額、振出日、振出人以外の事項は、統一小切手用紙では印刷されているため、記入の必要がありません。

　小切手については、支払いの確実性を担保するため、小切手法上、小切手の支払人は銀行（またはこれと同視すべき信用金庫等の機関）に限られています（小切手法3条・59条）。また、支払地については、実務上は支払人の肩書地で兼ねているのが通常です。

　小切手はもっぱら支払いの手段であり、迅速に処理することを予定しています。そのため、常に**一覧払い**（支払いのための呈示がなされた日を満期とする支払方法）とされており、支払期日（満期）の記載は無意味です（小切手法28条1項）。これに対して振出日の記載は、支払呈示期間を決定する上で重要な意味を持ちます。

❸ 特殊な小切手

（1）　線引小切手

　小切手は現金の代用物ですから、受け取ればすぐに支払いを受けることができます。また、小切手は、手形と違い通常は受取人の名前も記載されていません。そのため、小切手を紛失すると、不正な取得者に支払われてしまうおそれがあります。そこで、その防止策として考えられたのが**線引小切手**の制度です（小切手法37条・38条）。

　代金を小切手で受け取る際は、万一の紛失・盗難に備え、線引小切手にすることが望ましいとされます。

　線引は、小切手の表面に2本の平行線を引くことによって行いますが、こ

れには「一般線引」「特定線引」の2種類があります。

（線引小切手の例）

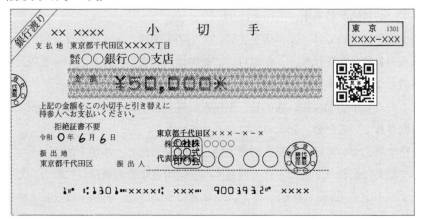

ア）一般線引

　これは、小切手用紙の表面に2本の平行線を引く方法による線引、あるいはその間に「銀行」またはそれと同じ意味の文字（「Bank」など）を記載する方法による線引です。

　一般線引の場合、支払銀行は、「他の銀行」または「支払銀行の取引先」に対してのみ支払うことができます（小切手法38条1項）。

イ）特定線引

　これは、2本の平行線の間に特定の銀行名を記載する方法による線引です。特定線引の場合、支払銀行は、「線内に記載された銀行」に対してのみ支払うことができます。また、特定線引で指定された銀行と支払銀行が同一の場合には、支払銀行は自己の取引先に対してしか支払えません（小切手法38条2項）。

（2）　先日付小切手

　実際に小切手を振り出す日よりも先（将来）の日付を振出日として記載する小切手を先日付小切手といいます。実際に小切手を振り出す日には資金の

準備ができていないが、何日かあとには資金の準備ができるという場合、取立てはその日以降とするとの約束で振り出されます。

このような小切手も有効ですが、法律上は「振出日」前の呈示でも支払いを受けられることになっています（小切手法28条2項）。銀行実務では、振出人本人の意向を確認の上、支払うのが通常です。

(3) 自己宛小切手

自己宛小切手とは、銀行が自分自身を支払人として振り出す小切手であり、預金小切手（預手）ともいいます（小切手法6条3項）。

一般の小切手では、取立てのため支払銀行に呈示されたときに振出人の当座預金に支払資金がない場合、その小切手は不渡りとなり支払いを受けられません。しかし、自己宛小切手では、支払人となっている銀行に資金がないとはまず考えられないため、不渡りになる心配がほとんどありません。

信用力の高い自己宛小切手は実際には現金と同様に考えてよく、代金支払いは自己宛小切手で受け取ることが最も望ましいとされます。

Ⅳ 手形・小切手のトラブル等

❶ 手形・小切手の不渡りとは

(1) 手形・小切手の不渡りと処分

手形・小切手による取引は、銀行を通じて行われます。例えば約束手形の場合には、手形所持人は、自己の取引銀行に当該手形の取立てを依頼し、依頼を受けた取立銀行は電子交換所を通じて支払銀行に手形を呈示します。そして、呈示を受けた支払銀行は、手形振出人の当座預金からの手形金の引落としにより決済します。

しかし、電子交換所から手形を持ち帰った支払銀行が、手形振出人の当座預金から手形金を引き落とそうとしたところ、当座預金の不足で引落としができない場合、手形は**不渡り**となります。**手形の不渡りを出した者がそれから6か月以内に2回目の不渡りを出すと、銀行取引停止処分を受けます。**銀

行取引停止処分とは、処分の通知の日から2年間、電子交換所に参加しているすべての銀行で当座勘定取引と貸出しの取引を禁止する処分をいいます。

　現在の経済社会の中で、それまで可能であった当座と貸出しの取引を2年もの間行えなくなると、個人企業であっても法人企業であっても、事実上営業活動をできません。つまり、倒産したのと同様の結果を招くといえます。このような厳しい制裁を伴うからこそ、それを回避しようとする関係者の努力が最大限続けられるため、手形・小切手は他の債権（例えば単なる借用証書による貸金）以上に支払われる確実性が高いといえます。

(2)　手形の不渡事由

　手形が不渡りとなる原因とそれぞれに応じた処分は次の通りです。

ア）0号不渡事由

　形式不備、裏書不備、呈示期間内に呈示されなかったなど、主に手形所持人に原因のあるものです。この場合は、手形金の支払いの前提となる手形の呈示自体に問題がありますので、振出人は支払いを拒絶しても不渡処分を受けることはありません。

イ）1号不渡事由

　資金不足や取引なしという振出人の一方的な責任を原因とするもので、最も多くみられる不渡事由です。この場合、不渡届が出され、振出人はそれに対し異議申立てをすることが認められていません。

　不渡届が出されても、1回目であれば法律上の処分はされません。しかし、銀行等は、振出人を信用の欠ける要注意会社とみなしますので、振出人の信用は失墜します。それを防ぐために、支払資金の不足している振出人は、しばしば手形所持人に直接取立銀行に手形を返却する旨申し入れることを依頼します。これを「依頼返却」といい、不渡処分を免れるための手段として利用されています。

ウ）2号不渡事由

　契約不履行や詐取、紛失、盗難、偽造、変造等手形自体に問題があることによる支払拒絶理由です。この場合、振出人が主張する、手形が詐取されたり偽造されたという理由は、それが正当なものかどうかその時点では判断できず、最終的な決着は、裁判によるしかありません。そこで振出人は、資金不足による不渡りではないことを明らかにするために、不渡手形の額面と同額の現金を銀行に提供して（これを異議申立預託金といいます）異議申立てを行えば、不渡処分を受けないこととされています。

❷ 手形・小切手を紛失した場合の問題点

(1)　手形の盗難・紛失の処理

　転々流通する手形が流通の過程で盗難に遭いまたは紛失した場合、手形権利者は、この手形を入手した者が先に銀行等に手形を呈示して支払いを受けることを防がなければなりません。支払呈示を受けた振出人は、手形の所持人が裏書の連続による形式的資格を備えていれば、その所持人が真の権利者ではない場合にも原則として支払わざるを得ないからです。

　手形の振出人が受取人に手形を交付する前に盗難・紛失事故に遭った場合には、振出人が銀行に事故届を提出します。他方、他人の振り出した手形を受け取った後に事故に遭った者は、振出人にその旨を連絡し、振出人から支払銀行に事故届を提出するよう依頼することになります。銀行は、当座取引先以外の者からの事故届を受け付けないからです。

　上記の方法で銀行に届ける、またはその依頼をすると同時に、警察にも手形の盗難届や紛失届を提出することが必要です。第一に、手形を少しでも早く発見し、悪用されるのを防ぐためです。第二に、次に述べる公示催告手続（こうじさいこくてつづき）の過程で警察署の発行する盗難や紛失の届出証明が必要となるからです。

(2)　公示催告手続

　手形の権利者が、盗難されたり紛失した手形を銀行や警察に届け出たとしても、それだけでその手形が無効となるわけではありません。そのため、手

形の振出人が手形を喪失した場合には、全く取引関係のない第三者からいつ手形の支払いを請求されるかもしれないという不安が消えません。そこで、このような手形を無効にするための制度として、**公示催告手続**があります（非訟事件手続法99条～118条）。

　手形の紛失者が裁判所に公示催告の申立てをすると、裁判所はその申立てに基づき、官報および裁判所の掲示板に、例えば「次の紛失手形の所持人は、公示催告の翌日から○か月以内に、裁判所に申述すると同時にその手形を提出してください。申述および提出のないときは当該手形の無効を宣言することがあります。」といった趣旨の文言を表示（公示催告）します。

　公示催告期間内に、当該手形の所持人から届出がない場合には、当該手形の無効を宣言する旨の裁判（除権決定）が下されます。除権決定により当該手形は無効となり、その旨が官報に公告されます。一方、公示催告期間内に所持人が届け出た場合には、公示催告手続は打ち切られ、公示催告の申立人と届け出た所持人との間でどちらが当該手形の真の権利者かが争われます。

　除権決定以後に当該手形を取得した者は、たとえそのような事情を知らずに取得した場合であっても、支払人に手形金の支払いを請求できなくなります。他方、除権決定の申立人（当該手形を喪失した者）は、除権決定の決定正本を振出人に呈示して支払いを受けることができます。

❸ 手形の偽造とは

(1) 手形偽造の代表的ケース

　A社はB社を受取人として約束手形を振り出し、B社はその手形をC社に裏書譲渡しました。C社が満期にA社に支払呈示したところ、A社は、自社の経理部員Xが無断で手形を振り出したので支払いに応じられないと主張しています。これが手形偽造に関する典型的な紛争のケースです。この場合、C社はどう対応すべきでしょうか。

(2) 手形偽造の意義

　権限のない者が、勝手に他人名義（例えば勤務先の会社名義）で手形を振

り出したり裏書したりすることを偽造といいます。ここで名義を勝手に使われた者（勤務先の会社、本人）は、本来手形金の支払義務を負わないのが原則です。

　他方、本人の名義を信頼して、手形を受け取った者をまったく保護しないのも、手形の流通性を保護する見地から妥当ではありません。そこで、以下のような一定の場合、偽造された者（本人）も手形の支払義務を負うことになります。また、偽造手形を裏書譲渡した者の責任も問題となります。

(3)　A社の責任

　前述（1）のケースでA社は、手形を偽造された被害者にすぎず、正当な権限に基づき手形を振り出しているわけではないため、支払義務を負わないのが原則です。しかし、偽造者Xと被偽造者A社との間に、表見代理における本人と無権代理人との関係に類似した関係が認められ、この手形の受取人がこの手形を真正な名義人の手形と信じた点に過失がない場合には、被偽造者A社は手形上の責任を免れません。したがって、C社はA社とA社の経理部員Xとの間に前述のような関係があればそれを証明して、支払いを請求することになります。また、Xは、A社の従業員ですから、C社は、従業員がその職務に関して第三者に損害を与えた場合に適用される使用者責任（民法715条）を追及して、A社に損害賠償を求めることも可能です。

(4)　B社の責任

　B社は、A社の手形振出が偽造により無効とされた場合であっても、C社に裏書譲渡した結果、裏書人としての担保責任（遡求義務）を負います。これは、**同一の手形上になされたいくつかの手形行為はそれぞれ独立して効力を生じ、他の手形行為の効力の有無に影響されないとする手形行為独立の原則**（手形法7条・77条2項）が認められているからです。そこで、C社は、この担保責任を追及してB社に対して手形金を請求（遡求）することができます。

(5)　偽造者Ｘの責任

　Ｃ社は、Ｘに対して不法行為による損害賠償責任を追及できます（民法709条）。また、手形上の責任として、無権代理人の責任（手形法8条・77条2項）を類推し、偽造者の責任を追及して手形金の支払いを求めることができます。

❹　手形訴訟とは

　手形を適法に支払呈示したが、振出人や裏書人が支払いに応じない場合には、**手形訴訟**によって支払いを求めることができます。手形訴訟（民事訴訟法350条以下）は、正当な手形所持人が迅速に手形金の支払いを受けることができるようにすることを目的とした特別の訴訟手続であって、通常の訴訟手続を簡略化した手続です。具体的には、次のような特徴があります。

① 　証拠調べの対象となる証拠は、原則として**手形や印鑑証明などの即時に調べることのできる書証**に限られています。

② 　尋問は、**当事者に限定**して行われ、その内容も**文書の成立の真否と手形の提示**に関してのみ行われます。

③ 　①および②の結果、迅速な審理がなされ、**原則として1回の期日で結審**します。

④ 　被告には、**反訴の提起が認められません。**

⑤ 　原告勝訴の判決には、原則として無担保の仮執行宣言が付されるため、原告は直ちに強制執行をすることができます。

⑥ 　被告は、判決に不服がある場合、2週間以内にその判決を言い渡した裁判所に異議申立てができますが、**控訴することは認められていません。**

　手形訴訟の提起は、手形訴訟による審理および裁判を求める旨の記載をした訴状に、手形の写しを添えて、被告の住所（営業所）または手形の支払地を管轄する裁判所に提出して行います。

Ⅴ その他の支払方法

① 振込みと電子資金移動（EFT）

　現在、代表的な資金移動方法として利用されている振込みは、AがBに送金する場合に振込依頼人であるAが振込資金・手数料を支払い、C銀行（仕向銀行）に振込みを依頼し、C銀行は指定されたBの取引銀行D（被仕向銀行）に為替通知を送り、Bの口座への入金を委託するシステムです。

　この振込み手続を電子化したシステムが**電子資金移動（EFT）**です。振込依頼人がコンピュータの端末に必要な情報を入力すると、全銀システムや日銀ネットを経て受取人の被仕向銀行の口座に入金がなされます。銀行等にあるATM（Automatic Teller Machine：現金自動預払機）に顧客がみずから入力して振込みを行う取引や、顧客が自宅や営業所に銀行のホストコンピュータと電話回線等で結ばれた端末を置き、それによって振込操作を行えるホームバンキングや、顧客がパソコンを用い、銀行とWEB上でやりとりするインターネットバンキングもその一例です。

② クレジットカード

　クレジットカードは、支払いおよび信用供与の手段として用いられています。カード会社の発行したカードの保有者は、当該カードの加盟店で、カードを使用して一定限度内の買物やサービスの提供を受けることができます。加盟店は、カード保有者がサインした購入伝票をカード会社に送り、支払いを受けます。そして、カード会社は、カード保有者の預金口座のある銀行への通知に基づき、その預金口座から自動振替するシステムで代金を受領します。

　クレジットカードの正規の保有者（カード会員）がカードを紛失したり、盗難にあったりすると、そのカードを他人に不正使用されるリスクがあります。そこでカード会社は、カード会員の不測の損害発生を避けるために、カード会員を被保険者として、あらかじめカード盗難保険に加入しています。

ただし、カード会員はカードを善良な管理者として保管・利用する義務があり、紛失・盗難があったときにはすぐに届出をしないと、カード会員にも過失があると認定され、損害の分担を余儀なくされるおそれがあります。

❸ プリペイドカード

　プリペイドカードは、支払いをしようとする人が物品・サービスの提供者等にあらかじめ現金を提供してカードの発行を受け、カードに記録された残高を機械で読み取ることによって、物品・サービスの対価の弁済に充当するものです。物品やサービスの代金に充当できる資金を事前に支払っておくことからプリペイド（PrePaid）カードと呼ばれています。商品券などと同様、金融機関の関与しない支払方法であり、テレホンカードや図書カードがその例です。

　これらのプリペイドカードの裏面には、一般に、「紛失等に対してはその責を負いません」といった記載があり、これは免責約款の一種と考えられています。

　プリペイドカードには本人確認（ID）機能がなく、個々のカードには特定性がないのが通常であり、再発行は難しいため、上記免責約款には合理性があると考えられ、カードの紛失・盗難リスクは消費者・カード保有者が負うべきであるとされています。

　近年、電子ネットワーク（インターネットを含む）を使って、受発注・契約・決済を行う電子商取引が普及したことに伴い、プリペイドカード発行業務の健全かつ適切な運営を確保する要請が高まりました。そこで、資金決済に関する法律（資金決済法）により規制され、カード保有者の保護が図られています。

　プリペイドカードの発行者に対して、利用者保護のために必要な措置をとること、外部委託先へ指導その他必要な措置をとることが義務づけられています。また、金融庁は、プリペイドカードの発行業務の健全かつ適切な運営を確保するために必要があると認めるときは、その必要の限度において、当該プリペイドカードの発行者に対し、業務改善命令を行うことができます。

法改正・新法制定

2022年の資金決済法の改正

　金融のデジタル化等に対応し、安定的かつ効率的な資金決済制度の構築を図るため、2022年6月に資金決済法等が改正されました（2023年6月1日施行）。

　この改正により、電子決済手段等（ステーブルコイン）のうち、通貨建てのものは、「電子決済手段」とされ（資金決済法2条5項各号）、各種の規制が課されることになりました。ステーブルコインとは、取引価格の安定性を実現するために、米ドルや金などの資産と連動するように設計された暗号資産（いわゆる仮想通貨）のことです。

　また、高額電子移転可能型前払式支払手段（高額かつ譲渡可能な電子マネー）の発行者は、不正利用の防止等を求める観点から、業務実施計画の届出、犯罪収益移転防止法の取引時確認義務等が課されることになりました（資金決済法3条8項・11条の2等、犯罪収益移転防止法2条等）。

❹ 電子記録債権

　手形・小切手は事業者の決済手段として利用され、また事業者の資金調達の手段とされることがありますが、手形・小切手には紛失するリスクがあることから、その利用は減少しています。また、前述のように（P.170参照）、事業者が自己の有する債権を第三者に売却したり、他の債務に対する弁済として譲渡することはできますが、債権を譲り受ける者にとっては、債権の存在や発生原因を確認するのが難しく、また二重譲渡のリスクもあります。

　このような手形・小切手や債権譲渡の問題点を解消し、より安全で円滑な債権の流通を確保するため、電子記録債権制度が設けられています。

　電子記録債権は、電子債権記録機関が保有する記録帳簿に発生記録をすることによって発生します。こうして発生した個々の電子記録債権については債権記録という電磁的記録が作成されますが、電子記録債権の内容は、この

債権記録の記録内容によって定まります（電子記録債権法9条1項）。また、電子記録債権は第三者に譲渡することができますが、**電子記録債権の譲渡は、譲渡記録をしなければ、その効力を生じません**（電子記録債権法17条）。さらに、電子記録債権の譲渡については、手形と同様に、**善意取得や人的抗弁の切断が認められる**など、電子記録債権の取引の安全を図る様々な制度が定められています。

電子記録債権を利用した決済サービスとして、「電子手形」や「でんさい」があります。

（電子記録債権の概要）

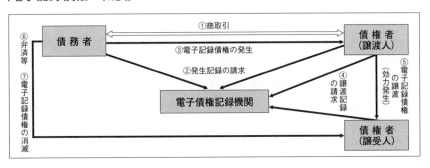

⑤ 電子マネーと暗号資産（仮想通貨）

「電子マネー」の定義は一義的ではありませんが、利用する前にチャージを行うプリペイド方式の電子的な決済手段を指すことが一般です。

電子マネーは、国家が発行した通貨やその預金の裏付けがあり、決済を電子的な手段で行っているもので、通貨自体ではありません。

利用者は、電子的なデータのやり取りを通じて、現金（貨幣や紙幣）と同じように、モノを買ったりサービスを受けたりするときの代金・料金の決済に利用することができます。代表的な電子マネーには、鉄道会社や小売流通企業が発行するものがあります。

仮想通貨は、資金決済法上、「暗号資産」と呼ばれているものです（資金決済法2条14項）。暗号資産（仮想通貨）は、品物を購入したりサービスを受

けたりする際の決済手段として使えるものであり、かつそのように使えるものとしての財産的価値があってコンピュータシステム等によりその移転が可能であるものをいいます。

　暗号資産（仮想通貨）は、国家が発行したものではありません。電子マネーとは異なり、一般に通貨・貨幣の裏付けを持たない点に大きな差異があります。

第❸節
債権の担保

Ⅰ 担保の必要性

　信用調査を行った結果、債務者の信用に多少とも不安がある場合、確実な債権回収のために種々の法的手段を講じておく必要があります。このような債権確保の手段が債権の担保です。

❶ 担保が必要とされる理由

　債権回収の最後のよりどころは、債務者の（一般）財産（責任財産といいます）です。例えば、債務者が貸付金を返済しない場合、債権者は判決を得て債務者の財産（動産や不動産）を差し押さえ、競売に付し、配当金から債権の満足を得ることができます。しかし、債務者の財産が十分ではなかったり、また財産状態が将来悪化するおそれがある場合には、そのような事態に備えてあらかじめ債権を確実に回収できる手段、すなわち担保を得（担保権の設定を受け）ておく必要があります。

❷ 担保の種類

　担保には、人的担保と物的担保があります。

　人的担保は、債務者（**主たる債務者**）以外の第三者にも履行を請求することができるようにする担保です。これに対し、**物的担保**は、債務者がその債務を履行しない場合に、債務者ないし第三者の特定の財産から、他の債権者に先んじて債権の回収を図れるようにする担保のことをいいます。物的担保は、担保物権ともいわれます。

　経済的価値の高い物や権利が増えている現在、物的担保が債権の担保とし

て重要な役割を果たしていますが、人的担保と併用されることも多くあります。

　担保は、担保される債権（被担保債権）が決まっており、その債務が弁済されると担保権も消滅するのが原則ですが、それでは継続的な取引をする当事者間にあっては、その都度担保権を設定しなければならず不便です。そこで、将来発生する不特定の債権を一定の限度で担保するために、**根担保**（ねたんぽ）が認められています。根抵当権（ねていとうけん）（民法398条の2以下）が典型例ですが、保証についても**根保証**（ねほしょう）があります。ただし、保証人が法人ではない個人根保証契約は、極度額を定めなければその効力を生じません（民法465条の2）。

③ 債権回収における物的担保の重要性

（1）　債権回収における物的担保の役割

　人的担保によって債権回収の確実性は一応強化されます。しかし、実際には適当な保証人が見つからないことや、保証人の財産状態が将来悪化することも考えられます。

　その上、債務者から回収するにせよ、保証人から回収するにせよ、これらの者が他にも資産額を超える債務を負っている場合、**債権の種類・内容・発生時期に関係なく、債権額に応じて按分**（あんぶん）**された額しか回収できません**（**債権者平等の原則**）。そのため、債権者は、人的担保のみによっては債権額の一部しか回収できないおそれがあります。債権者としては、自己の債権を他の債権に先んじて回収することができれば、より安心して取引することができます。そこで、債務者が履行しない場合でも、特定の財産から優先的に債権の回収ができる手段として物的担保が重要となります。

　いずれにしても、より確実な担保を取得することが債権回収上の重要ポイントとなります。ただし、昨今の不動産価格の下落に伴い、不動産担保によっても債権回収が困難な場合が多く、担保目的物の担保価値や先順位担保権の有無等をより慎重にかつ継続的に見極める必要があります。

（2）　物的担保と人的担保の比較－物的担保の有用性

　人的担保と物的担保とを比較した場合、物的担保の方が一般に債権回収を

図る上で有用です。特に、抵当権等の代表的な物的担保には、以下の有利さが認められます。

ア）優先弁済的効力（優先弁済権）

取引開始後に、債務者の財産が減少して債務が弁済できなくなった場合、担保を有しない債権者は、債権発生の時期（契約時期）や債権の額に関係なく平等に扱われ、債務者の財産の売却代金の中から、その債権額に応じて按分して配当を受けることになります（債権者平等の原則）。これに対して、**物的担保を有する債権者は、担保の目的である物件に関する限り、その売却代金から他の債権者に優先して弁済を受けることができます。**これを優先弁済権といいます。この優先弁済的効力は、留置権以外の担保物権すべてに共通する効力です。

留置権については、目的物を留置することによって債務者の弁済を促す効力が認められ、これを**留置的効力**といいます。

質権には、優先弁済的効力と留置的効力の両方が認められます。

イ）追及効（ついきゅうこう）

物的担保の典型である抵当権については、債務者が担保に提供した物件を第三者に売却する等の処分をした場合でも、抵当権は消滅せず、その**第三者の所有名義のままで**、その物件から競売等の手続により債権の回収を図ることができます。これを追及効といいます。抵当権には追及効が認められていますが、抵当権以外の物的担保にも追及効が認められるものがあります。

④ 物的担保の種類

民法の定める物的担保は、当事者間の合意（設定契約）によって成立する**約定担保物権**と、法律の規定する要件を充たせば当然に発生する**法定担保物権**に分けることができます。また、民法の定める担保物権を**典型担保物権**といい、それ以外の担保物権を**非典型担保物権**といいます。

（物的担保の種類）

<table>
<tr><th colspan="2">種　　類</th><th>内　　容</th></tr>
<tr><td rowspan="2">法定担保物権</td><td>留置権
（民法295条、
　商法521条）</td><td>自転車修理代金が支払われるまでは、自転車店は修理した自転車を依頼主に返さなくてもよいというように、物を自分の手元に留めておくことができる権利</td></tr>
<tr><td>先取特権（民法303条）
（一般先取特権）
（動産先取特権）
（不動産先取特権）</td><td>法律の規定により債務者の一般の財産（あるいは特定の財産）に対して優先的に自己の権利を行使できる権利</td></tr>
<tr><td rowspan="4">約定担保物権</td><td>質権（民法342条）
（動産質権）
（不動産質権）
（権利質権）</td><td>債権の担保として債務者などから受け取った物を、債務が弁済されるまで手元に留め置いて、弁済がないときはその物を競売して代金から優先弁済を受ける権利</td></tr>
<tr><td>抵当権（民法369条）
（抵当権）
（根抵当権）</td><td>担保の目的物の引渡しを受けずに、債務者の手元に留め、弁済がないときは、その物を競売して優先弁済を受ける権利</td></tr>
<tr><td>仮登記担保権</td><td>停止条件付代物弁済、代物弁済予約に基づき所有権移転の仮登記を行い、弁済がないときは、仮登記を本登記にすることにより優先弁済を受ける権利</td></tr>
<tr><td>譲渡担保権</td><td>担保のために財産をいったん債権者に譲渡し、債務が弁済された場合には返還するという形式による判例上認められた債権担保の方法</td></tr>
</table>

⑤　担保の有する性質

　このように担保には様々な種類がありますが、これらには担保であるがゆえに以下の通り共通する一定の性質が認められます。

(1) 附従性
ふじゅうせい

　担保物権は債権を担保するものですから、**債権が存在してはじめて担保物権も存在し、債権が弁済等によって消滅すれば担保物権も消滅します**。このような性質を附従性といいます。

(2) 随伴性
ずいはんせい

　担保物権は債権を担保するものですから、**被担保債権が他人に移転すれば（債権譲渡）、担保物権も原則としてそれに伴って移転します**。このような性質を随伴性といいます。

(3) 不可分性

担保物権を有する者は、債権全部の弁済を受けるまで目的物の全部の上に
その権利を行使することができます。**債務者が債権の一部を弁済したからと
いって、その割合に応じて目的物の一部が担保物権の対象から除外されるわけ
ではありません。**このような性質を不可分性といいます（民法296条・305条・
350条・372条）。

(4) 物上代位性

担保物権を有する者は、**目的物の売却・賃貸・滅失・損傷等により債務者
等が受けるべき金銭その他の物**（売買代金、賃料、損害賠償請求権、保険金等）
に対しても権利を行使することができます。これを物上代位といい、留置権以
外の物的担保に認められる性質です（民法304条・350条・372条）。

II 法定担保物権

❶ 留置権

(1) 留置権とは

留置権とは、例えば、自転車店が自転車修理代金が支払われるまでは、修
理した自転車を手元に留めておくことができるというように、他人の物を占
有している者が、その物について生じた債権の弁済を受けるまで、その物を
自分の手元に留置できる権利をいいます（民法295条1項）。

民法上、留置権が成立するためには、債権が占有している物について生じ
たこと（**牽連性**）および当該債権の弁済期が到来していることを要するとさ
れています。

もっとも、商人間の取引において生じた債権が弁済期にある場合には、債
権者たる商人は、弁済を受けるまではその取引関係から自らが占有すること
になった物を留置することができ、必ずしも債権が直接その物について生じ
たことを要しません（商法521条）。これを**商事留置権**といいます。これは、
継続的に取引をしている商人間では、互いに自分が占有している相手方の所

有物を債権の担保として期待するのが普通だからです。

例えば、修理業者BがA会社（いずれも商人）に対して、自動車の修理代金債権を有するとともに、それとは別にAに対してトラックの塗装代金債権も有する場合には、Bは両方の債権が弁済されるまでBの手元にある自動車を留置することができます。

なお、**留置権者が目的物の占有を失うと、原則として留置権は消滅します**（民法302条）。

	民事留置権（民法295条）	商事留置権（商法521条）
被担保債権と留置物との関連性	債権（修理代金）と留置物（目的物）との間に関連性（牽連関係）がなければならない	民事留置権におけるような債権と留置する物との間の牽連関係は不要である
留置物	債務者所有の物に限られない	債務者所有の物に限られる
効　力	破産法上、別除権は認められない	破産法上、別除権が認められる（破産法66条）。会社更生法上、更生担保権として扱われる（会社更生法2条10項）

(2) 留置権の実行方法

留置権は、目的物を留置して相手方の弁済を促す権利ですから（**留置的効力**）、留置権者は目的物を留置することができても、**他の債権者に優先して弁済を受ける（優先弁済的効力）**ことはできません。ただし、**競売権は認められており**、それは担保権の実行としての競売の例によるとされています（民事執行法195条）。なお、他の債権者が競売を申し立てた場合、留置権者は買受人（競落人）に対しても留置権を主張できますので、前記（1）の例でいえば買受人はBの債権を支払った上で自動車を受け取るしかありません。このように、留置的効力は他の債権者や競落人その他の第三者に対しても主張することができるため、留置権者は事実上、優先弁済を受けられる場合があります。

競売の申立ては、留置物の所在地を管轄する地方裁判所に対し行います（民事執行法190条・195条）。実務上は、留置物を執行官に提出するとともに、留置権の存在を証する書面、例えば、物の修理に関する請負契約書等を提出します。

❷ 先取特権

<ruby>先取特権<rt>さきどりとっけん</rt></ruby>

(1) 先取特権とは

先取特権とは、法律で定められた債権を持つ者が、債務者の財産から他の債権者に優先して弁済を受ける権利をいいます（民法303条〜341条）。例えば、会社が従業員に対して50万円の未払給料があり、別に銀行から1000万円借り受けていた時点で、営業不振で廃業する際に、100万円の財産しかなかったとします。この場合、従業員は、銀行に優先して、100万円の中から50万円の弁済を受けることができます（民法308条）。

また、家屋の建築請負工事をした請負人は、工事代金不払いの場合、その建物の売却代金から優先的に工事代金を受け取る権利を有します（民法327条）。

先取特権には、**一般の先取特権**（民法306条）・**動産の先取特権**（民法311条）・**不動産の先取特権**（民法325条）があります。

実務上、先取特権による債権回収の実益があるのは動産の先取特権であり、その中でも動産売買の先取特権には注意すべきです。

(2) 動産の先取特権
ア）動産の先取特権とは

動産の先取特権は、債務者の特定の動産を目的とする先取特権です（民法311条）。動産の先取特権は8種類ありますが、その中で、特に**動産売買の先取特権**は債権回収の実務において重要です。

動産の先取特権を実行するには、対象物件の所在地を管轄する地方裁判所の執行官に対し動産競売申立てを行うなどの方法があります（民事執行法190条）。

執行申立てに際しては、従来、担保権実行の目的物である動産を提出するか、動産の占有者が対象物件について差押えを承諾する旨の文書を提出することが必要とされていました。しかし、現在は執行裁判所の許可による競売開始の制度が定められており（民事執行法190条2項本文）、担保権者が担保権の存在を証する文書を提出して競売開始の申立てをした場合には、執行裁

判所は、当該担保権についての動産競売の開始を許可することができます。

イ）動産売買の先取特権（民法311条5号・321条）

　動産の売主は、公平の原則に基づき、その売買代金および利息について売り渡した当該動産の上に先取特権を有します。

　もっとも、債権回収の実務において、この先取特権が効果を発揮するのは、売主が代金の支払いを受ける前に、買主に対し引渡しの先履行をなしている場合です。引渡し前であれば、同時履行の抗弁権（民法533条）あるいは留置権（民法295条1項）により、売主は代金の支払いと引換えでなければ引き渡さないと主張することによって売買代金債権を確保できるからです。なお、**債務者が目的動産を第三取得者に引き渡した場合は、先取特権はその目的動産に効力を及ぼし得ない**（民法333条）点に限界があります。

Ⅲ　約定担保物権

① 質権

(1)　質権とは

　質権とは、債権者が債権の担保として債務者などから受け取った物（質物）を、債務が弁済されるまで手元に留め置き、弁済がないときはその物を競売して売却代金から他の債権者に優先して弁済を受ける担保権です（民法342条）。

　質権は、一般には比較的少額の金融手段として機能する営業質屋の担保としてなじみがありますが、**民法上の質権は、営業質屋とは異なり流質（質流れ）契約ができないのが原則です**（民法349条、質屋営業法18条）。

　質権は、質権者（債権者）が目的物の引渡しを受ける点で抵当権と異なりますが、本質的には目的物の交換価値の把握という権利内容において抵当権と共通性を持ちます。また、担保物権として**附従性・随伴性・物上代位性・不可分性**を有します（民法350条・304条・296条）。

流質

　債務者が債務を履行しない場合、質権者が質物の所有権を取得したり売却する方法で、優先弁済に充てる契約を、「流質契約」といいます。

　債務者は、経済的に困窮し、急いで借入れをする必要があるので、質権設定をするのが通常ですから、債権者が債務者の窮状につけ込んで、債務額に比べて不相当に高い価値の質物の所有権を、質権者に移転する危険があります。この危険を防ぐため、民法349条は「質権設定者は、設定行為又は債務の弁済期前の契約において、質権者に弁済として質物の所有権を取得させ、その他法律に定める方法によらないで質物を処分させることを約することができない。」と流質契約を禁止しています。

　民法349条が、弁済時の契約で流質を定めることを禁止していない理由は、設定者が債権者につけ込まれる危険が少ないからです。質権者が質屋の場合、質屋は行政が監督しているので、このような危険が少ないため、流質契約は禁止されていません（質屋営業法18条）。また、商人間の自由取引を尊重する趣旨から、民法349条は、商行為によって生じた債権を担保するために設定した質権については、適用されません（商法515条）。

(2)　取引上重要な意味を持つ権利質

　質権は設定する目的物により、**動産質・不動産質・権利質**に分けられます。ただ、実務上、不動産に関しては、占有の移転を伴わない抵当権が便宜であり、質権は少なくとも金融媒介手段としては重視されていないのが現状です。

　質権の中でも、今日において取引上意義を持っているのは権利質とりわけ債権質です。**債権質の場合には、質権者が直接その債権を取り立てることが認められている**点で被担保債権を満足する手段として有益です（民法366条1項）。

(3)　質権の設定

　質権は債務者・債権者間の合意（設定契約）と目的物の引渡しによってその効力を生じます（**要物契約**、民法344条）。

債権に質権を設定することは、その債権が質入れを許さないような債権でない限り可能です。設定する際には、証券的債権（譲渡するために証書の交付を必要とする債権）の場合、その債権証書の交付等が必要とされています（民法520条の7・520条の2・520条の17・520条の13・520条の20）。

(4) 質権の対抗要件

質権を他人に対して法律上主張するためには、一定の事実（対抗要件）が必要です。

対抗要件は、動産質の場合は質物の占有ですが、指名債権（債権者が特定している債権）を目的とする質権の場合は「第三債務者（質入れされた債権の債務者）に対する通知または第三債務者の承諾」です（民法364条・467条1項）。

さらに、他の債権者などへ対抗するには、第三債務者への通知または承諾が、確定日付のある証書によってなされることが必要です（民法364条・467条2項）。具体的には、質権設定承認書に公証人役場で確定日付を付してもらうか、内容証明郵便によって通知することによります。そして、質権者相互間の順位は、本来はこの確定日付ある証書の到達の先後によって決まりますが、実務では一般に順位の約定がなされています。

(5) 質権の効力

質権には、先に説明した**優先弁済的効力**と**留置的効力**が認められます。また、不動産質権の場合、質権者は目的物である不動産を使用・収益することができます（民法356条）。

債権質が設定されると、第三債務者は債務者に弁済をしても質権者に対抗できません。そして、**質権者は、債務者が弁済をしないときは、質入れ債権を第三債務者から直接取り立てることができ**（民法366条）、**取り立てた金銭を被担保債権の弁済に充てることができます**。もし第三債務者が設定者たる債務者に弁済したとしても、質権者はさらに自分に支払うよう請求できます。

❷ 抵当権

(1) 抵当権とは

抵当権とは、債権者がその債権を担保するために、債務者もしくは第三者（物上保証人）が占有を移さず自ら使用したままで不動産等を債務の担保に供し、債務者が弁済をしない場合に、その目的物を競売に付し、その代金から優先弁済を受けることのできる担保権です（民法369条1項）。

実務上は、継続的な取引を前提とする根抵当権（P.311参照）や、同一の債権を担保するため複数の不動産に抵当権を設定する共同抵当が多用されています。

質権では債権者が目的物の引渡しを受けるのに対し、**抵当権では債権者が目的物の引渡しを受けずに所有者（債務者・物上保証人）に従来通り利用させる**点が異なります。債務者にとっては、土地などの担保目的物を手元に置いたまま融資等を受けられる点で便利であり、抵当権は物的担保の代表といわれています。

抵当権には、優先弁済的効力・附従性・随伴性・不可分性・物上代位性といった性質が認められます（民法372条・296条・304条）。

(2) 抵当権の目的物

民法が抵当権の設定を認める目的物は、土地、建物等の不動産（民法369条1項）および地上権・永小作権（民法369条2項）です。もっとも、一筆の土地の一部について抵当権の設定をするには、実務上分筆の登記をする必要があります。1棟の建物の一部については、それが「建物の区分所有等に関する法律」により認められる区分所有権の目的物であれば抵当権を設定することができます。

その他の法律で認められる目的物には、商法上の登記をした船舶（商法848条）、特別法上の財団（工場財団（工場抵当法）・鉱業財団（鉱業抵当法）・鉄道財団（鉄道抵当法）・道路交通事業財団（道路交通事業抵当法）等）、特別法上の立木（立木法）、採石権（採石法）などがあり、さらに農業用動産・自動車・建設機械・航空機等も特別の立法により抵当権を設定することがで

きます。

(3) 抵当権の設定および登記

抵当権は、債権者と目的物につき処分権限を有する担保権設定者との間の設定契約により成立します。質権と異なり占有の移転を要しない諾成契約です。もっとも、抵当権の本体である優先弁済的効力・追及効を発揮させるためには対抗力を備えることが必須です。すなわち、**抵当権を第三者に対抗するには、抵当権の登記をしなければなりません**（対抗要件、民法177条）。抵当権の登記をすれば、登記後に抵当権を設定した他の抵当権者に対しても、自己の抵当権が優先することを主張できます。この場合、登記の順序によって、一番抵当権、二番抵当権などと呼ばれます。同一の不動産について抵当権が複数設定された場合には登記の早いものが優先します（民法373条）。

(4) 抵当権の効力
ア）被担保債権の範囲

抵当権によって債権の元本が担保されることはいうまでもありません。しかし、利息については、必ずしも全額が担保されるわけではありません。これは抵当権の場合、抵当目的物が設定者の手元に置かれることから、抵当権設定後についても後順位抵当権者などの第三者が現れることが少なくなく、これらの第三者も保護する必要があるためです。そこで、**民法上、満期の到来した「最後の2年分」の利息についてのみ抵当権を実行し得ることとされています**（民法375条）。もっとも、**この制限規定は、第三者と抵当権者との利益を調整することが目的であり、抵当権設定者に対しては被担保債権全額を主張し得ます**。

したがって、例えば、後順位抵当権者に配当した後、残余の競落代金があれば、2年分を超える利息についてさらに配当を受けることができます。遅延賠償や違約金についても延滞利息と通算して2年分が担保されます。

なお、遅延損害金については、約定利息より高率の特約があればそれを登記することにより優先権を主張できます（不動産登記法88条）。

イ）抵当権の効力の及ぶ範囲

抵当権の効力は、抵当権の目的となっている不動産（土地、建物）そのものだけではなく、抵当権設定の時点で抵当不動産上に存し、その経済的な効用を助けるために、継続してその不動産に備えられたものにも及びます。例えば、**建物に抵当権が設定された場合、その効力は、この建物に付け加えられた建物と一体となったもの、例えば、営業用の什器、建物を建てるために設定された敷地の利用権などにも及びます**（民法370条参照）。

COLUMN ## 借地上の建物への抵当権の設定

抵当権の効力は敷地の利用権に及ぶといっても、土地の賃借権は、譲渡に際し賃貸人の承諾を要することから（民法612条1項）、実務上は無用のトラブルを避けるため、一般に抵当権者はあらかじめ抵当権設定者に地主の承諾を得させた上で、借地上の建物に抵当権の設定を受けています。

ウ）物上代位

a. 物上代位の意義

抵当権は、本来の目的物だけでなく、目的物の売却・賃貸・滅失・損傷によって抵当権設定者の受けることのできる金銭その他の物（代償物）に対しても行使することができます（民法372条・304条1項）。これを**物上代位**といいます。担保物権たる抵当権の機能は、目的物の交換価値を把握し、優先的に弁済に充てて、被担保債権を満足させるところにあります。このことから、抵当権は目的物のいわゆる等価物_{とうかぶつ}にもその効力が及ぶこととされているのです。

例えば、家を新築するに際して、銀行から1000万円の融資を受けた場合、銀行は、この融資債権の担保として新築家屋に抵当権を設定させるのが通常です。この場合に、家屋が焼失すると目的物が消滅するため、抵当権も消滅するのが原則です。しかし、**「物上代位」により、目的物の消滅に伴い債務者（建物所有者）が受け取ることのできる金銭（火災保険金）などから、抵当権者は自己の債権を回収することができます**。したがって、債務者が建物に火災保険を付保していれば、抵当権者（銀行）は、その保険金から債権を回収

することになります。

　物上代位は抵当権のほか、先取特権、質権にも認められています。

b. 物上代位の行使方法

　物上代位権を行使するためには、**抵当権設定者の受けるべき金銭その他の物を、その払渡しまたは引渡しの前に差し押えなければなりません**（民法372条・304条1項但書）。この差押えによって、抵当権者は、払渡しまたは引渡しによってこれらの物が抵当権設定者の一般財産に混入してしまうことを防ぎ、物上代位権を保全することができます（最判昭59・2・2民集38巻3号431頁、最判昭60・7・19民集39巻5号1326頁）。また、これらの物が物上代位の対象となることを他の債権者に知らせることによって、優先性を確保することが可能となります（ただし、そのためには、抵当権者が自ら他の債権者に先んじて差押えを行うことが必要です（大連判大12・4・7民集2巻209頁））。なお、差押えを行うには、抵当権の存在を証明する文書を提出することが必要です（民事執行法193条）。

c. 物上代位の目的

　物上代位の目的となり得るものとして、まず売却代金がありますが、抵当権は目的物の所有権の帰属いかんにかかわらず、目的物そのものに追及し、実行することが可能なので売却時期が事前にわかれば効果的に行使できます。ただし、抵当目的物は債権者の知らないうちに売却されることが多いので、実際上の意義はそれほど大きいわけではありません。

　次に、**目的不動産が賃貸された場合の賃料**（最判平1・10・27民集43巻9号1070頁）・**権利金、用益物権が設定された場合の地代・権利金**なども、物上代位の目的となり得ます。もともと抵当権は、目的物を占有しない非占有担保権であって、抵当権の実行までは設定者による目的物の利用を認める趣旨のものであり、賃料への物上代位を認めることはこの趣旨に反するかに見えますが、賃料は抵当目的物の価値がなし崩し的に実現したものと評価できるので認められています。なお、多くの場合、物上代位による賃料の差押えは、抵当権の実行と同時に行われています。

　さらに、**目的物の滅失・毀損による損害賠償請求権や損害保険金請求権**が物上代位の目的となることも実務上重要です。保険金は保険契約に基づく保

険料支払いの対価であって、目的物の変形した等価物ではないともいい得ます。しかし、本来、抵当権設定者は、担保権者に対して目的物の担保価値を維持する義務を負っており、目的物と経済的関連性を有する保険金請求権について物上代位を認めるのは、当事者の合理的な意思に合致すると理解されています。もっとも、物上代位権行使のためには差押えが必要です。そのため、実務上、抵当権者は、差押えにおいて他の債権者に先を越されても保険金を確保し得るよう、別途、火災保険金請求権の上に質権（前述の債権質）の設定を受け、物上代位によらず、質権者として保険金請求権の上に優先権を確保することが一般的です。

COLUMN　抵当権の実行方法

　抵当権を実行し債権を回収するためには、裁判所に担保不動産競売（民事執行法180条1号）の申立てをすることになります（民事執行法2条）。その場合、民事執行法181条1項に記載された文書を提出する必要があります。同項3号に「担保権の登記（仮登記を除く）に関する登記事項証明書」があるため、一般的には、抵当権が記載された登記事項証明書で足りることになり、別途訴えを提起して確定判決を得るなどの手続は不要です。

　担保不動産競売の申立てがなされ、その要件を充足していれば、裁判所より競売開始決定がなされ、差押えの登記が当該不動産になされます。

　その後、評価人による不動産評価、最低競売価格の決定などを経て、競売により落札されれば、抵当権者は配当を得ることになります。

　上記は、目的不動産を競売し、その競売代金から回収を図る方法ですが、担保不動産収益執行手続（民事執行法180条2号）の方法により回収することもあります。これは、抵当権者が、賃料などの担保不動産から生じる収益から債権の回収を図る制度で、裁判所により管理人が選任され、この管理人が賃料の回収などを行い、配当等を行います。

　また、担保不動産競売、担保不動産収益執行手続のほかに、任意売却により抵当権者が債権を回収することも実務ではよく行われます。これは、抵当権者が、債務者と任意に交渉し、債務者に不動産を売却するように促し、不動産が売却されれば、その代金から債権を回収するというものです。

（5） 根抵当権とは

　根抵当権は、被担保債権について一定の**極度額**を定め、その極度額の限度で、一定の範囲に属する不特定の債権を担保（一般の抵当権の場合は特定の債権を担保）する抵当権です（民法398条の2）。特に継続的取引では多数の債権が発生し、その1つ1つについて抵当権を設定することは煩雑であり、また費用もかさむことから根抵当権を利用する意義があります。

Ⅳ 非典型担保

① 譲渡担保

　譲渡担保とは、「担保のために」財産をいったん債権者に譲渡し、債務が弁済された場合には返還するという形式による債権担保の方法です。譲渡担保は、抵当権や質権など民法等に明文の規定のある物的担保と異なり、判例上認められた物的担保です。

　債務者は、債務者からの弁済がないときはその財産権を裁判所の手続によらず自ら評価して（私的実行）、優先的に弁済を受けることができます。

　譲渡担保は、財産権を債権者に移転するという形式をとりますが、実質的には、債権者は被担保債権の範囲内で目的物の価値を支配するのみであり、譲渡担保権を実行するときは、その物の価格から債権額を差し引いて債務者に返還しなければなりません（**清算義務**）。

　譲渡担保の目的物は、特定性・譲渡性を有するものであることを要し、不動産・動産・有価証券・売掛債権などのほか、ある倉庫に保管されている商品全部といった集合物もその目的物とすることができます。

② 仮登記担保

　弁済者が債権者との契約により、本来の債務の履行に代えて不動産などの他の給付をすることによって債権債務関係を清算することを**代物弁済**といいます（民法482条）。

これには、将来、債務者が支払いをしない場合、①当然に代物弁済の効果が発生することを約束した**停止条件付代物弁済契約**、②債権者が後に意思表示をすることによって代物弁済の効果が生じる**代物弁済の予約**等があります。

これらの約束をする場合、債権者は、所有権移転の仮登記をして他の第三者に対抗することになります。これも担保権の1つとして認められており、**仮登記担保**と呼ばれ、「仮登記担保契約に関する法律」（仮登記担保法）によって規律されています。

仮登記担保には、①所有権移転の場合に比較して、登記費用が安く比較的簡便である、②担保権実行の際も競売手続を踏まなくてよい、といった効用があります。しかし、債務の金額に比べてはるかに高額な物を担保とし、支払いがない場合には直ちにその担保目的物全体を支配し、独り占めすることは、公平ではありません。そこで、担保権の実行の手続が詳細に定められ、担保目的物の評価額と債権額の差額を債務者に清算することが義務付けられています。

❸ 所有権留保

家電製品や自動車などを分割払いで売買する場合、商品は買主に引き渡すが、代金が完済されるまでは、商品の所有権を売主のもとに留保しておくことがあります。このような取引方法を**所有権留保**といいます。所有権留保付売買によれば、売主は、商品を買主に利用させますが、仮に代金が支払われない場合には、その商品の所有者として商品の返却を受け（一般的には、売買契約の解除という形で行われます）、これを弁済に充てることができます。

このように所有権留保は代金債権の担保方法ですから、代金未払いにより商品の返却を受けた場合でも、その商品の価額が残代金を超える場合にはその超過分を清算しなければなりません。

所有権留保付売買の場合、所有権は売主に留保されるものの、実際には買主に担保の目的物である商品を利用させることから、買主がその商品を他に転売したりしないよう配慮する必要があります。したがって、所有権留保付売買においては、特に転売を認める必要がある場合を除いて、一般には買主

は担保の目的物である商品の処分ができない旨の特約が結ばれます。もっとも、買主がこの特約に違反して、善意・無過失の第三者に転売し、即時取得（P.170参照）が成立する場合には、売主は商品の所有権を失い、返還を請求することができなくなってしまいます。このような事態に備えるためには、できるだけ担保の目的物である商品に、ネームプレートなどを備えて所有権留保の存在を公示しておくことが望ましいとされています。

なお、今日では分割払いによる商品の売買は、所有権留保付きで行われることが一般化しています。そこで、割賦販売法において指定された商品が割賦販売の方法で販売された場合には、その商品の所有権は、賦払金の全部の支払いの義務が履行されるまで、割賦販売業者に留保されたものと推定されます（割賦販売法7条）。

Ⅴ 人的担保

❶ 保証

（1） 保証とは

保証は、本来の債務者（これを主たる債務者または主債務者といいます）がその債務を履行しない場合に、これに代わって債務者以外の者、すなわち保証人が履行する義務（保証債務）を負う債権担保方法です（民法446条1項）。保証は、債権者と保証人との間で保証契約を締結することによって成立し、主債務者の同意等は必要とされません。

もっとも、**保証契約は書面によってなされなければその効力を生じません**。ただし、保証契約がその内容を記録した電磁的記録によってなされた場合は、その保証契約は書面でなされたものとみなされます（民法446条2項3項）。

保証にも、物的担保と同様に**附従性**が認められ、主たる債務が消滅すれば保証債務も消滅し、保証人は主たる債務者の持っている抗弁権を主張（援用）することができます。また、**随伴性**も認められますが、優先弁済的効力は認められないので、他の債権者に優先して保証人から弁済を受けることはできません。

保証債務は、主たる債務が履行されない場合に行使される二次的な債務です（これを**補充性**といいます）。補充性の具体的な現れとして、保証人には、催告の抗弁権と検索の抗弁権が認められています。**催告の抗弁権**は債権者に対して、主たる債務者に先に請求することを求めるものです（民法452条）。また**検索の抗弁権**は、債務者に請求したが弁済を受けられなかったとして債権者が保証人に請求してきても、執行が容易な主たる債務者の財産からまず弁済を受けることを求めるものです（民法453条）。

保証人と主たる債務者の関係の実質は、保証人が主たる債務者に代わって債務を弁済する点にあります。したがって、**保証人が弁済した場合には、その金額を主たる債務者に請求できます。**これを保証人の**求償権**（きゅうしょうけん）といいます（民法459条等）。

(2) 連帯保証とは

保証人が主たる債務者と連帯してその債務を履行することを特に合意した保証を**連帯保証**といいます。**連帯保証には、通常の保証と異なり、催告の抗弁権・検索の抗弁権が認められません**（民法454条）。したがって、債権者にとっては、債権回収上、通常の保証債務よりはるかに有利です。このため、一般には通常の保証よりも連帯保証の方が利用されます。

この連帯保証については、従来、金融機関が企業へ融資する際、直接当該企業の経営には関わっていない第三者である親族や知人にも連帯保証を求めることがありました。これらの者は、経営に直接関わっていないにもかかわらず、経営者と同様の責任を負わされ、その責任が過大であるほか、債務責任の説明が不十分なケースが散見され、制度のあり方について見直しが図られました。すなわち、金融庁は監督指針において、金融機関が企業へ融資する際に、経営に無関係な第三者の個人連帯保証人を求めないことを原則とすることとしています。

保証債務が連帯保証となるのは、原則としてその旨の特約がある場合に限られますが、債務が主たる債務者の商行為によって生じた場合や、保証が商行為の場合には、保証債務は当然に連帯保証となります（商法511条2項）。

❷ 連帯債務とは

連帯債務とは、数人の債務者が同じ債務を負い、それぞれが債務の全額について履行しなければならず、しかも一人が履行すれば、他の債務者の債務もまた消滅する関係にある債務をいいます（民法436条以下）。

連帯債務者の一人が、弁済をするなど、自己の財産をもって共同の免責を得た場合、その連帯債務者は、その免責を得た額が自己の負担部分を超えるかどうかにかかわらず、他の連帯債務者に対し、原則として、その免責を得るために支出した財産の額のうち、各自の負担部分に応じて求償することができます（民法442条1項）。

第 ❹ 節
緊急時の債権の回収

❶ 裁判所に対する手続による債権の回収

　債務者がどうしても債務の履行をしない場合には、強制的に債権の回収を する必要があります。ただ、自力救済が禁止されている（P.36参照）ため、 強制的な回収は原則として裁判所に対して一定の手続を申し立てて適正に行 う必要があります。

　裁判所に対して申し立てる手続には、次のようなものがあります。

（1）　民事訴訟手続

　裁判所に訴状を提出して、当事者（原告・被告）が法廷で口頭弁論を行い、 判決の言渡しを受ける手続です。

　判決に不服があれば、さらに控訴や上告をして、上級の裁判所に判断を求 めることができます。

　判決が確定する（不服申立ての方法がなくなり、争い得なくなった状態）と、 その判決を債務名義として強制執行ができるようになります。

（2）　支払督促

　簡易裁判所の督促手続です。金銭の支払請求権等について簡易裁判所の裁 判所書記官に支払督促の申立てを行い、支払督促を債務者に対して発するこ とを求めます（民事訴訟法382条・383条）。その後の所定の手続を経れば、 先に述べた確定判決と同じ効力を持ちます（民事訴訟法396条）。訴訟手続と 異なり、相手方が異議を出さなければ簡易迅速に処理できる点にメリットが ありますが、異議が出れば通常の訴訟に移行するので、かえって時間が掛かっ てしまう点がデメリットです。

(3) 即決和解

　紛争に関する当事者による解決に向けた合意を前提に、簡易裁判所の関与の下に和解を行う手続です。起訴前の和解などともいいます（民事訴訟法275条）。

(4) 調停

　裁判所に当事者が出頭し、話し合いをする手続です。調停が成立すると、調停調書が作成され、**調停調書は確定判決と同じ効力を有します**（民事調停法16条、民事訴訟法267条参照）。法律上の請求権がない場合など訴訟になじみにくい場合でも条理によって解決できる点にメリットがありますが、相手方が話し合いに応じない限り何らの解決もできない点がデメリットです。

❷ 債務者の倒産

　取引の相手方の倒産は、売掛金などの債権を回収する上で最も困難な事態です。倒産により、債権者による債権回収が事実上不能となることもあります。

　倒産とは、会社が支払不能または債務超過の状態になり、事業を継続して行えなくなった事態のことを指す言葉として一般に用いられています。例えば、不渡手形を6か月に2回出した場合は銀行取引停止処分（P.285参照）となり、会社はこれによって事実上事業を継続するのが困難になるのが通常ですが、このような状態に至ったことを倒産したといいます。

(1) 会社の倒産処理

　会社が倒産した後の処理（倒産処理）には、手続が法律上規定されており裁判所が関与する法的整理と、債権者と債務者の協議によって進められる任意整理があります。なお、法的整理には、会社の再建を目指す**再建型整理**（**民事再生、会社更生**）と、会社を解体整理する**清算型整理**（**破産、特別清算**）があります。

(主な法的整理)

	目　的	経営権・担保権の処理
破産	債務者が総債務を完済する見込みがない場合に強制的に債務者の全財産を換価して、総債権者に公平に分配し、清算することを目的とする。	・会社は破産管財人の管理下に入り、債務者（経営者）は管理処分権を失う。 ・担保権者は別除権を有するので、担保権の行使は可能。
民事再生	経済的に窮境にある債務者の事業または経済生活の再生を図ることを目的とする。	・債務者は財産管理処分権を失わないが、管理命令が出された場合、管財人が選任され債務者は権限を奪われる。 ・担保権は別除権とされる。 　ただし、①担保権の実行中止命令制度、②担保権消滅請求制度が設けられている。
会社更生	窮境にある株式会社が裁判所の監督の下に会社の事業の維持更生を図ることを目的とする。	・会社は更生管財人の管理下に入り、債務者（経営者）は管理処分権を失う。 ・担保権は更生担保権とされ権利行使は制限される。

ア）破産

　破産は、債務者が総債務を完済する見込みがない場合に、強制的に債務者の全財産を換価して、総債権者に公平に分配し、清算することを目的とする手続です。会社のほかに、個人や公益法人なども手続の対象となります。

イ）特別清算

　特別清算は、株式会社が清算をするにあたり、清算の遂行に著しい支障を来すべき事情があるときや、債務超過の疑いがあるときに行われる手続です（会社法510条以下）。手続の対象となるのは株式会社のみです。

ウ）民事再生

　民事再生は、経済的に窮境にある債務者の事業または経済生活の再生を図ることを目的とする手続です。会社のほかに、個人や公益法人なども手続の対象となり、個人のための特則である「個人再生手続」が設けられています。

エ）会社更生

　会社更生は、窮境にある株式会社が、裁判所の指揮監督の下に会社の事業

の維持更生を図ることを目的とする手続です。法律上、手続の対象となるのは株式会社のみであり、実際には大規模な株式会社に利用されています。

オ）任意整理

任意整理は、上記のような法定された法的整理手続によらずに、債務者と債権者との間で協議・交渉をし、両者の合意により債権債務関係を整理するものです。法的整理手続とは異なり、任意整理には裁判所は関与しません。

(2) 個人の破産・民事再生

最近、特にクレジットカードの無計画な使用からその返済が不能となり、破産するという事態（個人破産）が多く発生しています。

個人破産については、一般に債権者が破産の申立てを行うのではなく、債務者が自ら裁判所に申し出て、破産手続開始決定を受ける自己破産の方法によります。

また、自己破産することなく、借金等の債務を返済し、経済生活の再生を図ることを目的として、個人再生手続（民事再生法）が定められています。

❸ 強制執行の手続

自力救済（P.36参照）が禁止されていることを受け、国家機関の力で債務者の財産を処分するなどにより強制的に債権を満足させる手続が定められています。これを**強制執行**といいます。

強制執行の申立てをするには、請求権の存在および内容を公証する文書である**債務名義**が必要です。債務名義には、裁判所の確定判決、仮執行宣言付きの支払督促、調停調書、和解調書や強制執行認諾文言付きの公正証書などがあります（民事執行法22条）。

債権者による強制執行の申立ては、執行の目的に応じて担当裁判所または執行官に対して行います。例えば、不動産・債権については裁判所、動産については執行官が担当します。

(1) 不動産の場合

　強制執行の申立てをすると、その要件が調っていれば開始決定が下されます。それに基づき不動産登記簿に差押登記がなされ、不動産の所有者は自由に処分することができなくなります。その後、物件調査・評価手続・債権関係調査が行われ、その結果に基づき最低売却価格が決定されます。

　競売は、入札により行われ、売却許可がなされると、代金納付・配当手続が行われ、債権者は配当金を受け取り、自己の債権へ充当することになります。

(2) 動産の場合

　動産の所在地の地方裁判所の執行官に動産執行の申立てを行い、執行官はその申立てによって相手方の動産を差し押さえ、これを競売に付し、その代金を配当します。債務者の所有する物であれば特に差押えを禁じられている物以外はすべて差押え・動産競売の対象となります。ただし、債務者の所有物ではあっても第三者の占有下にある差押対象物件については、その占有者がその差押対象物件の提出を拒まない場合にのみ、差し押さえることができます。

(3) 債権の場合

　裁判所に対する債権者の申立てにより、相手方である債務者が第三債務者に対して有する金銭債権を差し押さえる旨の差押命令を裁判所が発することにより、手続が開始します。その後、一定期間経過後に申立人自らが当該債権を取り立てる権限を取得します。さらに、申立人が望めば債権自体を申立人に移転するよう求めることができ（転付命令）、それにより債権の満足を図ることもできます。

　転付命令のメリットは、事実上、優先弁済を受けることができる点にあります。すなわち、転付命令が送達されると、他の債権者が二重差押えや配当要求をすることができなくなり、当該債権をすべて申立人が取得できるようになります。

　一方、転付命令は、当該債権自体が申立人に移転する結果、請求債権が消滅することになり、第三債務者が無資力であっても、もはや請求をすること

ができなくなるので注意が必要です。転付命令の場合、取立不能のリスクはすべて差押債権者が負うことになります。

（各種強制執行の手続）

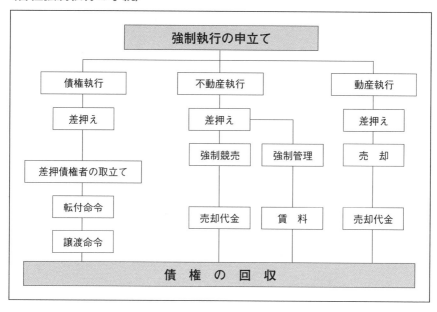

CHAPTER

6

Structure of enterprise and company

【第6章 企業と会社のしくみ】

第1節 法人と企業

第2節 会社のしくみ

法人と企業

Ⅰ 法人

❶ 法人の権利主体性

　法人とは、人（自然人）以外で、契約などの法律行為を有効に行い、権利・義務の主体となる資格（権利能力、P.54参照）を認められているものをいいます。

　法人は、法の定める一定の手続に従えば自由に設立することができます（**準則主義**）。もっとも、公益的性質を有する一定の法人等については、内閣総理大臣による認定や根拠法に基づく認可などを受けなければなりません。

COLUMN　法人を権利主体とする必要性

　法律は、人（自然人）以外に法人を権利主体と認めていますが、法人が必要とされるのはなぜでしょうか。

　資本主義が高度に発展した現代社会では、人々は会社形態などの様々な団体や組織を形成して活動しています。このような団体は、その組織や経済活動の側面を見ると、自然人とは別個の独立した実態を持っていることが認められます。しかも、このような団体が第三者と取引する場合、もし、団体自体に権利能力を認めないと、団体に参加している個々の構成員が全員そろって契約を締結するか、代表者を代理人として個々の構成員全員と委任契約を締結するなど、取引上の手続が大変煩雑で、また時間もかかることになります。その上、関係当事者が多いため、権利義務関係も複雑になります。

　そこで、このような不都合を回避するため、法は、団体（社団）に自然人と同じように取引の主体、すなわち権利義務の主体としての地位を認め、契

約の当事者となり、個々の構成員からまったく独立して財産を所有・管理することができるようにしたのです。

　またこれとは別に、法は、他の財産から隔離された財産の集合（例えば有価証券・不動産）に、財団としての権利能力を認めて、一定のまとまった財産をその所有者から独立して特定の目的（例えば学術振興や国際交流等）のために運用できるようにしています。

❷ 法人の分類

　法人は、その性質や目的によって次のように分類することができます。

（法人の分類）

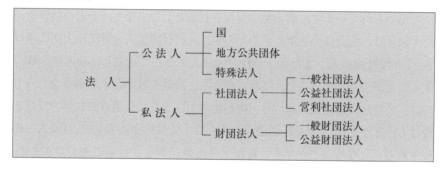

（1）　公法人と私法人

　国や法人格を持つ公共団体を公法人といいます。国・都道府県・市町村は、代表的な公法人です。各種の独立行政法人なども公法人です。公法人以外の法人を私法人といいます。

　以下の分類は、私法人についてのものです。

（2）　私法人の種類

　自然人の集合体である団体自身に権利能力が与えられたものを「社団法人」といい、**財産の集合に権利能力が与えられたものを「財団法人」**といいます。

　また、**学術、技芸、慈善その他公益を目的とする法人を「公益法人」**といい、

営利事業を営むことを目的とする法人を「営利法人」といいます。営利とは、事業活動によって経済的利益を得るとともに、その得た利益を団体の構成員（社員）に分配することをいいます。なお、その目的が公益でも営利でもない法人もあり、例えば、団体の構成員間の利益を図ることを目的とする法人などがこれに当たります。このような法人を一般に「中間法人」と呼びます。そして、公益法人と中間法人を併せて、「非営利法人」と呼ぶことがあります。

　法人は、民法その他の法律の規定によらなければ成立せず、その設立、組織、運営および管理については、民法その他の法律の定めるところによるとされています（民法33条）。

　株式会社や持分会社などの営利社団法人については、会社法で定められています。

　これに対し、非営利法人については、一般的に、一般社団法人・財団法人法で定められています。剰余金（じょうよきん）の分配を目的としないなど、一定の要件を充たす団体は、公益性の有無にかかわらず、一般社団法人・財団法人法に基づき、「一般社団法人」または「一般財団法人」として設立し、法人格を取得することができます。また、これらのうち、公益を目的とする事業を行うものは、公益法人認定法に基づき、内閣総理大臣または都道府県知事の認定を受けることにより、「公益社団法人」または「公益財団法人」（公益法人と総称される）となることができ、税制上の優遇（ゆうぐう）措置（そち）を受けることができます。なお、非営利法人については、特定非営利活動促進法など、さまざまな特別法が定められており、これらにより法人格を取得するものもあります。

COLUMN　権利能力なき社団とは

　法人は、法律の規定によらなければ設立できません（民法33条1項）。法人に似た組織で活動をしていたとしても、法人格（権利能力）を取得していなければ法人ではなく、権利義務の主体となることはできないのです。

　しかしながら、現実の社会では、実質的には法人と変わらない団体が存在します。このような団体については、できる限り法人であるのと同じように

取り扱うのが実際的です。このように、法律上の根拠規定がないために法人格は認められないが、できる限り「法人」と同じように取り扱うのが妥当である団体を**権利能力なき社団**といいます。

例えば、法人の実態に応じて、構成員の脱退に際して財産分割請求をできないとしたり、あるいは権利能力なき社団の債務は構成員が個人的に責任を負わないとする判例が存在します。また、訴訟行為については、法人格を有していなくても、代表者の定めがある場合には訴訟行為をすることが認められています（民事訴訟法29条）。

判例は、権利能力なき社団と認められる要件として、次に示すものを挙げています。

---

① 団体としての組織が存在すること
② 多数決原理を採用していること
③ 団体の存続が構成員の変更に影響されないこと
④ 代表者が存在すること
⑤ 総会の運営方法が確立していること
⑥ 財産の管理方法が確立していること

もっとも、権利能力なき社団と認められた場合であっても、あらゆる場面において法人と同様に扱われるわけではありません。例えば、法律の規定がない以上、団体としての登記はできず、また不動産の登記についても団体名での登記はできません。

なお、町内会のような一定の区域に住む者の団体（地縁団体）については、市町村長の認可を得ることにより権利主体性が認められます（地方自治法260条の2）。

II 企業の種類と機能－個人企業と共同企業

権利・義務の主体には、人（自然人）と法人とがあることを説明しました。ここではさらにそのうち、営利的な権利・義務の主体である「企業」について説明します。

企業は、生産や流通などの経済活動を継続的に行う独立した経済単位です。また、その構成から見れば、物的要素である資本と、人的要素である経営者

および従業員等の経営補助者が有機的・統一的に結合した独立の活動体です。これらの点で、企業と一般私人は異なっています。

　企業の形態としては、人が単独で企業主体となるものや複数の人が集まって共同で企業主体となるものがあります。前者は個人企業（個人営業主）であり、後者は共同企業です。

❶ 個人企業

　個人企業は、1人の企業主体（経営者）が、自らの個人財産を資本として、自己の権限と責任で企業経営を行う形態の企業です。

　経営者は企業活動以外の一般市民としての活動も行うことから、企業と経営者個人とは一定の範囲で区別されます。すなわち、個人企業も後述する「商人」（P.335参照）として商業帳簿（会計帳簿および貸借対照表）の作成が義務付けられ（商法19条）、企業の**営業用財産**と経営者の**私用財産**とが区別されます。また、企業の名称についても、経営者の氏名とは異なる名称を「商号」として使うことができます。なお、営業のために使用する財産の価額が50万円を超えないものは「小商人」とされ、商業登記・商業帳簿等に関する商法の規定が適用されません（商法7条）。

　個人企業では、企業活動により生じた権利義務は、最終的にはすべて経営者個人に帰属します。すなわち、経営者は、企業活動で得たすべての利益を得られる一方で、企業活動から生じたすべての損失について責任を負わなければなりません。

❷ 共同企業

（1）　共同企業とは

　共同企業は、個人企業に対する企業形態であり、一つの企業主体を複数の人が集団的に作り出したものです。共同企業では、各人が企業に出資を行い、これが1つの企業資本を構成します。また、企業活動の結果生じた損益は、直接にはその企業のものとなります。損益がいかに分配されるかは、企業の

種類によって異なります。

　共同企業は、組合企業と社団企業の2つに大きく分けられます。

(2)　共同企業の種類

ア）組合企業（民法上の組合、匿名組合（とくめいくみあい）、有限責任事業組合）

a.　民法上の組合

　民法上の組合とは、複数の人が組合契約、すなわち、それぞれが出資をして、共同で事業を経営することを約束する契約（民法667条1項）をして集まった場合の、共同事業の主体となる団体をいいます。民法上の組合では、構成員（組合員）相互が契約関係で結ばれており、後述する社団ほど団体としての独立性はありません。民法上の組合は独立した法人格を有しません。

　民法上の組合では、企業活動によって生じた利益も損失も、最終的には直接各組合員に帰属し、各組合員は個人財産をもって組合の債務を弁済（べんさい）する責任を負っています（民法675条参照）。組合企業における組合員のこのような責任は、各組合員の間に高度の信頼関係が存在することを前提としています。民法上の組合は、会社設立のような煩雑（はんざつ）な手続が不要であり、企業間で合弁事業を営む際に用いられることがあります。

b.　匿名組合

　匿名組合契約は、出資者（匿名組合員）が、営業による利潤（りじゅん）の配分にあずかることを目的として営業者のために出資をし、その営業の結果として生じる利益を分配することを約する契約です（商法535条参照）。匿名組合契約による人（出資者と営業者）の結合関係が**匿名組合**です。匿名組合では、対外的（取引相手に対する関係）には営業者だけが権利義務の主体として現れることから、その経済的な機能は後述の合資会社に近いといえます。その意味で、匿名組合を出資者と営業者の共同企業形態と捉えることができます。しかし、匿名組合契約は、法律的には、1人の匿名組合員と1人の営業者との間で締結（ていけつ）される契約です。たとえ1人の営業者が複数の匿名組合員と契約を結んだとしても、それらの契約は1つ1つが独立しており、組合員相互に団体が形成されるわけではありません。

　また、匿名組合員は、経済的には営業者の企業活動のリスクを最終的に負

担しますが、匿名組合員の出資した財産は営業者の所有物となり（商法536条1項）、営業者の行為について、対外的には法律上何らの責任も負いません（商法536条4項）。

c. 有限責任事業組合

有限責任事業組合は、「有限責任事業組合契約に関する法律（有限責任事業組合法）」により認められた、民法上の組合の特例です。これは、欧米のLLP（limited liability partnership）をモデルとしたものであり、①構成員の有限責任、②内部自治の徹底、③構成員課税（いわゆるパススルー課税）の3つの特徴を持ちます。

民法上の組合に比べ、構成員（組合員）にとっては、有限責任制度により企業活動のリスクが限定され、構成員課税による税法上のメリットもあります。一方、事務所の所在場所での組合契約の登記、財務諸表の作成・備置き等が必要となります。なお、有限責任事業組合はあくまで民法上の組合の特例ですから、組合自体が法人格を有するわけではありません。

イ）社団企業（権利能力なき社団、会社、NPO法人、一般社団法人）

a. 権利能力なき社団と法人

社団は、民法上の組合と同じく、複数人が同一の目的の下に形成した団体ですが、民法上の組合とは異なり、団体自身が構成員（社員）から独立した企業主体です。すなわち社団は、対外的にも対内的にも、社員とは別個独立の企業主体として現れます。

社団は企業主体として独立の経済主体性を有しますが、当然に権利能力を有するわけではありません。前述の「権利能力なき社団」は経済主体性を有しますが、権利・義務の主体となる地位（権利能力）を有していません。これに対し、会社は法人として権利能力が付与されており、独立の経済主体性を有するのみならず、独立した権利・義務の主体です。したがって、会社がその企業活動上取得した権利や負担した義務は会社自身の権利・義務であって、社員（すなわち出資者）の権利・義務となるわけではありません。会社については、第2節で詳しく説明します。

b. 特定非営利活動法人（NPO法人）

特定非営利活動法人とは、特定非営利活動を行うことを主たる目的とする団体であって、特定非営利活動促進法により設立された法人をいいます（特定非営利活動促進法2条2項）。その設立目的としては、保健、医療または福祉の増進を図る活動等であって、不特定かつ多数の者の利益の増進に寄与することに限られます（特定非営利活動促進法2条1項、別表）。もっとも、特定非営利活動法人は、特定非営利活動にかかる事業に支障がない限りで、収益事業など、その特定非営利活動以外の事業を行うことができます。なお、特定非営利活動にかかる事業以外の事業で利益が生じた場合には、その利益は特定非営利活動にかかる事業のために使用しなければなりません（特定非営利活動促進法5条1項）。

c. 一般社団法人

一般社団法人は、特定非営利活動法人のように設立目的に制限はありませんが、営利を目的とするものではないため、剰余金を社員に分配することはできません（一般社団法人・財団法人法11条2項）。

以上のように、特定非営利活動法人も一般社団法人も収益事業を行うことはできるものの、最終的に営利を目的とするのであれば、会社形態を選択した方が制度趣旨に一層適合し、また柔軟でより自由に活動することができるといえます。

（共同企業の種類）

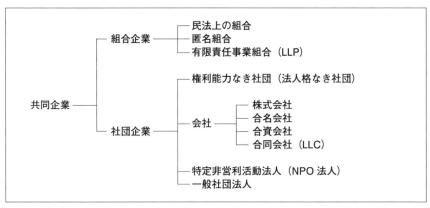

(3) 法人である企業（特に会社）の特徴

　企業が法人である場合、団体の構成員である出資者や経営者個人とは別に、団体である企業自体が独立して権利義務の主体となることができ、これを法人格があるといいます。この点で、企業活動により生じた権利義務のすべてが経営者個人に帰属する個人企業とは異なっています。

　法人である企業の典型は会社です。会社では、企業活動によって生じた債務はその会社自身の債務となり、出資者（社員）や経営者個人の債務とは別個に取り扱われます。反面、企業活動により生じた利益も、社員や経営者個人ではなく、一次的に会社に帰属することになります。ただ、会社が倒産したり清算したりする場合、法人の種類によっては、社員に債務の弁済を求めることができる場合があり、取引の相手方の保護が図られています。

　会社が債務を弁済できない場合に、社員（P.344参照）がどのような責任を負うか（また利益をどのように分配するのか）によって、会社は**株式会社・合名会社・合資会社・合同会社**の4つに分けられます（詳しくは P.344以下参照）。

（法人企業と個人企業との違い）

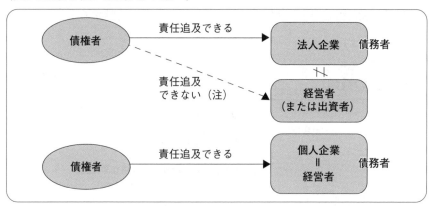

(注) 会社の中でも、株式会社・合同会社の場合には、債権者は会社に対して有する債権について経営者・出資者に責任追及することができませんが、合名会社・合資会社の場合には、経営者・出資者に対して責任を追及することができます（P.345以下参照）。

（企業の種類と経営に関する出資者の関与の態様）

企業の種類			法人格	出資者の会社債権者に対する責任	出資者の業務執行権
組合企業	民法上の組合		×	直接無限責任	○
	匿名組合		×	なし（商法536条4項）	×
	有限責任事業組合		×	未履行出資額につき直接責任	○
社団企業	権利能力なき社団		×	原則社団財産のみが唯一の引当てであるが相手方との契約により異なる	ケースバイケース（規約による）
	会社				
		a.合名会社	○	直接無限責任	○
		b.合資会社	○	無限責任社員:直接無限責任	○
				有限責任社員:未履行出資額につき直接責任	○
		c.合同会社	○	間接有限責任	○
		d.株式会社	○	間接有限責任	×

❸ 企業形態選択の自由

(1) 企業形態の選択

　企業がどのような企業形態を選択するのかは、原則として当事者の自由です（**企業形態選択の自由**）。しかし、この例外として各種の特別法の規定により、事業内容によって企業形態が限定されている場合も少なくありません。例えば、銀行は内閣総理大臣の免許を受けた株式会社でなければならず（銀行法4条以下）、保険会社は内閣総理大臣の免許を受けた株式会社または相互会社でなければなりません（保険業法3条以下）。このような例外を除き、企業はその活動・業務展開にとって最もふさわしいと考える企業形態を選択することができます。

　法人の設立については、その手続における国家機関の関与の度合いにより、①設立に特別の法律の制定を必要とする**特許主義**、②設立に主務官庁の許可を必要とする**許可主義**（免許主義ともいいます）、③設立に主務官庁の認可を必要とする**認可主義**、④法律の定める要件を充たせば設立が認められる**準則主義**があります。なお、許可と認可とは、いずれも法律の定める要件を充たすことが必要な点では共通しますが、要件を充たしたときに、認可の場合には主務官庁は必ず認可しなければならないのに対し、許可の場合には主務

官庁はその裁量により許可しないことができるという点で異なります。

　わが国では、公益法人（公益社団法人、公益財団法人）は、内閣総理大臣または都道府県知事の認定を要するとされています。一方で一般社団法人・財団法人法に基づく一般社団法人等（一般社団法人、一般財団法人）は準則主義がとられています。

　これに対し、会社（営利社団法人）については一般に準則主義がとられており、会社は法に定める要件を具備して登記をすれば設立することができ、企業形態の選択は比較的自由に行うことができます。

(2)　法人格否認の法理

　例えば、企業の実態は個人事業であるのに形式的に法人格を取得しているような場合（いわゆる法人成り）に、会社の名義で行った取引などについて、会社名義であることを理由に、常に経営者（実質的には個人事業主である）が個人としての責任を免れることを認めれば、正義・衡平の理念に反する結果を招くことがあります。

　このような場合には、個々の取引など特定の法律関係について法人の独立性を否定して、法人格がないのと同様に取り扱う「法人格否認の法理」が判例上認められています（最判昭44・2・27民集23巻2号511頁）。

　法人格否認の法理は、①法人格を利用して、契約上の義務を免れたり、財産を隠匿して債権者を害したりするような「法人格の濫用」の場合、および②先に述べた法人成りのように、法人格がまったくの形骸にすぎない「法人格の形骸化」の場合に適用されます。

III　企業が行う取引の特徴

　私たちは様々な経済的取引を行います。これらの取引には、一般には民法が適用されますが、中には特に商取引として民法の特別法（P.33参照）である商法が優先的に適用されるものがあります。ここでは商取引の特徴について説明します。

企業は営利を目的とするものであり、できる限り効率的に取引を行う必要があります。そのため、商取引には、集団的・反復的・定型的に多数の行為が迅速に処理されるという特徴があります。

　商取引に関連する法律には、次のような内容のものがあります。

企業の組織の あり方についての法律	会社法	商法・その他特別法	商慣習法	民法
企業の事業活動に 関する法律	商法（総則・商行為法）			
決済手段である手形・ 小切手に関する法律	手形法・小切手法			

優先適用 ←

❶ 企業の取引活動と商法

　ビジネスにおける様々な取引では、企業（個人事業主や会社など）が中心的な役割を果たしています。こうした企業の活動や取引については、前記のような特徴があるため、私人間についての一般的なルールを定めている民法を適用すると、不都合となる場面が生じます。そこで、民法の特別法として商法が定められています。特別法は一般法に優先するため、**企業活動・取引などの領域では商法が民法に優先して適用されます**（商法1条参照）。

　商法がどのような範囲で適用されるのかを見ると、商法は企業の行う取引活動として「**商行為**」という概念を定め（商法501条～503条）、この商行為を行う者を「**商人**」と呼んでいます（商法4条1項）。そして、これらの概念を商法適用の基礎としています。すなわち、ある取引行為に商法が適用されるか民法が適用されるかは、その取引行為が商行為に当たるか、あるいはその行為者が商人に当たるかによって定まります。

　次に、この商行為・商人とはどのようなものであるかを説明します。

(1) 商人とは

　商人（固有の商人）とは、「自己の名をもって商行為をすることを業とする者」です（商法4条1項）。「自己の名をもって」とは、自分が権利・義務の

主体となっているという意味です。また、「業とする者」とは、営利の目的で継続的に同種の行為を反復して行う者をいいます。具体的には、例えば利益を得る目的で物を売買する行為を継続的に行う者が商人です。

　また、自己の名で基本的商行為（(2)参照）に当たらない行為を業として行う者は固有の商人には当たりません。したがって、農業や漁業を営む者が利益を得る目的を有していたとしても商人とはなりません。しかし、①店舗や類似施設で物品の販売をすることを業とする者、②鉱業を営む者は、商行為を業としない者であっても、商人とみなされます（商法4条2項）。これらの者を擬制商人といいます。

　商人は、個人であったり、法人であったりしますが、法人の場合は、一般的に規模が大きく各方面への影響が強いため、会社法等により細かく法的な規制を受けます。

(2)　商行為とは

　商法は、商行為として、①強度の営利性があるために、商人であるか否かにかかわらず、誰が行っても常に商行為となる**絶対的商行為**（売却して利益を得るための不動産や有価証券などの有償取得、取引所での取引などの行為。商法501条）と、②営業として反復的に営むときに商行為となる**営業的商行為**（賃貸して利益を得るための不動産や動産の有償取得、作業の請負、運送契約などの行為。商法502条）を定めています。両者を併せて、一般に基本的商行為と呼びます。この基本的商行為を、自己の名をもって業として行う者が商人です。そして、商人が営業のためにする補助的な行為も商行為とされ（商法503条）、**附属的商行為**と呼ばれます。附属的商行為は、基本的商行為に対して補助的商行為ともいいます。

　このように、「営利の目的を実現するために行われる企業の対外的取引活動」が商行為に該当するということができます。ただし、農業や漁業のような原始産業における活動は、営利目的であっても商行為には当たりません。なお、会社がその事業としてする行為およびその事業のためにする行為は商行為とされます（会社法5条）。

　消費者が小売店で商品を購入する場合、小売店が商品を販売する行為は商

行為ですが、消費者が商品を購入する行為は商行為ではありません。このように、一方の当事者にとってのみ商行為となるものを**一方的商行為**といいます。**一方的商行為については当事者双方に商法が適用されます**（商法3条）。なお、商法上、例えば商事留置権（商法521条）等のように、当事者双方が商人であることを要件とする旨が明文化されている場合には、商法3条の適用が排除されます。

　商法が適用される商人と商行為の概念の関係を図示すると、次の通りです。

（商行為概念と商人概念の関係）

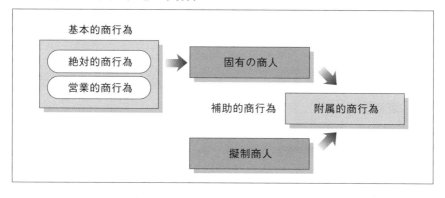

(3)　商行為に関する民法と商法の規定内容

　企業が行う取引は営利性を有し、しかも営利活動が反復的・集団的・定型的に行われ、かつ迅速に処理される点に特徴があり、一般私人間の取引行為とは大きく異なっています。商法は、こうした特徴を持つ企業取引を対象として、民法が定める一般的な規定を補充したり、修正したりしています。この意味で、商法は民法の特別法としての地位を有するといわれます。そして、一般的に商行為には商法が適用され、経済取引の実態により適した形で法律関係が整理されています。

　取引に関する規定内容は、例えば民法と商法では、次のように異なっています。

	民　　法	商　　法
代理の方式（P.68参照）	本人のためにすることを示すこと（顕名）が必要（民法99条）	顕名不要（商法504条）
債務者が複数の場合の債務の取扱い	分割債務（債務額を債務者の人数で均等に負担する）（民法427条）	連帯債務（債務者全員が債務全額の責任を負う）（商法511条1項）
保証人（P.312参照）	通常の保証（連帯保証にするには、その旨の合意が必要である）（民法454条・458条）	連帯保証（連帯保証とする旨の合意がなくても連帯保証となる）（商法511条2項）
留置権（P.298参照）	留置する物とそれによって担保される債権との間の牽連性が必要（民法295条1項）	牽連性は不要（商法521条）

❷ 商業登記制度

(1)　商業登記とは

　企業活動は、その営利性ゆえに、不特定多数の者を相手として、反復的かつ迅速に行われる点に特徴があります。そして、企業活動は、企業を構成する個人とは別個独立の経済活動として行われるため、その実体が外部からまったくわからないと、取引相手が不測の不利益を被るおそれがあります。そこで、商法では、企業の取引相手がこのような不利益を被る危険をあらかじめ排除するため、一定の事項については公表し、一般に知らしめなければならないと定められています。そして、こうした状態に置くことを公示といいます。企業の公示方法にはいくつかのものがありますが、商人一般についての商法上の公示方法は商業登記です。

　商業登記とは、商号、商人の規模、取引の権限を持つ者（代表取締役や支配人）の氏名など、商人の営業に関する取引上重要な事項を公示して、集団的・大量的に行われる営業活動の円滑と安全とを確保するため、商業登記簿に行う登記をいいます。商業登記簿は登記所（法務局）が保有しています（商業登記法1条の3参照）。

会社法人等番号

商業登記法に基づき、数字12桁からなる会社法人等番号が会社に付与され、商業登記簿に記録されます。会社法人等番号は、登記申請時に申請書に記載することにより登記事項証明書の添付を省略できたり、印鑑を提出する際に届出書に記載等することにより代表者の資格を証する書面等の添付を省略できたりします。

なお、会社法人等番号は、マイナンバー法に基づき付与され税分野の手続で利用される法人番号とは異なります。法人番号は、会社法人等番号の前に1桁の数字を付した、13桁の数字からなるものとされています。

(2) 商業登記制度の利用方法

例えば、株式会社については、会社内容を表わす重要事項が登記されていますので、新しく重要取引を締結するにあたっては相手企業の登記事項証明書を法務局で入手し、確認する実務が一般的となっています。

また、銀行口座を開設したり、銀行から資金を借り入れたりする場合などに、自社の登記事項証明書を銀行に提出し、それによって会社の存在や名義人と口座開設者の同一性、資本金の額、代表取締役の氏名等を確認する資料とするのが一般的です。

(3) 登記される事項

登記事項は法定されており、例えば株式会社については、設立時の登記事項が次のように定められています（会社法911条3項）。

①会社の目的	②商号
③本店および支店の所在場所	④会社の存続期間・解散事由
⑤資本金の額	⑥発行可能株式総数
⑦発行する株式の内容	⑧取締役の氏名
⑨代表取締役の氏名・住所	その他

(4) 商業登記の効力

商業登記の効力には、一般的効力と特別な効力があります。

ア) 一般的効力

一般的効力とは、「登記事項については、登記がない限り善意の第三者に主張できない」という効力です（消極的公示力）。逆に、**登記があれば、正当な事由（交通途絶など）により知らなかった者を除き、善意の第三者に対しても、登記した事項の存在を対抗することができます**（積極的公示力、商法9条1項、会社法908条1項）。

例えば、会社が支配人（P.363参照）を選任した場合、支配人には会社を代理（P.64参照）して企業活動を行う大きな権限が認められています。支配人を解任した後、解任の登記をする前にその支配人であった者が善意の第三者との間で行った取引の効果は、その会社に帰属し、会社が責任を負わなければなりません。

これに対して、解任の登記を行っていれば第三者がその者を支配人だと信じて取引を行ったとしても会社は、原則として、責任を負わなくてもよいということになります。

イ) 特別な効力

商業登記の特別な効力として、例えば次のような効力があります。

①　商号の譲渡は登記をすることにより、第三者に対抗することができる（商法15条2項参照）。

②　**会社は、その本店の所在地において設立の登記をすることによって成立する**（会社法49条・579条）。

ウ) 不実の登記

登記制度は、登記事項が真実であることを前提に成立していますから、登記事項が真実に反する**不実の登記は無効**です。したがって、会社が支配人に選任していない者を支配人として登記したとしても、その登記は無効です。しかし、いったん登記がなされてしまうと、その登記を信じて取引を行う者も現われますので、そうした者を保護する必要があります。そこで、**故意ま**

たは過失により不実の事項を登記した者は、その事項が不実であることをもって善意の第三者に対抗することができません（商法9条2項、会社法908条2項）。

COLUMN 登記事項証明書の種類および請求手続

　登記事項証明書には、①現在事項証明書、②履歴事項証明書、③閉鎖事項証明書、④代表者事項証明書の4種類があり、いずれも認証文が付されています。

　このうち、最もよく利用されるものが①現在事項証明書です。現在事項証明書では、ⅰ）現に効力を有する登記事項、ⅱ）会社成立の年月日、ⅲ）取締役、監査等委員である取締役、会計参与、監査役、代表取締役、特別取締役、各委員会の委員、執行役、代表執行役および会計監査人の就任の年月日ならびにⅳ）会社の商号および本店の登記の変更に係る事項で現に効力を有するものの直前のものが記載されています。

　登記事項証明書を確認するには、登記所または法務局証明サービスセンターの窓口での交付請求、郵送による交付請求をすることができます。また、インターネットを利用し、オンラインによる交付請求をすることもできます。

　窓口で交付請求した登記事項証明書は、窓口で受け取ることができます。また、郵送による交付請求・オンラインによる交付請求をした登記事項証明書は、郵送で受け取ることができます。

　なお、認証文言は要らず、登記事項を確認するだけでよい場合には、登記情報提供サービスを利用すれば、オンラインで情報提供を請求し、オンラインで登記事項を閲覧することが可能です。

❸ 商号

（1）　商号とは

　商号は、商人が営業上の活動において自己を表わすために用いる名称です。例えば、「○○株式会社」「××商店」といったものです。

　商人は、原則として商号を自由に選定することができます（**商号自由の原則**。商法11条参照）。ただ、商号はある商人を他の商人と区別する機能を持

つことから、一個の営業についての商号の数は原則として一個に限られます（**商号単一の原則**）。

商号は、商人の営業の範囲を明確にするものであり、その商号を長年使用することで商人はやがて社会的にも経済的にも信用を集めるようになります。つまり、一般公衆は商号そのものを信用します。そこで、この商号を使用する企業の利益を保護する一方で、公衆や取引相手が欺瞞的商号にだまされたりしないように保護する必要が生じます。

そこで商法等において、商号に関して以下のような規制が設けられています。

ア）会社の商号（会社法6条）

会社の場合は、商号の中にその会社の種類を示す文字（株式会社・合名会社・合資会社・合同会社）を用いなければなりません。また、その商号中に、他の種類の会社であると誤認されるおそれのある文字を用いてはなりません。逆に、会社でない者は、その名称または商号中に会社であることを示す文字を用いてはなりません（会社法7条）。

会社の商号は、設立時の登記事項の1つになっており、常に登記がされる（会社法911条3項2号等）**のに対して、個人企業の場合には、登記をするか否かは自由です**（商法11条2項）。

イ）同一・類似商号の使用禁止（商法12条・会社法8条）

何人も、不正の目的で、他の商人・会社であると誤認されるおそれのある名称または商号を使用することは禁止されています。これに違反する名称・商号の使用により、営業上の利益を侵害され、または侵害されるおそれがある商人または会社は、その者に対して侵害の停止または予防を請求することができます。

商号の登記は、その商号が他人のすでに登記した商号と同一であり、かつ営業所（会社の場合は本店）の所在場所がその他人の商号の登記にかかる営業所または本店の所在場所と同一であるときは、することができません（商業登記法27条）。したがって、例えば設立しようとしている会社と同一の本店所在地に同一の商号の会社がすでに登記されている場合は、本店所在地を変更しなければ同じ商号の会社を設立することはできません。

(2) 名板貸人の責任

　自己の商号を使用して営業・事業を行うことを他人に許諾した者（名板貸人）は、名板貸人がその営業を行うものと誤認してその商号の使用を許諾された者（名義借受人）と取引をした者（相手方）に対して、その取引によって生じた債務について、名義借受人と連帯して、弁済する責任を負わなければなりません（商法14条、会社法9条）。

(3) 不正競争防止法による商号の保護

　商号は、不正競争防止法によっても保護されています。同法によれば広く認識されている商号と同一あるいは類似の商号を使用して、その商品・営業と混同を生じさせる行為がなされ、それによって営業上の利益が侵害されるおそれがある場合には、その侵害の停止・予防請求のほか、損害賠償請求・信用回復措置請求ができます（不正競争防止法2条1項1号2号・3条・4条・14条）。

第 **2** 節

会社のしくみ

Ⅰ 会社の種類

　会社とは、株式会社、合名会社、合資会社または合同会社をいいます（会社法2条1号）。このうち、合名会社、合資会社、合同会社を総称して**持分会社**といいます。

　株式会社では、持株数に応じて株主に議決権が与えられ、利益分配も行われるのに対し、持分会社では、意思決定や利益分配の方法を**定款**で自由に定めることができます。すなわち、持分会社とは組合式の運営が認められる会社であるということができます。なお、ここにいう**定款とは、会社をはじめとする社団法人の目的や組織について定める根本規則**のことです。

　会社は、営利を目的とする社団法人であり（P.325参照）、会社の構成員（自然人である役員や出資者）とは別個の権利義務の帰属主体として法人格を有します（会社法3条）。したがって、営利を目的としない相互会社などは、ここでいう「会社」には含まれません。

COLUMN　　　　社員

　社員という言葉は日常用語では会社の従業員を意味しますが、会社法上、社員という言葉は会社の従業員という意味では使われません。会社法上は、社団法人の構成員のことを社員といい、会社の場合には出資者が社員です。要するに、株式会社・合同会社・合名会社・合資会社の出資者が社員であり、株式会社では社員のことを特に**株主**といいます。つまり、株式会社の社員は株主なのです。

❶ 株式会社

　株式会社の出資者である社員（株主）の地位を**株式**といいますが、株式は細分化されています（会社によっては億単位の数に分けられています）。そのため株式会社では、1株当たりの出資額が少額となり、広く大衆から零細な資金を比較的容易に集めることができ、大規模な会社を作ることが可能です。そして、社員の地位の大きさはその株主の個性などではなく、株式を何株保有しているかという客観的な持株数で決まります。

　また、**株主は会社に対して株式の引受価額を限度とした出資義務を負うのみであり、会社債権者に対して直接の責任を負いません**（会社法104条）。このような株主の責任を、株主の**間接有限責任**といいます。

　このように、株式会社では、株主の個性は性質上問題にならず、社員すなわち株主と会社の関係および社員（株主）相互間の関係は希薄です。このような会社を**物的会社**といいます。

　前述の通り、株主は間接有限責任を負うにすぎないため、会社債権者にとって債権回収の引当てとすることができるのは会社財産しかありません。そこで、会社の財産的基礎を確実なものとするため、出資者はその出資にかかる金銭の全額の払込み（金銭以外の財産の場合は全部の給付）をなさなければなりません（全額払込主義、会社法34条・63条・208条）。

　株式会社における株主は、個性を喪失した社員であり、必ずしも会社経営の能力や意欲を持っていません。また、本来多数の株主が予定されているため、株主は、必ずしも業務執行など会社経営に関与しません。

　現在わが国の会社のほとんどが株式会社です（特例有限会社を含みます）。

　株式会社のしくみについては、後ほど詳細に説明します。

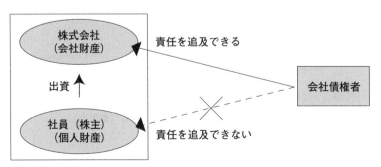

❷ 合名会社

社員（出資者）の全員が、会社債務につき、**直接・無限・連帯責任**を負う会社を合名会社といいます（会社法576条2項・580条1項）。

合名会社においては、会社財産のみで会社債務を弁済できないときは、①社員個人が会社債権者に対して、債務が完済されるまで限度なく債務を負担し（**無限責任**）、また②会社債権者から直接請求を受ければ、社員個人がこれに応じなければなりません（**直接責任**）。さらに、合名会社の債務については、社員が複数名いても、個々の社員が全額について責任を負います（**連帯責任**）。

合名会社の社員は、このように重い責任を負わされている反面、原則として会社の業務を執行し、会社を代表する権限を持っています（会社法590条・599条）。

合名会社の社員の地位を**持分**といいます（合資会社・合同会社の社員の地位も持分と呼ばれます）。持分を他の者に譲渡する（その結果、譲渡を受けた者が新たな社員となります）には原則として他の全社員の同意が必要です（会社法585条）。合名会社は社員のすべてが直接無限責任を負うことから、社員が誰であるかということは相互に極めて重大な関心事だからです。このように社員の交代が制限されているため、合名会社では**社員の退社**（持分の払戻しを受け、社員の地位を失うこと）が認められています（会社法606条以下）。

合名会社は、性質上、社員と会社または他の社員との間に人的信頼関係が認められるため**人的会社**と呼ばれます。伝統的な地場産業などに見られる企業形態です。

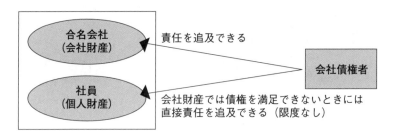

❸ 合資会社

　合資会社とは、**無限責任社員**と**有限責任社員**から構成されている会社です（会社法576条3項）。

　無限責任社員の権利義務は、合名会社の社員と同様です。

　有限責任社員は、無限責任社員と同様に、会社債務につき直接・連帯責任を負いますが、出資額を限度とした有限の責任である点で無限責任社員と異なります（会社法580条2項）。なお、合資会社には無限責任社員が存在するため、株主が間接有限責任しか負わない株式会社の場合とは異なり、有限責任社員の出資の履行について全額払込主義はとられません。

　合資会社は、合名会社と比べると有限責任社員からの資本を集めやすいとはいえますが、無限責任社員の個性が重視される人的会社であるため、比較的少数にとどまっています。

❹ 合同会社

　合同会社は、社員（出資者）全員が間接有限責任社員によって構成されている会社であり（会社法576条4項・580条2項）、アメリカの Limited Liability Company（LLC；有限責任会社）をモデルとして導入された制度です。

　合同会社を設立する際の社員の出資については、全額払込主義がとられています（会社法578条・604条3項）。そして、合同会社の社員は、原則として会社債務につき**間接有限責任**を負うのみです。

　合同会社の内部関係については**組合的規律**が適用されます。すなわち、定款の変更（会社法637条）、社員の加入（会社法604条・637条）、持分の譲渡（会社法585条）は、原則として社員全員の一致によるものとされ、社員自らが会社の業務執行にあたります（会社法590条）。

　このように、合同会社は、物的会社と人的会社の両方の側面を持つ会社形態であるといえます。

　なお、合同会社と類似する制度である有限責任事業組合（LLP）と比較すると、組合的な定款自治および社員（出資者）の有限責任が認められる点で、

合同会社は有限責任事業組合（LLP）に類似します。しかし、合同会社は構成員課税が認められず、出資者である社員は、配当のほかに社員としての報酬を受けることができるという差異があります。また、合同会社自体に法人格が認められる点も、有限責任事業組合（LLP）とは異なっています。

以上の通り、持分会社では、社員の個性が会社債権者にとっても社員相互間でも極めて重要です。持分会社におけるこのような関係は、各社員間に高度の信頼関係が存在することを前提としており、持分会社は、相互に信頼関係を有する者の間で共同して事業を行う場合に適した企業形態であるといえます。

Ⅱ 株式会社

❶ 株式会社のしくみ

（1） 株式会社の基本的なしくみ

株式会社は、多数の出資者から巨額の資本を集めて大規模かつ長期的に事業を行うことを本来の目的としていることから、多数の出資者が参加しやすいしくみが工夫されています。

例えば、会社の実質的所有者である社員（株主）の地位は、細分化され、均一な割合的単位の形（株式）で表されています。出資者は、例えば10株あるいは100株というように資力に応じて適当な額を出資できるしくみになっており、**株主はその所有する株式の内容および数に応じて会社から平等に扱われます**（会社法109条1項、**株主平等の原則**）。しかも、株主の責任は間接有限責任であるため、出資が得やすくなっています。

また、会社資本の確保の観点から、いったんなされた出資の払戻しは原則として認められません。しかし他方で、**原則として株式の自由な譲渡を認めることで、出資者に投下資本を回収する途が開かれています**（会社法127条、**株式譲渡自由の原則**）。

他方、株主が間接有限責任しか負わない結果、会社債権者に対する財産的

基礎は会社財産だけであり、その確保が求められます。

　そこで、会社財産確保の基準として**資本制度**がとられ、その確保や充実・維持に関する規定が設けられています（**資本充実・維持の原則**）。また、会社財産が過大あるいは過小に評価されると、会社債権者や株主の利益が害されるおそれがあるので、それを回避するため、会社の計算方法・計算書類の作成に関する規定や業務・財務内容の公開に関する規定が設けられています。

　会社法上、資本の最低限度額は定められていません。ただし、会社債権者保護の観点から、資本金の額にかかわらず純資産が300万円未満の場合には、剰余金があっても、これを株主に分配することはできないとされています（会社法458条）。

　持分会社（合名会社・合資会社・合同会社）と異なり、株式会社では株主の個性が問題とならず、また人数も多いのが本来であるから、株主は必ずしも会社経営（業務の執行）を担当することに適しているとは限りません。そこで**株式会社では、株主総会で選任した取締役などに経営を一任して企業の所有と経営を分離し（所有と経営の分離）、機動的な活動が行えるようになっています。**

（株式会社の基本的なしくみ）

株式
会社所有者としての社員たる地位が細分化された均一的な割合的単位として構成されます

間接有限責任
株主は会社債権者に対して直接責任を負担せず、会社に対しては出資額を限度に責任を負います

株主平等の原則
株主は、所有株式数に応じて原則として平等な取扱いを受けます
株式の譲渡は原則として自由

機関の分化（所有と経営の分離）
株主総会・取締役（取締役会・代表取締役）等の間の機能・権限分化による機動的運営と相互チェック
監査役・会計監査人による監査

資本制度（資本充実・維持の原則）
会社財産を確保するために設けられた一定の基準金額
資本の減少には厳格な手続が必要

（2） 株主と会社の関係

ア）株式と株券

株式とは、株式会社の社員たる地位のことであり、株主はこの地位に基づいて会社に対して様々な権利を有します。これらの権利を大きく分けると自益権と共益権に分類することができます。

この株主の地位（株式）を表す有価証券（P.175、P.273参照）が株券です。

a. 自益権

株主は、会社が事業を営んで得た利益の分配を受けることを目的の1つとして出資しているのであり、会社に対して剰余金の配当等を請求する権利が認められます。このように、**株主が会社から経済的利益を受けることを目的とする権利を自益権**といいます。

b. 共益権

株式会社では、前述の通り、所有と経営が分離しており、株主は会社の実質的所有者であって、会社経営上の基本的事項・重要事項について決定権ないし監督・是正権を持ちます。このように、**株主が会社経営に参加し、業務執行を監督・是正することを目的とする権利を共益権**といいます。その中で最も重要なのは、株主総会に出席し、議題に対して賛否を表示する議決権です。

イ）少数株主権と単独株主権

株主の有する権利は、少数株主権（総株主の議決権の一定割合以上または一定数以上の株式を保有する株主が行使できる権利）、単独株主権（1株のみを保有する株主でも行使できる権利）に分類することもできます。少数株主権の例として、株主総会招集請求権、株主提案権などが、また、単独株主権の例として、会社に代わって取締役等の責任を追及する「責任追及等の訴え（いわゆる株主代表訴訟）」を提起する権利などが認められています。

なお、取締役会が設置されない会社では、株主による業務監督・是正権が強化されており、株主提案権は単独株主権とされています（会社法303条1項）。また、少数株主権については、定款の定めにより、その行使要件を引き下げ、または単独株主権とすることができます。

ウ）株主平等の原則

株主は、その地位に基づく法律関係については、原則としてその所有する株式の内容および数に応じて平等に取り扱われます。これを株主平等の原則といいます（会社法109条1項）。

COLUMN　　株式会社の種類

会社法は、2条に定義規定を設け、そこで様々な形態の株式会社の定義を定めています。このうち重要なものとして、公開会社、大会社があります。また、特定の機関が設置された会社は、その機関に応じて取締役会設置会社、監査役設置会社、監査等委員会設置会社、指名委員会等設置会社などと呼ばれます。

（1）公開会社とは

公開会社とは、その発行する全部または一部の株式の内容として譲渡による当該株式の取得について株式会社の承認を要する旨の定款の定めを設けていない株式会社をいいます（会社法2条5号）。つまり、発行するすべての株式に譲渡制限を付している会社以外の会社が公開会社です。株式がいずれかの金融商品取引所に上場されているかどうかは問われません。

また、株式の譲渡制限は株式の内容の問題とされているので、1つの株式会社が、譲渡制限を付した株式と譲渡制限を付していない株式の両方を発行することが可能です。この場合その会社は公開会社として扱われます。

（2）大会社とは

大会社とは、①最終事業年度にかかる貸借対照表に資本金として計上した額が5億円以上であること、②最終事業年度にかかる貸借対照表の負債の部に計上した額の合計額が200億円以上であること、のいずれかに該当する株式会社をいいます（会社法2条6号）。

資本ないし負債の金額が一定額以上の会社については、一般に会社債権者などの利害関係人が多数にのぼり、また社会に与える影響も大きいため、会計監査人を設置しなければならないなど、大会社でない株式会社とは異なる規律に服することとなります。

❷ 株式会社の機関

(1) 株式会社に設置することができる機関

　株式会社の機関には、株主総会・取締役（取締役会、代表取締役）・会計参与・監査役（監査役会）・会計監査人・監査等委員会・指名委員会等（指名委員会、監査委員会および報酬委員会）および執行役（代表執行役）があります。このうち、会社法では、取締役、会計参与および監査役が株式会社の「役員」と規定されています（会社法329条1項）。

　会社法上、すべての株式会社は、株主総会と取締役を設置しなければなりません。株主総会および取締役以外については、株式会社は、原則として任意に設置することができます。

　ただし、当該会社が、公開会社であるか否か、あるいは大会社であるか否かにより、選択し得る機関設計が制限されることがあります。すなわち、

① 　公開会社は取締役会を設置しなければなりません。
② 　大会社は会計監査人を設置しなければなりません。
③ 　公開会社である大会社は監査役会、監査等委員会または指名委員会等のいずれかを設置しなければなりません。

(2) 株主総会の役割

ア）株主総会とは

　株主総会は、株式会社の実質的所有者である株主によって構成される機関であり、株式会社の組織・運営・管理その他株式会社に関する一切の事項について決議することのできる**意思決定の最高機関**です。ただし、**取締役会設置会社の株主総会で決議できる事項は、会社法および定款に定められた株式会社の基本的事項のみに限られます**（会社法295条）。

イ）株主総会の決議事項

株主総会が決議し、決定するのは次のような事項です。

会社の基礎ないし事業の基本にかかわる事項	定款の変更、資本の減少、会社の解散・合併・事業の譲渡
株主の重要な利益に関する事項	計算書類の承認、剰余金の配当
機関の選任・解任に関する事項	取締役・会計参与・監査役の選任・解任 会計監査人の選任・解任 清算人の選任・解任
役員の専横の危険が大きな事項	取締役・会計参与・監査役の報酬の決定

ウ）株主総会の招集手続等

株主総会には、毎事業年度終了後一定の時期に招集される定時株主総会と、必要に応じて臨時に招集される臨時株主総会とがあります。どちらも、原則として取締役が招集します（会社法296条3項）が、取締役会設置会社においては、一般に、取締役会の決議に基づき代表取締役により招集されます（会社法298条4項）。公開会社では、各株主に対して株主総会の日の2週間前までに、株主総会の議題等を記載した招集通知を発送します（会社法299条1項）。

株式会社は、招集通知とともに株主総会に関する資料等を株主に交付しなければなりませんが、定款の定めにより、当該資料等をウェブサイトに掲載し、株主に対してそのアドレス等を書面で通知する方法により、当該資料等を株主に提供することができます（会社法301条・437条・444条・325条の2・325条の3）。

なお、株式譲渡制限会社については、株主総会の日の1週間前までに招集通知を発送すれば足り、さらに、当該会社が取締役会を設置していない場合には、定款をもって期間をより短縮することができます（会社法299条1項括弧書）。

株主総会は1事業年度に1回以上必ず開催されなければならず（会社法296条1項参照）、原則として株主の所有する株式の多数決（1株1議決権の原則）で会社の意思が決定されます（会社法308条1項）。

(3) 取締役・取締役会の機能
ア）取締役とは

　取締役は、株主総会で選任され（会社法329条1項）、**定款に別段の定めがある場合を除き、株式会社の業務を執行し、対外的に会社を代表します**（会社法348条1項・349条）。ただし、後述するように、代表取締役が選定された場合は、代表取締役が株式会社の業務を執行し、対外的に会社を代表します（会社法349条3項4項）。また、指名委員会等設置会社においては、取締役会決議により選任された執行役が業務を執行し、取締役会が執行役の中から選定した代表執行役が対外的に会社を代表します（会社法420条）。

　株式会社には、1人または2人以上の取締役を置く必要があり（会社法326条1項）、具体的な人数は定款で定めることができます（会社法346条参照）。

イ）取締役会とは

　取締役会は、すべての取締役で構成され、業務執行に関する意思決定を行うとともに、取締役の中から代表取締役を選定して、対外的な業務執行を任せ、その執行状況を監督します（会社法362条）。取締役会を置く株式会社または会社法の規定により取締役会を置かなければならない株式会社を取締役会設置会社といいます（会社法2条7号）。取締役会設置会社においては、取締役は3人以上でなければなりません（会社法331条5項）。

　特に、重要な財産の処分や譲受け、多額の借財、支配人等重要な使用人の選任・解任、支店等の重要な組織の設置・廃止など、会社の業務執行上の重要事項については、取締役会設置会社では取締役会が自らこれを決定しなければならず、取締役（代表取締役）に委任することはできません（会社法362条4項）。

　なお、取締役会設置会社以外の会社で複数の取締役が設置される場合、株式会社の業務は、原則として、取締役の過半数をもって決定されます（会社法348条2項）。なお、そのために取締役が会議体を形成したとしても、それは会社の機関たる取締役会には当たりません。

ウ）取締役と会社の関係

取締役は、株主総会の決議によって選任され（会社法329条1項）、**会社との関係は委任もしくは準委任の関係です**（会社法330条）。したがって、**取締役は会社との関係において、受任者として「善良な管理者としての注意義務」**（善管注意義務、民法644条）**を負い、その具体的表現として、「法令および定款ならびに株主総会の決議を遵守し、忠実に職務を行う義務」**（忠実義務）**が定められています**（会社法355条）。

そして、会社法は取締役と会社の利害が衝突する場合について、より具体的に次のような規定を置いています。

a. 競業避止義務

例えば、電気製品の製造販売会社の取締役が、自ら別の会社を設立して同様の電気製品の製造販売業を始めた場合のように、**取締役が会社の事業と同種の取引、つまり自分の会社と競争するような取引をするには、株主総会**（取締役会設置会社では取締役会）**でその取引に関する重要な事実を開示し、承認を受けることが必要**です（会社法356条1項・365条1項）。取締役が自由に会社の事業の部類に属する取引を行うことができるとすると、企業秘密などが不当に利用され会社の取引先が奪われるなど、会社の利益を害する危険が大きいからです。

b. 自己取引（利益相反取引）の制限

取締役が会社から金銭を借り入れたり、また取締役が会社に商品等を売ったりする場合には、取締役の利益のために会社が損害を受けるおそれがあります。そこで、**取締役が自ら会社と取引をするには株主総会**（取締役会設置会社では取締役会）**でその取引に関する重要な事実を開示し、承認を受けることが必要**です。さらに、**取締役自身が会社の取引の相手方ではなくても、取締役が第三者から金銭を借り入れるときに、会社がその保証人となる場合などにも、会社と取締役の利益が相反するので、同様に株主総会または取締役会の承認が必要**です（会社法356条1項・365条1項）。

c. 取締役の報酬

取締役の報酬額に関する事項が定款に定められている場合は、それに従って取締役の報酬が決定されます。定款にこのような定めがない場合は、取締

役の報酬は株主総会の決議によって定めなければなりません（会社法361条1項）。

エ）取締役の責任

a. 取締役の会社に対する責任

　例えば、取締役が法律や定款の定めに違反した行為をして会社に損害を与えた場合など、**取締役がその任務を怠り、会社に損害を与えた場合には、その取締役は会社に対して損害賠償責任を負います**（会社法423条）。

　また、配当可能な利益がないのに、自己株式の取得・買取りまたは剰余金の配当がなされたときには、当該行為に関する職務を行った取締役はその交付した金銭等の帳簿価額に相当する金銭を会社に支払わなければなりません。ただし、取締役が、その職務を行うについて注意を怠らなかったことを証明したときはこの限りではありません（会社法462条）。

　責任を負う取締役が複数いる場合、これらの者は連帯債務者とされます（会社法430条）。

b. 責任追及等の訴え（株主代表訴訟）

　取締役の責任は、本来会社自身が追及すべきですが、なれ合いなど取締役間の特殊な関係からその追及がされないおそれがあります。そこで、個々の株主が自ら会社のために取締役の責任を追及する訴えを提起することが認められています。これを**責任追及等の訴え（株主代表訴訟）**といいます。会社が取締役への責任追及を怠っている場合には、引き続き6か月以上株式を有する株主は、この訴えを提起できます（会社法847条。なお、公開会社ではない株式会社では株式を引き続き6か月以上保有する必要はありません）。この責任追及等の訴え（株主代表訴訟）を提起するには、原則として会社に対する提訴請求を経る必要があります。

　また、一定の場合には、親会社の株主が子会社の取締役などの責任を追及することができる、多重代表訴訟も認められています（会社法847条の3）。

c. 取締役の第三者に対する責任

　取締役は、故意または過失によって、会社債権者等の第三者に損害を与えた場合は、不法行為責任を負い、その損害を賠償しなければなりません（民

法709条）。

　また、**取締役がその職務を執行するについて、悪意または重大な過失によって第三者に損害を与えた場合には、その損害を賠償しなければなりません**（会社法429条）。この規定は、民法709条とは別に定められた特別の法定責任です。会社に対する責任の場合と同様、責任を負う取締役が複数いる場合、これらの者は連帯債務者とされます（会社法430条）。

d. 取締役の刑事責任

　取締役は、会社の財産的基礎を危うくさせるような行為等をした場合には、特別背任罪（会社法960条）・汚職の罪（贈収賄罪ほか、刑法198条、会社法967条・968条）等の様々な刑事上の責任を問われる立場にあります（P.245以下参照）。

オ）代表取締役とは

　代表取締役は、取締役が2名以上いる場合に、定款、定款の規定に基づく取締役の互選または株主総会の決議によって選定され（取締役会設置会社では取締役会が選定しなければなりません。会社法362条3項）、対外的に会社を代表する機関です（会社法349条3項4項・362条）。代表権の範囲は、株式会社の業務に関する一切の裁判上または裁判外の行為を含む包括的なものです。会社法349条1項では、原則として各取締役が業務執行権・代表権を有するとされているため、取締役が複数いる場合でも代表取締役の設置は任意です。ただし、取締役会設置会社では、代表取締役は必置機関です（会社法362条3項）。また、後述する指名委員会等設置会社では、取締役会で選定される代表執行役が業務執行権・代表権を有するので、代表取締役を設置することはできません。

　わが国の会社では、代表取締役は社長・副社長・専務などの肩書きを持つのが一般です。しかし、逆にこのような肩書きを持っているからといって必ずしも代表取締役であるとは限りません。そこで、このような肩書きを持ちながら代表権を持たない取締役（これを表見代表取締役といいます）の行為については、会社が善意の第三者に対して責任を負います（会社法354条）。

　なお、会社を代表する取締役が2名以上いる場合には、各取締役は、原則

として、単独で会社を代表して、業務執行を行うことができます。

(4) 会計参与とは

　会計参与は、株式会社の機関であり、取締役（指名委員会等設置会社では執行役）と共同して、計算書類およびその附属明細書等を作成することをその職務とします。そのため、会計参与は、いつでも会計帳簿等を閲覧・謄写し、取締役等に会計に関する報告を求めることができます（会社法374条）。会計参与はすべての会社において任意に設置することができます。会計参与を置く株式会社を会計参与設置会社といいます（会社法2条8号）。

　会計参与は、公認会計士もしくは監査法人、または税理士もしくは税理士法人でなければなりません（会社法333条）。また、会計参与は取締役・監査役とともに株式会社の役員ですから、その選任・任期・報酬等について取締役と同様の規律に従い（会社法329条・334条・379条）、株主代表訴訟の対象にもなります（会社法847条）。

　また、会計参与は、株式会社とは別に、計算書類等を5年間保存しなければならず、株主・会社債権者から閲覧・謄写の請求があった場合、これに応じなければなりません（会社法378条）。

　なお、取締役会設置会社においては、会計参与は、計算書類等を承認する取締役会に出席しなければならず、必要に応じて意見を述べなければなりません（会社法376条）。

(5) 監査役とは
ア）監査役

　監査役は、会社の業務全般にわたって取締役および会計参与の職務執行を監査する機関であり、取締役・会計参与とともに株式会社の役員です（会社法381条・329条）。監査役を置く株式会社（ただし、後述する、監査役の権限を会計監査に限定する旨の定款の定めがある場合を除きます）または会社法の規定により監査役を置かなければならない株式会社を監査役設置会社といいます（会社法2条9号）。監査には、取締役の職務執行を監査する「業務監査」と、計算書類の監査を行う「会計監査」とがあります。

なお、公開会社でない株式会社で、監査役会または会計監査人を設置していない会社については、定款の定めにより、監査役の権限を会計監査に限定することができます（会社法389条）。この場合、取締役会招集請求権（会社法367条）、取締役会議事録の閲覧・謄写権（会社法371条）等において、株主の監督権限が強化されます。

イ）監査役の主な権限等

① 　いつでも取締役および会計参与ならびに支配人その他の使用人に対して、事業の報告を求めることができます（会社法381条2項）。
② 　取締役会に出席し、必要な場合には意見を述べる義務を負います（会社法383条1項）。
③ 　取締役会の招集を請求できます（会社法383条2項）。
④ 　取締役の法令・定款違反行為の差止めを請求できます（会社法385条）。
⑤ 　取締役・会社間の訴訟において会社を代表します（会社法386条）。

ウ）監査役会とは

　監査役会は、監査役の全員で構成され、監査役の中から常勤監査役を選定するとともに、監査の方針・調査の方法・調査項目の分担等、監査役の職務執行に関する事項を定め、監査報告を作成します（会社法390条）。その決議は原則として監査役の過半数で行われます（会社法393条1項）。監査役会を置く株式会社または会社法の規定により監査役会を置かなければならない株式会社を監査役会設置会社といいます（会社法2条10号）。

　なお、監査役を複数置く場合に監査役会を設置するかどうかは、原則として任意です。ただし、大会社で公開会社の場合は、監査役会、監査等委員会または指名委員会等のいずれかを設置しなければなりません（会社法328条）。

　監査役会設置会社においては、監査役は3人以上で、そのうち半数以上は社外監査役（過去に当該株式会社またはその子会社の取締役、会計参与、もしくは執行役または支配人その他の使用人となったことがない者）でなければなりません（会社法335条3項）。

(6) 会計監査人とは

　大会社は経理内容が複雑な上、利害関係人も広範囲で多数に及ぶため、特に会計処理の公正を図る必要があります。そこで大会社では、監査役と並んで、会計の専門家である会計監査人を設置して、計算書類の監査を受けなければなりません（会社法328条）。一方、大会社以外の会社も会計監査人を任意に置くことができます（会社法326条2項）。会計監査人を置く株式会社または会社法の規定により会計監査人を置かなければならない株式会社を会計監査人設置会社といいます（会社法2条11号）。会計監査人には、公認会計士または監査法人が株主総会で選任されます（会社法329条・337条）。

　なお、会計参与は株式会社の役員（会社法329条）ですが、会計監査人は役員ではありません。

(7) 監査等委員会設置会社とは

　監査等委員会設置会社とは、監査等委員会を置く株式会社をいいます（会社法2条11号の2）。

　後述の指名委員会等設置会社は、指名委員会、監査委員会および報酬委員会の3つの委員会すべてを必ず設置しなければならず、委員となる取締役、社外取締役の確保が会社の負担となるため、広く利用されているとはいえません。監査等委員会設置会社は、この点を考慮して、監査機能に重点を置きつつも機関設計上の負担を軽減するため、監査等委員会（指名委員会等設置会社における監査委員会とは権限が異なる別個のものです）のみを設置する機関設計としています（会社法2条11号の2）。

　監査等委員会は、3名以上の取締役で構成され、その過半数が社外取締役でなくてはなりません（会社法331条6項）。そして、監査役は置かれず、取締役である監査等委員が取締役会で議決権を行使し、業務執行の監査・監督を行います。また、執行役が会社の業務執行を行う指名委員会等設置会社とは異なり、監査等委員会設置会社において会社の業務執行を行うのは代表取締役です。

（8） 指名委員会等設置会社とは

ア）指名委員会等設置会社

指名委員会等設置会社とは、指名委員会、監査委員会および報酬委員会（指名委員会等）を置く株式会社をいいます（会社法2条12号）。指名委員会等設置会社とするためには、必ずこの3委員会を設置する必要があります。株式会社は、定款の定めをもって、指名委員会等設置会社となることを選択することができます（会社法326条2項）。

指名委員会等設置会社は、取締役会を設置しなければなりませんが（会社法327条1項）、それ以外の機関構成が他の場合と異なります。

まず、取締役会から委任を受けた事項について意思決定し業務執行を行う執行役および会社を代表する機関である代表執行役が設置されます（会社法402条・420条）。したがって、指名委員会等設置会社においては、原則として、取締役は業務執行権を有しません（会社法415条）。

また、取締役会の中に指名委員会、監査委員会および報酬委員会が設置されます。指名委員会等設置会社では、監査委員会が設置されるため、監査役を設置することはできません（会社法327条4項）。

なお、指名委員会等設置会社では、取締役は使用人を兼務できません（会社法331条4項）。

イ）取締役会

指名委員会等設置会社における取締役会は、経営の中長期計画等の基本方針を決定し、執行役等を選任するとともに、法定の重要事項の決定を行います。また、取締役および執行役の職務執行を監督します。

取締役会の構成員としての取締役は、各委員会の委員として活動するほかは、会社の業務を執行することができません。

ウ）指名委員会等

それぞれの委員会は、取締役会決議によって選定された3人以上の取締役によって構成されます。なお、委員会の委員の過半数は、社外取締役でなければなりません（会社法400条）。

a. 指名委員会

　指名委員会は、株主総会に提出する取締役（会計参与設置会社では取締役および会計参与）の選任および解任に関する議案の内容を決定する機関です（会社法404条1項）。

b. 監査委員会

　監査委員会は、取締役および執行役（会計参与設置会社では取締役、執行役および会計参与）の職務執行を監査し、監査報告を作成し、会計監査人の選任・解任および不再任議案の内容を決定する機関です（会社法404条2項）。なお、監査委員会の委員は、指名委員会等設置会社もしくはその子会社の執行役もしくは業務執行取締役、または指名委員会等設置会社の子会社の会計参与もしくは支配人その他の使用人を兼任することができません（会社法400条4項）。

c. 報酬委員会

　報酬委員会は、取締役および執行役が受ける個人別の報酬の内容・決定方針を決定する機関です（会社法404条3項）。

❸ 会社従業員の法的立場

　会社法上、株式会社の社員とは株主のことをいい、会社の従業員は会社と雇用契約を結んだ契約の相手方に当たります。会社法は、従業員について一般的な規定は設けず、会社から一定事項の委任を受けた会社の使用人について規定を設けています（会社法10条以下）。したがって、会社の使用人とはいうものの、従業員すべてについて会社法で規定されているわけではありません。

　会社法上、会社の使用人には、委任を受けた範囲の違いにより、
① 支配人
② 事業に関するある種類または特定の事項の委任を受けた使用人
③ 物品の販売等を目的とする店舗の使用人
の3種類があります。

(1) 支配人

ア）支配人とは

　支配人とは、会社に代わってその事業に関する一切の裁判上または裁判外の行為をする権限を有する会社の使用人です（会社法11条1項）。具体的には、支配人・支店長・営業所長などといった肩書きの者が一般にこれに当たるとされています。株式会社の支配人は、取締役（取締役会設置会社では取締役会）が選任・解任します（会社法348条3項・362条4項）。

イ）支配人の権限と義務

　支配人は、会社の事業に関し包括的代理権を与えられた者であり、他の使用人を選任・解任することもできます（会社法11条2項）。この**代理権に制限を加えたとしても、善意の第三者に対抗することはできません**（会社法11条3項）。ただし、この支配人の有する包括的代理権の及ぶ範囲を本店・支店によって画することは可能です（会社法10条）。

　このように、支配人は会社の事業に関し広範な代理権を授与され、重大な任務を負っており、また、会社の事業について様々な機密を知り得る地位にあります。そこで支配人は、これに対応した重い義務を負っています。すなわち、会社の許可を受けなければ、

① 　自ら営業を行うこと
② 　自己または第三者のために会社の事業の部類に属する取引をすること
③ 　他の会社または商人の使用人となること
④ 　他の会社の取締役、執行役または業務を執行する社員となること

ができません（会社法12条）。①、③、④を営業禁止義務（精力分散防止義務）、②を競業避止義務といいます。

ウ）表見支配人

　支配人であるか否かは、会社から与えられた名称で決まるのではなく、事実上支配人としての権限が与えられているかどうかによって決まります。したがって、支配人としての名称（支配人、支店長、営業所長等）を付し、支配人の登記がなされていても、実際に支配人としての権限を与えられていな

い者は支配人とは認められません。しかし、善意の第三者を保護するため、会社の本店または支店の事業の主任者であることを示す名称を付した使用人は、当該本店または支店の事業に関し、一切の裁判外の行為をする権限を有するものとみなされます（会社法13条）。このように、支配人でないにもかかわらず会社の本店または支店の事業の主任者であることを示す名称を付した使用人を表見支配人といいます。具体的には、支配人、支店長、営業所長、本店営業部長等の名称を与えられながら、包括的代理権を与えられていない者がこの表見支配人に当たります。

　支配人の選任・代理権の消滅は登記事項ですが（会社法918条）、支店長等の名称は包括的代理権を伴うものと誤認されやすいので、外観法理ないし禁反言の原則と同一の理念に基づき、取引の安全を保護するため、表見支配人の制度が設けられています。したがって、相手方が悪意であったときは、この限りではありません（会社法13条但書）。

エ）支配人の登記
　会社の支配人については、本店の所在地において、支配人とその支配人が代理権を有する本店または支店を登記します（会社法918条、商業登記法44条）。

(2)　事業に関するある種類または特定の事項の委任を受けた使用人
　事業に関するある種類または特定の事項（例えば販売・仕入れ・貸付け等）の委任を受けた使用人は、当該事項に関する一切の裁判外の行為をする権限を有します（会社法14条1項）。このような者は、支配人とは異なり部分的にではありますが、包括的な代理権を授与されており、これに制限を加えても善意の第三者に対抗することができません（会社法14条2項）。

　現在の部長、課長、係長、主任等が一般にこれに当たるとされています。

　これらの使用人は、支配人と異なり、選任・代理権の消滅は登記事項ではなく、営業禁止義務・競業避止義務の規定はありません。また、部長・課長としての名称は与えられているが、包括的代理権は与えられていない使用人に関する規定も会社法には定められていません。

（3）　物品の販売等を目的とする店舗の使用人

　物品の販売等を目的とする店舗の使用人は、その店舗に在る物品の販売等をする権限を有するものとみなされます（会社法15条本文参照）。物品の販売等を目的とする店舗の使用人については、会社から代理権を与えられているのが通常ですから、取引の安全を保護するため、使用人の代理権が擬制されるのです。したがって、店舗の使用人がそのような権限を有していないことを知っている悪意の相手方は保護されず、代理権は擬制されません（会社法15条但書）。

　なお、販売のほか、賃貸その他これに類する行為を目的とする店舗の使用人についてもこの規定が適用されます。例えば、DVDやCDのレンタルショップ、DPEショップ等、賃貸借契約や請負契約の締結を目的とする店舗の使用人がこれに当たります。

❹　財務諸表の作成・承認・報告

　株式会社において、取締役（指名委員会等設置会社においては執行役）は、各事業年度にかかる法定の計算書類（貸借対照表、損益計算書等）および事業報告ならびにこれらの附属明細書を作成しなければなりません（会社法435条）。なお、会計参与設置会社では、会計参与も、取締役（執行役）と共同して計算書類を作成します（会社法374条1項）。配当可能な利益の算出に際しては、一定の期間についての収益と収益を上げるのに要した費用を計算して表示する損益法の方式がとられています。

　そして、これらの財務諸表については、法定の機関の監査・承認（会社法436条）を受けた後、定時株主総会に提出・提供し、計算書類については原則として承認を受け、事業報告についてはその内容を報告しなければなりません（会社法438条）。

　さらに、株式会社は、定時株主総会終結後遅滞なく、貸借対照表（大会社においては、貸借対照表および損益計算書）を、原則として定款に定めた方法により公告しなければなりません（会社法440条、特例有限会社を除きます）。

これらの計算書類等は、法定の期間、株式会社の本支店に備え置かれ、株主・債権者の閲覧に供せられます（会社法442条）。

CHAPTER **7**

Relations between company and employee

【第7章　企業と従業員の関係】

第❶節
従業員の雇用と労働関係

　わが国では、仕事に携わる者（有職者）の多くが会社その他の団体に雇用される従業員です。以下では、企業と従業員の労働関係について、その概要を説明します。

❶ 労働契約

(1)　労働契約に適用される法律

　従業員という地位は、労働者が使用者（会社その他の団体）との間で労働契約を締結することによって生じます。**労働契約**は、労働者が使用者に使用されて労働し、使用者がこれに対して賃金を支払うことについて、労働者および使用者が合意することによって成立する契約です（労働契約法6条）。

　民法は、他人の労務の利用を目的とする契約類型として、請負契約、委任契約とともに雇用契約（民法623条）を規定しています。しかし、民法の規定は、当事者が対等な関係にあることを前提としているため、使用者・労働者間のように経済的な力の格差が歴然としている場合には、例えば労働時間、賃金等に関し労働者にとって一方的に不利な条件が押しつけられるおそれがあります。

　そこで、労働者の権利を確保するため、国家による契約内容への干渉が行われています。憲法28条は、「勤労者の団結する権利及び団体交渉その他の団体行動をする権利は、これを保障する」として**労働基本権**を規定し、これを具体化した労働基準法、労働組合法、労働関係調整法のいわゆる労働三法が制定されています。したがって、**使用者と労働者との関係に対しては、これらの労働法規が民法の特別法として優先的に適用されます。**

　また、特に労働契約に関しては、労働契約法の適用を受けます。同法では、労働契約は労働者と使用者が対等の立場における合意に基づいて締結し、ま

たは変更すべきものである旨を明文化しています（労働契約法3条1項）。

さらに、次図のような各種の労働に関する法律が各々の目的に応じて制定され、民法の特別法としての規制が加えられています。

```
労働法の体系
  労使関係（個別的）────────────  労働基準法
                                   労働契約法
        （集団的）────────────      労働組合法
                                   労働関係調整法

  雇用関係 ────────────────────  職業安定法
                                   障害者雇用促進法
                                   高年齢者雇用安定法
                                   労働者派遣法
                                   男女雇用機会均等法

  労働教育関係 ──────────────    職業能力開発促進法

  安全衛生関係 ──────────────    労働安全衛生法
                                   じん肺法

  労働保険関係 ──────────────    雇用保険法
                                   労働者災害補償保険法

  生活安定関係 ──────────────    労働金庫法
                                   中小企業退職金共済法
                                   最低賃金法
                                   勤労者財産形成促進法
                                   育児・介護休業法
```

（2）安全配慮義務とは

労働契約における使用者の義務の中に、**安全配慮義務**と呼ばれるものがあります。使用者は、労働契約に伴い、**労働者がその生命、身体等の安全を確保しつつ労働することができるよう、必要な配慮をするもの**とされています（労働契約法5条）。

特に、労働災害が発生した際に、この安全配慮義務違反を根拠として損害賠償請求がなされるケースが多くあります。

❷ 労働基準法とは

(1) 労働基準法の概要

ア）労働基準法とは

　労働基準法は、原則として、労働者を1人でも使用するすべての事業または事務所に適用されます。同法は、個別の労使関係を扱い、個々の労働者の保護を中心に定められた法律です。**労働組合を結成しているかどうかにかかわりなく適用される**ため、ほとんどすべての労働者にこの法律が適用されます。

　この法律の特色は、労働者の労働条件や待遇等に関する最低基準を定めていること、およびこれに違反した使用者に刑事罰が科されることです。

　その基準が遵守されているかどうかを監督するために、**労働基準監督署**が設置されています。

　同法は、労働契約締結時における規制や、労働契約に付随する労働条件等に関する規制を定めており、その具体的内容は1日8時間・1週40時間制や残業制限、年次有給休暇等の労働時間に関するものが数多くあります。また、直接払い・全額払い等の賃金の支払方法、就業規則、災害補償などに関する規定も置かれています。

イ）労働基準法と労働契約法

　労働基準法は、労働条件の最低基準を定め、これに違反する使用者を罰則と行政官庁による監督指導をもって取り締まる法律であるのに対し、労働契約法は、労働契約に関する労働者と使用者との間の民事上のルールを定めた法律です。

　労働契約の原則、労働者の安全への配慮、労働契約の内容と就業規則との関係等、労働契約に関する事項については、労働契約法に規定されています。

(2) 労働契約

　労働契約は、**労働者**が**使用者**に対して労務を提供し、使用者はその対償^{たいしょう}として報酬（賃金）を支払うことを約束する契約です。

ア）労働契約の当事者

　労働基準法上の労働者とは、職業の種類を問わず、労働基準法の適用される事業・事務所に使用される者で、賃金を支払われる者をいいます（労働基準法9条）。したがって、**アルバイトやパートタイマー、日雇労働者や不法就労の外国人など**も労働者に該当し、**労働基準法上の保護を受けます**。一方、使用者とは、事業主または事業の経営担当者その他その事業の労働者に関する事項について、事業主のために行為をするすべての者をいいます（労働基準法10条）。この「事業主」とは、個人企業においては事業主個人、法人企業においてはその法人自体を指し、「事業の経営担当者」とは、法人の代表者、取締役、理事などがこれに当たります。また、「事業の労働者に関する事項について、事業主のために行為をするすべての者」とは、人事・給与・労務管理など、労働者に関する事項について、事業主のために行為をするすべての者のことです。したがって、労働基準法上は、労働者でありながら、使用者に該当する者も存在します。

　労働基準法上の労働者に該当するか否かは、使用者との間に使用従属関係があるかどうかによって判断されます。使用従属関係の有無は、仕事の依頼に対する諾否の自由の有無、勤務時間や勤務場所の拘束の有無、業務遂行過程における使用者の指揮権の有無あるいは服務規律の適用の有無、報酬が労働の対価的性格を有するか否か等によって判断されます。

イ）労働契約の効果

　労働契約の締結により、労働者は労務を提供する義務（労働義務）を負い、賃金を請求する権利を有します。そして、使用者は、労働者より労務の提供を受ける権利があり、それに対し賃金を支払う義務を負います。また使用者は、労働者がその生命、身体等の安全を確保しつつ労働することができるよう、必要な配慮をするものとされます（労働契約法5条）。

ウ）労働条件の明示義務

　労働契約の締結に際しては、使用者は労働者に対して、**賃金、労働時間その他の労働条件**を明示しなければならず、厚生労働省令で定める一定の事項

については書面の交付等により明示しなければなりません（労働基準法15条1項）。また、その他の労働契約の内容についても、労働者および使用者は、できる限り書面により確認するものとされています（労働契約法4条2項）。明示された労働条件が事実と相違する場合には、労働者は即時に労働契約を解除することができます（労働基準法15条2項）。明示すべき労働条件の範囲については、労働基準法施行規則5条に定められています。

(3) 労働契約の期間

労働契約には、その契約期間の定めのない労働契約と定めのある労働契約（有期労働契約）とがあります。期間の定めのない労働契約は、一般に正社員と呼ばれる労働者と使用者との間の労働契約のように、定年まで就労することを前提とするものです。これに対し、有期労働契約は、例えば、一般に契約社員と呼ばれる労働者と使用者との間で契約期間を定めて結ばれる労働契約のことであり、契約期間の満了により労働契約が終了するものです。

ア）有期労働契約の期間の最長限度

民法では、期間の定めのある雇用契約を締結する場合、その最長期間は5年と定められていますが（民法626条）、労働者が特定の使用者のもとに長く拘束されることは、人身拘束や強制労働をもたらす危険性があります。そのため、有期労働契約は、一定の事業の完了に必要な期間を定めるもののほかは、原則として3年を超える期間について締結することができません（労働基準法14条1項）。

ここで、「一定の事業の完了に必要な期間を定めるもの」とは、例えば、数年にわたる工事が完了するまでの間、技師や作業員を雇う場合などが挙げられ、そのような場合は3年を超える労働契約を締結することが認められています。このほか、高度の専門的知識等を有する労働者（博士の学位を有する者、公認会計士・医師・弁護士等の資格を有する者、特許発明者、登録意匠創作者など）との間で、同人を当該高度の専門的知識等を必要とする業務に就かせるための労働契約を締結する場合や、満60歳以上の者との間で労働契約を締結する場合には、労働契約期間を最長5年とすることができます。

この労働契約の期間に関する規定に違反した場合には、労働契約の期間は

3年（一定の場合は5年）に短縮され、契約を締結した使用者は罰金に処せられます（労働基準法120条1号）。

イ）有期労働契約に対する規制

　使用者は、有期労働契約を締結した労働者に対し、契約の締結時にその契約の更新の有無を明示しなければなりません。そして、当該労働契約を更新する場合があるとしたときは、契約を更新する場合またはしない場合の判断の基準を明示しなければなりません。

　有期労働契約について、使用者は、その労働契約により労働者を使用する目的に照らして、必要以上に短い期間を定めることにより、その労働契約を反復して更新することのないよう配慮しなければなりません（労働契約法17条2項）。

　また、**労働者が同一の使用者との間で有期労働契約を反復更新して締結し、それらの有期労働契約を通算した期間（通算契約期間）が5年を超える場合に、労働者が使用者に対し、期間の定めのない労働契約の締結の申込みをしたときは、原則として、使用者は当該申し込みを承諾したものとみなされます。**この場合の期間の定めのない労働契約は、原則として、従前の有期労働契約と同一の労働条件となります（労働契約法18条）。

　なお、契約期間の上限が3年とされる一定の労働者は、当該労働契約の期間の初日から1年を経過した日以後においては、申出により、いつでも退職することができます（労働基準法附則137条。詳細については、後述の(10)「労働契約の終了」のエ）「解約申入れ」を参照）。

（4）　労働契約の締結に関する法規制

　労働基準法では、労働契約の締結時における規制とともに、労働契約で定める労働条件等に関しても規制を行い、労働者の保護を図っています。そして、労働基準法で定める基準に達しない労働条件を定める労働契約は、その部分については無効とし、無効となった部分は、労働基準法で定める基準によるものとしています（労働基準法13条）。労働条件等に関する規制のうち主なものは次の通りです。

ア）均等待遇

　使用者は、労働者の国籍、信条または社会的身分を理由として、賃金、労働時間その他の労働条件について、差別的取扱いをしてはなりません（労働基準法3条）。この規定は、すべての労働条件について差別的取扱いをすることを禁止していますが、いかなる理由による差別も絶対に禁止されるというわけではなく、**国籍（人種も含みます）、信条（特定の宗教的または政治的信念）、社会的身分（生来の身分）による差別のみを禁止しています**（限定列挙）。ここでいう「すべての労働条件」とは、職場における労働者の一切の待遇（賃金、労働時間、解雇、災害補償、安全衛生、寄宿舎等に関する条件）をいいますが、「雇入れ」に関する条件は含まれません。したがって、私企業が労働者の思想信条を理由として採用を拒否しても当然に違法となるものではないとされています（最大判昭和48・12・12民集27-11-1536）。

　本条には性別を理由とする差別的取扱いは含まれませんが、労働基準法は使用者は労働者が女性であることを理由として、賃金について男性と差別的取扱いをしてはならないと規定し、男女同一賃金の原則を定めています（労働基準法4条）。また、**賃金以外の男女の雇用についての差別的取扱いの禁止については、男女雇用機会均等法が規定しています。**

イ）損害賠償額の予定の禁止

　労働契約の締結に際して、契約期間中の労働者の契約の不履行や不法行為について、あらかじめ違約金を定め、または損害賠償額を予定する契約を締結することを認めると、それが労働者の足止め策として強制労働の手段となったり、労働者を不当に拘束することにもなります。そこで、**使用者は、労働契約の不履行について違約金を定め、または損害賠償額を予定する契約をしてはならない**とされています（労働基準法16条）。ただし、この規定は、金額を予定することを禁止するものであり、現実に生じた損害について賠償を請求することを禁止するものではありません（昭22.9.13発基17号）。

ウ）前借金相殺の禁止

　使用者は、前借金その他労働することを条件とする前貸しの債権と賃金を

相殺してはなりません（労働基準法17条）。これは、使用者が支度金等の名目で労働者やその親族に金銭を貸し付けることにより、労働者の自由が拘束され、または賃金から前借金が差し引かれ、低賃金あるいは無報酬で労働せざるを得ないといった弊害が生じることを防止するためです。

　ただ、この規定は、労働することを条件とする前貸しの債権と賃金との相殺を禁止しているものであり、前貸しそのものを禁止しているわけではありません。例えば、使用者が労働者からの申出に基づき、生活必需品の購入等のための生活資金を貸し付け、その後その貸付金を賃金から分割控除する場合でも、労働することが条件となっていないことが明白なときのように、**明らかに身分的拘束を伴わないものは、この規制を受ける債権には当たりません。**

エ）強制貯金の禁止

　使用者は、労働契約に附随して貯蓄の契約をさせ、または貯蓄金を管理する契約をしてはなりません（労働基準法18条1項）。これは、賃金から強制的に天引貯金をさせることにより、労働者の退職の自由を奪うことを防止するためです。

（5）　就業規則
ア）就業規則とは

　就業規則は、当該事業場での労働条件や職場の規律などを画一的かつ明確に定めた規則であり、使用者が一方的に作成する権限を有します。就業規則は人事労務管理の基準であり、労働者だけでなく、使用者も拘束されます。

イ）就業規則の作成義務

　常時10人以上労働者を使用する使用者は、就業規則を作成しなければなりません。作成するにあたっては、**当該事業場の過半数労働組合**（存在しない場合は労働者の過半数代表者）**の意見を聴き、その意見書を添付し、行政官庁**（所轄の労働基準監督署長）**に届け出なければなりません。**就業規則を変更する場合も同様です（労働基準法89条・90条）。

　ここでいう「常時10人以上の労働者」には、パートタイマーや臨時的な労

働者も含まれます。したがって、時として10人未満になることはあっても、常態として10人以上の労働者を使用している事業では就業規則を作成する必要があります。就業規則を作成し、届け出る義務を負うのは、常時10人以上の労働者を使用する使用者ですから、常時9人以下の労働者を使用している使用者は、法律上は就業規則を作成する義務はありません。しかし、この場合も労務管理上の観点から就業規則を作成することが望ましいといえます。

就業規則は常時、各作業場の見やすい場所に掲示し、または備え付ける等の方法で労働者に周知させなければなりません（労働基準法106条）。

ウ）就業規則の規定事項

就業規則に規定する事項は、①**絶対的必要記載事項**（就業規則に必ず記載しなければならない事項）、②**相対的必要記載事項**（定めをする場合には就業規則に必ず記載しなければならない事項）に分けることができます。

絶対的必要記載事項には、始業・終業の時刻、休憩時間、休日、休暇、就業時転換に関する事項、賃金（臨時の賃金等を除きます）の決定・計算・支払方法・締切り・支払時期・昇給に関する事項、退職に関する事項（解雇の事由を含みます）があります。次に、相対的必要記載事項には、退職手当に関する事項、臨時の賃金等に関する事項、安全・衛生に関する事項、災害補償・業務外の傷病扶助に関する事項などがあります。

エ）就業規則に基づく労働契約内容の決定

労働者と使用者が労働契約を締結するに際し、その労働契約において労働条件を詳細に定めずに労働者が就職することがあります。このような場合であっても、使用者が合理的な労働条件が定められている就業規則を労働者に周知させていれば、労働契約の内容は、原則として、その就業規則で定める労働条件によるものとされます（労働契約法7条）。ここでいう周知とは、常時各作業場の見やすい場所に掲示し、または備え付ける等の方法により、労働者が知ろうと思えばいつでも就業規則の存在や内容を知り得るようにしておくことをいい、労働者が実際に就業規則の存在や内容を知っているか否かは問いません。

オ）就業規則の効力等

　就業規則で定める基準に達しない労働条件を定める労働契約は、その部分については、**無効**となります。この場合において、無効となった部分は、就業規則で定める基準によることとなります（労働契約法12条）。

　また、就業規則の内容は、憲法・労働基準法・労働組合法等の法令や当該事業場に適用される**労働協約**に反してはなりません。所轄労働基準監督署長は、**法令または労働協約に牴触する就業規則について変更命令を出すことができます**（労働基準法92条）。

（6）　賃金

ア）賃金とは

　労働基準法上、**賃金**とは、労働の対償として使用者が労働者に支払うすべてのものをいい、賃金・給料・手当・賞与等その名称のいかんを問いません。

　労働の対償として支払われるものですから、使用者が任意に支払う結婚祝金・死亡弔慰金・退職手当等は原則として賃金とはみなされません。ただし、これらの給付があらかじめ労働協約、就業規則、労働契約等で支給条件が明確にされており、それに基づき使用者に支払義務が発生すれば、これらの金銭も賃金とみなされます。例えば、退職手当については、労働基準法上は、使用者は退職手当を支払う義務はなく、任意に支払うのであれば退職手当は賃金に該当しません。しかし、就業規則や労働協約等であらかじめ支給することや支給基準を定めている場合は、賃金に該当します。

　賃金の額は、使用者と労働者との間の労働契約の内容をなすものであり、契約自由の原則からいえば、その額は当事者間で自由に決定することができるはずです。しかし、労働者の最低限の生活を保障する観点から、法は契約自由の原則を制限し、一定の賃金額を労働者に保障しています。これには、**最低賃金法による最低賃金の保障制度**（労働基準法28条、最低賃金法1条）や**労働基準法による出来高払いの保障給制度**（労働基準法27条）などがあります。

　なお、賃金請求権の消滅時効は2年、退職手当の消滅時効は5年と定められています（労働基準法115条）。

イ）賃金支払いの諸原則

賃金は、労働者にとって生活を維持するための基本的かつ重要な労働条件ですから、労働者保護のため次の原則に従って支払われなければなりません（労働基準法24条）。

a. 通貨払いの原則

賃金は、通貨、つまりわが国において強制通用力を有する貨幣で支払われなければなりません。 したがって、現物による賃金の支払いは原則として認められません。

現在、賃金（給与）は、銀行等の口座への振込みによって支払われることが多くなっていますが、これは労働者の個々の同意に基づき、労働者の指定する本人名義の口座に振り込まれた賃金の全額が賃金支払日に払戻しできるという条件の下に認められているものです。

b. 直接払いの原則

賃金は、労働者に直接支払われなければなりません。これはいわゆる賃金のピンハネを防止するための規制であり、**当該労働者以外の者、例えば親権者（労働者が未成年者の場合）や成年後見人等への支払いは禁止されています。**

c. 全額払いの原則

賃金は、全額を支払われなければなりません。労働者の足止めを図ることを防止するための規制であり、賃金の一部を控除して支払うことは認められません。しかし、欠勤等による賃金カット分を控除して支払うことは全額払いの原則に違反しません。また、法令に定めのある源泉徴収や社会保険料の徴収、労働者の過半数で組織する労働組合（ない場合は労働者の過半数代表者）との協定により労働組合費等を控除することはできます。

d. 定期日払いの原則

賃金は、毎月1回以上、一定の期日を定めて支払われなければなりません。ただし、1か月を超える期間ごとに支給される精勤手当、奨励加給等については、この原則の例外とされています。

（7）労働時間等

労働基準法は、長時間労働を防止するため、使用者が労働者を労働させることができる時間の上限や、使用者が労働者に対して与えなければならない休憩時間、休日の規定を設けています。

ア）労働時間に関する原則

使用者は、原則として労働者に、休憩時間を除き、1日につき8時間、1週間につき40時間を超えて労働させてはなりません（労働基準法32条）。

ここで労働時間とは、使用者の指揮監督下にある時間をいい、必ずしも業務に携わっている時間だけに限らず、手待時間も労働時間に含まれます。ここに規定される時間は**法定労働時間**といわれ、これに対して、各事業場において就業規則等で定められている時間を**所定労働時間**といい、各労働者が実際に働いた時間を実労働時間といいます。

使用者が、労働者に、法定労働時間を超えて労働させること（これを時間外労働といいます）ができるのは、次の場合に限られます。

> ① 災害その他避けることができない事由によって臨時の必要がある場合において、行政官庁の許可を受けたとき
> ② 公務のために臨時の必要があるとき（一定の官公署の事業に従事する国家公務員および地方公務員）
> ③ いわゆる三六協定（後述「イ）時間外・休日労働」参照）を締結・届出をしたとき

イ）時間外・休日労働

使用者は、当該事業場に過半数労働者で組織する労働組合がある場合はその労働組合、それがない場合には労働者の過半数代表者との間で**書面による協定（三六協定）を結び、行政官庁（所轄の労働基準監督署長）に届け出る**ことにより、法定労働時間を超え、または法定休日に労働させることができます（労働基準法36条）。ただし、この労使協定は、免罰効果を持つのみであるため、三六協定があるからといってそれだけで労働者に時間外労働を命じることができるわけではありません。時間外労働（いわゆる残業）を命じる根拠として、労働協約・就業規則・労働契約等において時間外労働・休日労働が労働契約の内容となっていることが必要であるとされています。

使用者が労働者を1日8時間または1週40時間を超えて労働させたり、1週1日または4週4日の法定の休日に労働させると、時間外労働または休日労働として、割増賃金を支払わなければなりません（労働基準法37条）。

　上記の通り、労働基準法は、法定労働時間（労働基準法32条）を規定した上で、割増賃金を支払うことを条件に、三六協定等の定めるところにより、労働時間の延長を認めています（労働基準法32条・36条1項・37条等）。しかし、長時間労働による健康障害を防止し、ワークライフバランスの改善をするため、労働時間を延長する場合であっても、次の上限を超えてはなりません（労働基準法36条）。

> ①　時間外労働の上限は、月45時間、年360時間を原則とし、臨時的な特別の事情がなければ、これを超えてはならない（特別の事情により月45時間を超えられるのは年間6か月まで）。
> ②　臨時的な特別の事情がある場合であっても
> ・年間は720時間以内
> ・単月は、法定休日労働を含んで100時間未満が基準
> ・複数月平均は、法定休日労働を含んで80時間以内

　使用者がこれに違反した場合、罰則の対象となります（労働基準法119条1号）。

ウ）割増賃金

　災害その他の避けることのできない事由や時間外・休日労働に関する労使協定（三六協定）などにより、使用者が法定の労働時間を超えて労働時間を延長して時間外労働・休日労働をさせた場合、使用者は所定の割増賃金を支払わなければなりません。この割増率は、時間外労働の場合は通常の労働時間の賃金の計算額の2割5分（25％）以上、休日労働の場合は通常の労働日の賃金の計算額の3割5分（35％）以上とされています（労働基準法37条、割増賃金令）。

　さらに、時間外労働をさせた時間が1か月について60時間を超えた場合、その超えた時間の労働に対する割増賃金は、通常の労働時間の賃金の計算額の5割（50％）以上の率で計算した額に引き上げられます（労働基準法37条1項但書）。

なお、労使協定を締結すれば、1か月に60時間を超える時間外労働を行った労働者に対し、その超過した時間について、労働基準法37条1項但書の規定に基づいて引き上げられた分の割増賃金の支払いに代えて、有給の休暇を付与することができます（労働基準法37条3項）。

　また、原則として午後10時から午前5時までの間に労働させた時間（いわゆる深夜労働）については、通常の労働時間の計算額の2割5分（25％）以上の率で計算した割増賃金の支払いが必要となります（労働基準法37条4項）。

エ）みなし労働時間・裁量労働制等

　労働形態の多様化に伴い、上記の労働時間の原則にとらわれない多様な制度が認められています。

　外勤の営業職員のように、労働者が労働時間の全部または一部について事業場外で業務に従事した場合において（事業場外労働）、労働時間の算定が困難なときには、原則として所定労働時間を労働したものとみなされます（**みなし労働時間制**、労働基準法38条の2）。この場合は、時間外労働の問題は生じません。

　取材記者や研究開発業務・情報処理システムの分析設計業務・デザイナーのように、業務の性質上その業務の遂行の方法を大幅に労働者の裁量に委ねる必要がある業務については、一定の要件の下、労使協定により定めた時間を労働したとみなすことが認められています（**専門業務型裁量労働制**、労働基準法38条の3）。そして、労使委員会が設置された事業場においては、同委員会の決議に基づき事業運営に関する企画・立案・調査・分析等の業務を行うホワイトカラーの労働者についても、一定の要件の下、裁量労働に関するみなし労働時間制を採用することができます（**企画業務型裁量労働制**、労働基準法38条の4）。

　また、業種によっては、日・月・季節によって業務の繁閑が生じるため、それに合わせて労働時間を設定し、時間外労働を調整することが一定の要件の下に認められています（**変形労働時間制**、労働基準法32条の2・32条の4・32条の5）。基本的には、一定期間の労働時間を平均して週40時間以内であれば、1日8時間を超える労働を認めるという制度です。

さらに、労使間で一定の期間における総労働時間を定め、その範囲内で各労働者が始業・終業時刻を自己の判断で選択できる**フレックスタイム制**も認められています（労働基準法32条の3）。

なお、フレックスタイム制においてはコアタイム（全員の就業を義務付ける時間）を定めることもできます。

(8) 休憩時間等
ア）休憩時間・休日

休憩時間とは、拘束時間中の労働者が使用者の指揮監督を離れ、労働義務から完全に解放されている時間をいいます。使用者は労働者に対して少なくとも次の休憩時間を与えなければなりません（労働基準法34条）。

労働時間	休憩時間
6時間まで	規定なし
6時間を超え8時間まで	45分
8時間超	1時間

休憩時間は、労働時間の途中に、原則として事業場単位で一斉に付与しなければなりません。

休日とは、労働契約上、労働者が労働義務を負わない日をいいます。使用者は、労働者に対して**毎週少なくとも1回の休日**を与えなければならないとされています（週休制の原則、労働基準法35条）。週休制をとらずに、4週間を通じて4日以上の休日を与えることもできます（変形週休制）。

イ）年次有給休暇

使用者は、その雇入れの日から起算して6か月間継続勤務し、全労働日の8割以上出勤した労働者に対して、継続し、または分割した10労働日の**有給休暇**を与えなければなりません（労働基準法39条1項）。

年次有給休暇の日数は、原則として6か月間継続勤務した者については最低10日であり、その後は1年間の継続勤務ごとに1日、3年6か月超の継続勤務については1年ごとに2日が加算され、最高20日間です（労働基準法39条2項）。

年次有給休暇は、日単位での取得が原則ですが、①労使協定を締結すること、②年に5日分を上限とすること、③時間単位での取得を労働者が希望していること、を要件として、時間単位で年次有給休暇を取得することもできます（労働基準法39条4項）。

　年次有給休暇を取得する権利は、要件を具備した労働者には法律上当然に生じます。使用者は、年次有給休暇を**労働者が請求する時季**に与えなければなりません。ただし、その**請求された時季に有給休暇を与えると、事業の正常な運営を妨げる場合には、使用者は他の時季に与えることができます**（単に請求を拒否することはできません。労働基準法39条5項）。これを**時季変更権**といいます。

　なお、使用者は、10日以上の年次有給休暇が付与される労働者に対し、年次有給休暇のうち5日は、年次有給休暇を使う時期を指定しなければならず（労働基準法39条7項）、これに反した場合は罰則の対象となります（労働基準法120条1号）。

(9) 育児休業・介護休業

　育児・介護休業法（育児休業、介護休業等育児又は家族介護を行う労働者の福祉に関する法律）は、子の養育または家族の介護を行う労働者等の雇用の継続および再就職の促進を図り、職業生活と家庭生活の両立に寄与することを通じて、これらの労働者等の福祉の増進を図ること等を目的としています。

　育児休業制度とは、原則として1歳に満たない子を有する労働者が、申出により事業主との雇用関係を継続しつつ、養育のため一定期間休業することができるという制度です。介護休業制度とは、介護を必要とする父母、配偶者（事実婚を含む）等（対象家族という）を有する労働者の申出により、その労働者が介護のため一定の期間休業することができるという制度です。

(10) 労働契約の終了

　労働者と使用者との間の労働関係は、当該労働契約の終了によって消滅します。労働契約の終了事由には、①一定の法定された事由あるいは当事者が

約定した事由の発生によって当然に消滅する当然終了事由、②契約当事者による解約申入れ、③使用者の一方的な意思表示によって労働契約を終了させる解雇などがあります。

ア）当事者の死亡・消滅

労働者が死亡した場合、労働契約は当然に終了します。これに対して使用者（自然人）が死亡しても、企業が存続する限り労働契約は終了しません。また、使用者の廃業（個人企業）や解散（会社企業）の場合には、原則として労働基準法の解雇の規定が適用されるため、少なくとも廃業や解散による清算の結了の日の30日前に解雇の予告をするか、30日分以上の平均賃金を支払わなければなりません。

イ）期間の満了

期間の定めのある労働契約（有期労働契約といいます）については、その期間の満了により労働契約は終了します。使用者は、期間の定めのある労働契約について、やむを得ない事由がある場合でなければ、その契約期間が満了するまでの間において、労働者を解雇することができません（労働契約法17条1項）。

有期労働契約の締結時に、その契約を更新する旨明示していた使用者は、雇い入れの日から起算して1年を超えて継続勤務している労働者および有期労働契約が3回以上更新されている労働者に対しては、その者との間の有期労働契約を更新しない場合、少なくとも契約の期間が満了する日の30日前までに、その予告をしなければなりません。

また、労働契約終了後、労働者が引き続き労務に服している場合に、使用者がそれを知って異議を述べないときは前契約と同一の条件でさらに契約を締結したものと推定されます。

ウ）定年制

定年制とは、労働者が一定の年齢に達したとき、労働者の意思や能力に関係なく労働契約を終了させる制度をいいます。労働契約や就業規則において、定年制が定められている場合には、その年齢に達したときに労働契約は当然

に終了します。

　労働者の定年について、女性の定年年齢を男性より低くするなど、事業者は労働者の性別を理由として差別的な取扱いをしてはなりません（男女雇用機会均等法6条）。また、労働者の定年を定める場合、その年齢は60歳を下回ることができないとされています（60歳定年制、高年齢者雇用安定法8条）。なお、65歳未満の定年の定めをしている事業主は、定年の引上げなど所定の高年齢者雇用確保措置を講じなければなりません（高年齢者雇用安定法9条）。さらに、定年を65歳以上70歳未満に定めている事業主または65歳までの継続雇用制度（70歳以上まで引き続いて雇用する制度を除く）を導入している事業主は、70歳以上への定年の引上げや定年の定めの廃止など、所定の高年齢者就業確保措置を講ずるよう努めなければなりません（高年齢者雇用安定法10条の2）。

エ）解約申入れ

　期間の定めのない労働契約の場合、各当事者はいつでも**労働契約の解約の申入れをすること**ができます。この場合、労働者からの解約（辞職）は、**解約申入れ後2週間経過**することによって、労働契約は終了します（民法627条）。これに対し、使用者からの解約（解雇）については、解雇権濫用法理の適用（労働契約法16条）、解雇制限（労働基準法19条）、解雇予告（労働基準法20条）等の制約があります。

　また、有期労働契約の期間の上限が3年とされる労働者は、民法628条の規定（「やむを得ない事由があれば、労働契約を解除できる」旨の規定）にかかわらず（つまり、やむを得ない事由がなくても）、当該労働契約の期間の初日から1年を経過した日以後においては、その使用者に申し出ることにより、いつでも退職することができます。ただし、一定の事業の完了に必要な期間を定めるものを除き、労働契約において定められている期間が1年を超えるものに限ります（労働基準法附則137条）。

オ）解雇

　前述の通り、民法は、期間の定めのない労働契約における当事者はいつで

も解約できるとして（民法627条1項）、労働者側の退職の自由および使用者側の解雇の自由を認めています。

しかし、使用者からの解約（解雇）は労働者の生活に重大な影響を与えることから、労働基準法は、**解雇の予告期間を30日とし、予告期間を設けない場合には30日分以上の平均賃金（予告手当）を支払わなければならない**としています。そして、予告手当なしの即時解雇は、天災事変その他やむを得ない事由のため事業の継続が不可能となった場合と、労働者に責任のある場合に限って認められます。ただし、いずれの場合にも行政官庁（所轄労働基準監督署長）の認定が必要です（労働基準法20条）。また、業務上の傷病などによる療養のための休業期間およびその後の30日間は、原則として、解雇することができません（労働基準法19条）。

これらの規定の要件を充たした場合でも、労働契約法16条は、「**解雇は、客観的に合理的な理由を欠き、社会通念上相当であると認められない場合は、その権利を濫用したものとして、無効とする**」として、「解雇権濫用法理」を規定しています。したがって、労働基準法20条の手続を踏んだ解雇でも無効となる場合があります。

COLUMN テレワークにかかわる法規制

テレワークは、業務を行う場所に応じて、在宅勤務、モバイルワーク、サテライトオフィス勤務等に分類されます。いずれのテレワーク時においても労働基準法などが適用されます。

特に、自宅でのテレワークについては、次の事項に留意が必要です。

①労働条件の明示

事業主は労働契約締結に際し、就業の場所を明示する必要があります（労働基準法施行規則5条1項）。在宅勤務の場合には、就業場所として従業員の自宅を明示する必要があります。

②労働時間の把握

使用者は、労働時間を適正に管理するため、従業員の労働日ごとの始業・終業時刻を確認し、これを記録しなければなりません（通達）。例えば、Ｅメ

ールによって報告する方法が、テレワーク実施企業で最も多く利用されています。

③業績評価・人事管理等の取扱い

業績評価や人事管理について、会社へ出社する従業員と異なる制度を用いるのであれば、その取扱い内容を丁寧に説明しておく必要があります。また、就業規則の変更手続が必要となります（労働基準法89条2号）。

④通信費・情報通信機器等の費用負担

費用負担については、あらかじめ決めておく必要があります。

なお、在宅勤務等を行う従業員に通信費や情報通信機器等の費用負担をさせる場合には、就業規則に規定する必要があります（労働基準法89条5号）。

テレワークを導入する場合には、就業規則にテレワーク勤務に関して規定しておくことが必要です。この場合、就業規則本体に直接規定する場合と、「テレワーク勤務規程」といった個別の規程を定める場合があります。いずれの場合も、テレワーク勤務に関する規定を作成・変更した際は、労働基準法所定の意見聴取（労働基準法90条1項）、所轄労働基準監督署への届出（労働基準法89条）、労働者への周知（労働基準法106条1項）が必要です。

就業規則の作成義務がある使用者は、就業規則に次のことを定めることが必要です。

- ・テレワークを命じることに関する規定
- ・テレワーク用の労働時間を設ける場合、その労働時間に関する規定
- ・通信費などの負担に関する規定

なお、就業規則の作成・届出義務がない会社では、前述のことについて労使協定を結んだり、労働条件通知書で労働者に通知したりすることが必要です。

❸ 労働組合法とは

　労働組合法は、労働組合の結成、その自主的運営と活動を積極的に保護すること（不当労働行為を禁止するなど）によって**集団的労使関係**（具体的には憲法で定められた労働者の団結権、団体交渉権および団体行動権（争議権））のルールを定めています。

　労働組合法は、特に第2次世界大戦前の労働組合運動への弾圧の歴史を背景に制定されているため、国家の干渉を可能な限り排除し、労働者の自覚による労働組合の結成と自主的運営を尊重しています。例えば、争議行為については、労使間の交渉に実効性を持たせるために行われるストライキ等の実力行使も、それが正当な行為に当たる限り、刑事、民事の免責を受けるとされています（労働組合法1条・8条参照）。

　労働組合法の概要は、次の通りです。

① 　労働組合は、労働者の経済的地位の向上を図ることを目的に組織され、使用者の支配・干渉を受けず、自主的に運営されなければなりません。

② 　労働者は2人以上集まれば労働組合を結成して組合活動を行うことができ、**労働組合への加入、脱退は各労働者の自由です。**

③ 　使用者は、労働組合を結成し、または結成しようとした者を人事、給与等で不利益に取り扱ってはならず、組合の結成、運営に対して支配、介入してはなりません。

④ 　労働組合は、労働組合または労働者のために、労使関係事項について使用者と団体交渉する権利を有し、使用者は団体交渉の申入れを正当な理由なく拒否してはなりません。

⑤ 　労働組合は、団体交渉によって使用者との間に、労働条件その他の待遇について**労働協約**を定めることができます。労働協約は、就業規則とは異なり、**労働組合と使用者との間の合意により定められる書面による協定**で、両者の代表者の署名または記名押印を要します（労働組合法14条）。労働協約は就業規則よりも上位規範とされています。

❹ 労働関係調整法とは

　労働関係調整法は、労働争議の調整について、労使間の自主的で迅速な解決と国家権力による鎮圧の排除を原則としています。その調整にあたる労働委員会（中央労働委員会・都道府県労働委員会等）は、争議中の労使の自主的解決を側面から援助する行政機関です。調整方法としてはあっせん・調停・仲裁の3つの方法が認められています。

　あっせんは、原則として学識経験を有する第三者が、争議中の労使の間に入って、争点を調べ、助言や妥協点を見いだし解決を図る調整方法で調停に入る前段階として位置づけられます。調停は、争議ごとに労・使・公益の3者で構成される調停委員会が労使の対立点を聴取して調停案を作成し、これを労使双方に示して受諾を勧告する手続です。仲裁は、争議ごとに公益委員などで構成される仲裁委員会が設置され、仲裁機関の下した仲裁裁定には、労使双方が法的に拘束され、たとえその内容に不満があっても、争議は仲裁裁定案に基づいて解決されることになります。

❺ その他の労働関係法規

　上記の法律のほかにも、様々な労働関係法が制定されています。

　例えば、職業安定法は、原則として公共職業安定所が無料で組織的に職業紹介を行うことにより、職業の安定を図ること等を目的とするとともに、一定の場合には民間の機関・団体が有料で職業紹介を行うことを認めています。

　また、後述の男女雇用機会均等法や労働者派遣法についても、最近の社会・経済情勢を反映して関心が高まっています。

　さらに、労働安全衛生法は、危害防止基準を確立するとともに、職場に安全管理者、衛生管理者などを配置して作業環境を改善し、快適な職場環境の形成を促進することを目的としています。労働者災害補償保険法（労災保険法）は、業務上の事由や通勤による労働者の負傷、疾病、障害、死亡等に対して必要な保険給付を行うとともに、労働者の社会復帰の促進、遺族の援護等を目的として運用されています。

第 ② 節
職場の労働環境等にかかわる問題

　少子化と高齢化の急速な進行により、人口減少の局面を迎える現在、労働者が性別により差別されることなく、かつ、母性を尊重されつつ、その能力を十分発揮することができる雇用環境を整備することは重要な課題です。

　雇用の分野において、事業主が労働者を性別によって差別したり、妊娠等を理由として不利益に取り扱うこと等に関しては、男女雇用機会均等法（正式には、「雇用の分野における男女の均等な機会及び待遇の確保等に関する法律」といいます）による規制がなされています。

　また、職場のセクシュアル・ハラスメントやパワー・ハラスメントなど、職場におけるハラスメント行為は、労働者が能力を十分に発揮することの妨げになるだけでなく、個人としての尊厳や人格を不当に傷つける等の人権に関わる許されない行為であり、企業にとっても、職場秩序の乱れや業務への支障が生じたり、貴重な人材の損失につながり、社会的評価にも悪影響を与えかねない重大な問題です。

　職場のパワー・ハラスメントについては、労働施策総合推進法において、職場におけるパワー・ハラスメント防止対策が事業主に義務付けられています。さらに、育児・介護休業法における妊娠・出産・育児休業等に関するハラスメントに関する規定など、その防止対策が義務付けられています。

❶ 男女雇用機会均等法

（1）　男女雇用機会均等法とは

　男女雇用機会均等法は、憲法14条で保障する「法の下の平等」原則に基づき、雇用の分野において男女の均等な機会および待遇の確保を図るとともに、女性労働者の就業に関して、妊娠中および出産後の健康の確保を図る等の措置を推進することを目的としています。

そして、同法はこの目的を達成するために、労働者の募集、採用、労働者の配置、昇進、降格、退職の勧奨、定年、解雇等の事項について、男性と女性が均等な機会、待遇を確保できるように、事業主に対して一定の措置を講じるよう求め、性別を理由とする差別的取扱いを禁止しています。

(2)　男女雇用機会均等法の特徴

　男女雇用機会均等法は、労働者が性別による差別を受けることなく、その能力を十分に発揮できる雇用環境を整備することを趣旨としています。また、働きながら安心して子供を生むことができる環境を作ることは、少子・高齢化が進む中で、わが国経済の活力を維持していくための重要な課題でもあります。

　ここでいう差別とは、例えば、労働者が「女性だから（一般的または平均的に女性は、勤続年数が短い、家庭の責任がある、特有の感性がある等）」という理由で、男女異なる扱いをすることです。したがって、個々の労働者の意欲、能力、適性を理由として、他の労働者と異なる取扱いをしても、男女雇用機会均等法上問題とはなりません。

(3)　男女雇用機会均等法の内容
ア）　募集・採用
　事業主は、**労働者の募集・採用**にあたり、その性別に関わりなく均等な機会を与えなければなりません（男女雇用機会均等法5条）。

イ）　性別を理由とした差別的取扱いの禁止
　事業主は、次の事項について、労働者の性別を理由として、差別的取扱いをしてはなりません（男女雇用機会均等法6条）。

> ・労働者の配置（同じ役職や部門への配置であっても、業務の配分や権限の付与について性別による差別をすることは禁止されます）、昇進、降格および教育訓練
> ・一定の福利厚生措置
> ・労働者の職種および雇用形態の変更（例えば、正社員からパートタイマーへの変更など）
> ・退職の勧奨、定年および解雇ならびに労働契約の更新

ウ) 間接差別の禁止

　性別を理由とする差別であることが明らかな男女別定年年齢制や女性労働者が婚姻した場合の退職制度などといった差別的取扱いは、男女雇用機会均等法制定以降、減少傾向にあります。その反面、女性労働者の採用や登用を回避するため、例えば、労働者の募集にあたり、合理性が認められないにもかかわらず、女性が充たしにくい要件を課すなどといった差別的な扱いがなされるケースがあります。そこで、男女雇用機会均等法は、事業主は、前記ア)やイ)のような性別を理由とする差別が禁止されている事項に関する措置であるにもかかわらず、労働者の性別以外の事由を装って、**実質的に性別を理由とする差別となるおそれがある一定の措置**について、合理的な理由がなければ、これを講じてはならないという規定を設けています（男女雇用機会均等法7条）。具体的には、合理的な理由なく、厚生労働省令で定める次の3種類の措置を講じることは、間接差別として禁止されています。

> ・労働者の募集または採用にあたり、労働者の身長、体重または体力を要件とすること
> ・いわゆる総合職の労働者の募集または採用等にあたり、転居を伴う転勤に応じることができることを要件とすること
> ・労働者の昇進にあたり、転勤の経験があることを要件とすること

エ) 婚姻、妊娠、出産等を理由とする不利益取扱いの禁止等（男女雇用機会均等法9条）

　事業主は、女性労働者の婚姻、妊娠、出産を退職理由として予定する定めをしてはならず、女性労働者が婚姻したことを理由として解雇してはなりません。

　また、事業主は、女性労働者が妊娠または出産したこと、労働基準法上の産前産後休業の取得など、**妊娠または出産に関する事由であって厚生労働省令で定めるものについては解雇その他不利益な取扱いをしてはなりません。**

　事業主が妊娠中の女性労働者および出産後1年を経過しない女性労働者に対してなした解雇は無効とされます。ただし、事業主が当該解雇は妊娠等を理由とするものでないことを証明したときはこの限りではありません。

(4) 職場におけるセクシュアル・ハラスメントの問題

ア）　セクシュアル・ハラスメントとは

　職場におけるセクシュアル・ハラスメントとは、職場での性的な言動により、労働者がその労働条件につき不利益を受け、または性的な言動により労働者の就業環境が害されることをいいます。職場において労働者の意に反する性的な言動がなされ、それを拒否したことで、当該労働者がその労働条件につき解雇、降格、減給等の不利益を受けるものを「**対価型セクシュアル・ハラスメント**」、職場において行われる労働者の意に反する性的な言動により、労働者の就業環境が不快なものとなり能力の発揮に重大な悪影響が生じるなど、当該労働者の就業上看過できない支障が生じるものを「**環境型セクシュアル・ハラスメント**」といいます。

イ）　職場におけるセクシュアル・ハラスメント対策

　事業主は、職場におけるセクシュアル・ハラスメントの防止のため、労働者からの相談に応じ、適切に対応するために必要な体制の整備その他の雇用管理上必要な措置を講じなければならず、事業主は、労働者が相談を行ったこと、または事業主による相談への対応に協力した際に事実を述べたことを理由として、当該労働者に対して解雇その他不利益な取扱いをしてはならないとされています（男女雇用機会均等法11条1項2項）。

　企業はセクシュアル・ハラスメント防止のための体制整備などの一定の具体的な措置を講じることが義務付けられ、これを講じない場合、厚生労働大臣による勧告等を受けることがあります。さらに、その勧告に従わなかったときは、その旨を公表されることがあります。

　このほか、他の事業主が講ずるセクシュアル・ハラスメント防止のための措置の実施に関し、当該他の事業主から必要な協力を求められた場合には、これに応ずるように努めなければなりません（男女雇用機会均等法11条3項）。

　なお、**セクシュアル・ハラスメントは、女性労働者に対する行為だけでなく、男性労働者に対する行為も対象になります。**

ウ） セクシュアル・ハラスメントに対する法的措置

　セクシュアル・ハラスメントが発生すると、加害者は民法（不法行為）や刑法（強制わいせつ罪、暴行罪、強要罪等）に基づく責任を負うほか、そのような行為が「事業の執行につき」従業員によってなされた場合は、企業の使用者責任（民法715条）が問題となります。また、企業（使用者）は、被用者が働きやすい環境を保つよう配慮する注意義務を負っていることから、セクシュアル・ハラスメント被害があるにもかかわらず、これを放置した場合には、使用者は債務不履行責任を問われる可能性もあります。

　しかし、セクシュアル・ハラスメントの有効な防止は、法律に規定を設けるだけで実現できるものではありません。そのためには全社をあげて職場の健全な環境を作ることが不可欠であり、職場の一人一人の相手を思いやる自覚が最も重要です。

❷ 労働施策の総合的な推進並びに労働者の雇用の安定及び職業生活の充実等に関する法律（労働施策総合推進法）

(1)　労働施策総合推進法とは

　労働施策総合推進法は、国が、少子高齢化による人口構造の変化等の経済社会情勢の変化に対応して、労働に関し、その政策全般にわたり、必要な施策を総合的に講ずることにより、労働市場の機能が適切に発揮され、労働者の多様な事情に応じた雇用の安定および職業生活の充実、労働生産性の向上を促進し、労働者がその有する能力を有効に発揮することができるようにして、労働者の職業の安定と経済的社会的地位の向上とを図るとともに、完全雇用の達成等に資することを目的としています。

(2)　労働施策総合推進法の特徴

　労働施策総合推進法は、上記の目的を達成するため、次のような事項等について、国が総合的に取り組むべき旨を規定しています（労働施策総合推進法4条）。

(3) パワー・ハラスメントに関する措置

労働施策総合推進法は、職場におけるパワー・ハラスメントについて事業主に防止措置を講じることを義務付けています。

労働施策総合推進法は、パワー・ハラスメントについて、「職場において行われる優越的な関係を背景とした言動であって、業務上必要かつ相当な範囲を超えたものによりその雇用する労働者の就業環境が害されること」と定義しています（労働施策総合推進法30条の2第1項）。「その雇用する労働者の就業環境が害されること」には、被害者が害されたというだけでは不十分であり、一定の客観性が必要であるとされています。

事業主は、パワー・ハラスメントに関して、労働者からの相談に応じ、雇用管理上必要な措置を講じなければなりません。

事業主は、労働者がパワー・ハラスメントの相談を行ったことや、パワー・ハラスメントの相談への対応に協力した際に、事実を述べたことを理由として、事業主が解雇その他の不利益な取扱いをすることが禁止されます（労働施策総合推進法30条の2第2項）。

都道府県労働局長は、紛争の解決の援助のために、必要な助言・指導または勧告をすることができ、勧告に従わない事業主名を公表することができます（労働施策総合推進法30条の5・33条2項）。

❸ その他のハラスメント

(1) 職場における妊娠・出産・育児休業等に関するハラスメント

職場におけるハラスメント行為には、様々なものがあり、職場における妊娠・出産・育児休業等に関するハラスメントもその1つです。育児・介護休業法は、職場における妊娠・出産・育児休業等に関するハラスメントについて、事業

主に防止措置を講じることを義務付けています。育児・介護休業法上、事業主は、職場において行われるその雇用する労働者に対する育児休業、介護休業その他の子の養育または家族の介護に関する厚生労働省令で定める制度等の利用に関する言動により当該労働者の就業環境が害されることのないよう、当該労働者からの相談に応じ、適切に対応するために必要な体制の整備その他の雇用管理上必要な措置を講じなければならず、労働者が当該相談を行ったことまたは事業主による当該相談への対応に協力した際に事実を述べたことを理由として、当該労働者に対して解雇その他不利益な取扱いをしてはなりません（育児・介護休業法25条）。

(2) カスタマーハラスメント

　近年、セクハラやパワハラのほかに、職場におけるハラスメントとして問題となっているのが、顧客等から労働者に対する「カスタマーハラスメント」です。

　カスタマーハラスメントについては、他のハラスメント同様に、民法（不法行為責任、使用者責任等）や刑法（暴行罪、強要罪等）に基づく責任が問題となります。また、旅館業法（2023年12月13日改正法施行）のように、カスタマーハラスメントを行った顧客等に対するサービスを拒むことができる旨の規定を設けている法令もあります。

第3節
派遣労働における労働形態

❶ 派遣労働者の雇用問題

　近年、企業経営の合理化の一環として、自社以外から派遣された従業員（**派遣労働者**）に業務の一部を任せる企業が増加しつつあります。

　このような派遣労働者を企業が利用するメリットは多いですが、派遣労働者を使用する企業（派遣先企業）と派遣元の企業および派遣労働者との関係が法律上明確でなければ、紛争の種を残し、派遣労働者の労働条件も過酷な内容になりかねません。

　そこで、派遣労働の法律関係を明確にし、派遣労働者の保護を図るために、「労働者派遣事業の適正な運営の確保及び派遣労働者の保護等に関する法律」（労働者派遣法）が定められています。

❷ 労働者派遣事業とは

　労働者派遣法上、「労働者派遣」は、自己の雇用する労働者を、当該雇用関係の下に、かつ、他人の指揮命令を受けて、当該他人のために労働に従事させることをいい、当該他人に対し当該労働者を当該他人に雇用させることを約してするものを含まないものをいいます。そして、この労働者派遣を業として行うことを「労働者派遣事業」といいます。

　労働者派遣事業を行おうとする者は、**厚生労働大臣の許可**が必要です（労働者派遣法5条）。したがって、厚生労働大臣の許可を受けた派遣元事業主が、雇用関係にある労働者を、他人（派遣先）の下で就業させ、その派遣先と労働者の間に雇用関係の生じないものが労働者派遣事業です。

(1) 労働者派遣事業と労働者供給事業

労働者派遣事業は、**自己の雇用する労働者を派遣する**点で、自己が雇用していることを前提としない労働者を供給するのが通常である労働者供給事業と区別されます。

ここで労働者供給事業とは、供給契約に基づいて労働者を他人の指揮命令を受けて労働に従事させることをいいます（労働者派遣法上の労働者派遣を除く、職業安定法4条8項）。これは、労働者の就業に実際の使用者ではない第三者が介入するものであり、労働基準法6条によって禁止される賃金の中間搾取に該当する可能性があります。労働者供給事業は、職業安定法により、原則として禁止されています（職業安定法44条）。

(2) 労働者派遣事業といわゆる偽装請負の問題

労働者派遣事業は、**他人の指揮命令を受ける**点で、労働者が注文主から指揮命令を受けない請負と区別されています。

この点について、事業者間において締結された契約が、名目上請負契約または委任契約とされていても、実態として、その業務に従事する労働者を注文者または委任者の事業場等に常駐させ、注文者または委任者が、当該労働者に対しその業務遂行方法や、休日・休憩等の労働条件について直接指揮命令をすると、実質的な労働者派遣の関係とされる（**偽装請負**といわれます）ことがあります。この場合に、請負人または受任者が派遣元事業主としての許可を怠っていると、労働者派遣法違反とされることがあります。

(3) 労働者派遣事業を行ってはならない業務

労働者派遣法では、労働者派遣事業を行ってはならない業務として、①港湾運送業務、②建設業務、③警備業務その他政令で定める業務が定められています（労働者派遣法4条1項）。

また、日々または30日以内の期間を定めて雇用する労働者を派遣すること（いわゆる日雇派遣）は、原則として禁止されています（労働者派遣法35条の4第1項）。

❸ 派遣元・派遣先・派遣労働者の間の法律関係

　労働者派遣には、自己の雇用する労働者を派遣する「**派遣元事業主**」と、派遣元事業主に雇用されている「**派遣労働者**」、派遣労働者の派遣先である「**派遣先**」の3者が存在します。

　この3者の関係を図で示すと次のようになります。

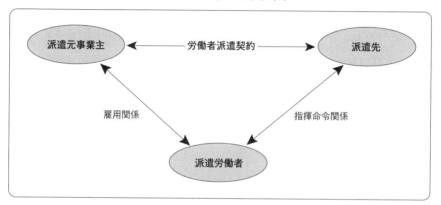

（1）　派遣元事業主と派遣労働者の関係

　派遣元事業主は、派遣労働者を雇用するため、その派遣労働者との間で**労働契約を締結し、年次有給休暇、賃金、割増賃金、産前産後休暇、災害補償などの労働法上の責任を負います**。また、派遣労働者の雇入れ等の際に、当該派遣労働者に対し、一人当たりの派遣料金の額を明示する義務を負います（労働者派遣法34条の2）。

（2）　派遣先と派遣労働者の関係

　派遣先と派遣労働者との間には雇用関係はなく、「指揮命令関係」があるだけです。しかし、派遣先は派遣契約に反しないよう、適切な措置をとるべきとされているほか、派遣労働者に対して、**労働時間、休憩、休日、深夜業、危険有害業務の就業制限、育児時間などの労働法上の責任を負います**。また、派遣先は、当該派遣先を離職した労働者について、離職後1年以内に派遣労働者として受け入れることは禁止されます（労働者派遣法40条の9）。

派遣先は、原則として、その事業所その他派遣就業の場所ごとの業務について、派遣元事業主から3年を超える期間継続して労働者派遣の役務の提供を受けることができません（派遣先事業所単位の期間制限、労働者派遣法40条の2第1項第2項）。派遣先が3年を超えて派遣を受け入れようとする場合は、派遣先の事業所における過半数労働組合等から意見を聴く必要があります（労働者派遣法40条の2第4項）。3年の派遣可能期間の延長が認められた場合であっても、同一の事業所その他派遣就業の場所における組織単位（いわゆる「課」や「グループ」等の単位）ごとの業務について、派遣元事業主から3年を超える期間継続して同一の派遣労働者から労働者派遣の役務の提供を受けることはできません（派遣労働者個人単位の期間制限、労働者派遣法40条の3）。

(3)　派遣元事業主と派遣先の関係

　派遣元事業主と派遣先は、労働者派遣契約を締結しますが、**その内容として派遣労働者が従事する業務の内容や所在地、勤務時間、指揮命令に関する事項**を定めなければなりません。

　また、派遣先の都合で派遣契約を中途解除する場合、派遣労働者の雇用が失われることを防ぐため、派遣先は、次のような措置をとる義務を負います（労働者派遣法29条の2）。

① 派遣労働者の新たな就業機会の確保
② 派遣元事業主が派遣労働者に支払う休業手当等の支払いに要する費用の負担

など

CHAPTER 8

Family law related to business

【第8章　ビジネスに関連する家族法】

第①節
取引と家族関係

　取引社会においても、夫婦や親子など家族関係が大きい意味を持つことがあります。例えば、妻が夫名義で買い物をしたり、親が未成年の子の保険等への加入申込みに同意を与えて有効な契約をする場合などです。

　ここでは、取引にかかわりを持つ家族関係の法律について説明します。

❶　夫婦間の法律関係

(1)　婚姻の成立のための要件

　婚姻は、婚姻意思（婚姻しようとする男女間の婚姻する意思）があることや婚姻障害（例えば、婚姻適齢、再婚禁止期間あるいは近親婚の制限）がないことなどの実質要件を備えていても、**婚姻届の提出・受理という、法律で定める形式をととのえなければ成立しません。**このように届出が必要とされるのは、婚姻による身分関係の変動を明確にする必要があることによります。

(2)　婚姻による身分上の効果

　夫婦が婚姻によって家庭を形成した場合には、例えば以下のような様々な身分上の効果が生じます。

---

① 　夫婦は婚姻の際に定めた夫または妻の氏を称します（民法750条）。
② 　夫婦は同居し、互いに協力し、扶助し合わなければなりません（民法752条）。
③ 　夫婦は互いに貞操義務を負い、配偶者の不貞な行為は離婚原因となります（民法770条1項1号）。
④ 　夫婦間の契約はその種類を問わず、婚姻中はいつでも取り消すことができます（民法754条）。

---

(3) 内縁関係とは

　民法上、婚姻は届出によって初めて成立するため、たとえ結婚式を挙げ、共同生活を開始するなど、**社会的に夫婦と認められる状況があっても、届出がない限り婚姻関係は成立せず、内縁関係にとどまります。**

　内縁の場合には、子は婚姻関係にある男女間の子である嫡出子<ruby>嫡出子<rt>ちゃくしゅつし</rt></ruby>たる身分を取得できず、また、夫婦の一方が死亡しても他方には相続権がないなど、婚姻関係と比べて法律上の不利益が大きくなります。しかし、わが国では、結婚式などの儀式により婚姻が成立し、届出は事後的な報告手続にすぎないという意識が現在でも存在し、内縁関係の法的保護が以前から問題となっています。

　現在の裁判所は、内縁を婚姻に準じた「準婚」関係であるとして、届出と不可分のもの以外は、正式の婚姻に近い法的効果を与える傾向にあります。 また、労働者災害補償保険法など各種社会立法にも、内縁を準婚と扱うものがあります。

　もっとも、内縁関係が婚姻関係と同一視されるというわけではありません。例えば、内縁の夫が死亡したとしても、原則として、内縁の妻に相続権は認められません。

(4) 離婚

　婚姻関係は、夫婦の一方の死亡または離婚によって将来に向かって解消されます。

ア）離婚の種類

　離婚には、次の種類があります。

> ① 夫婦の合意により離婚届を夫婦の住所地や本籍地の市区町村役場へ提出し、受理されることにより成立する協議離婚
> ② 家庭裁判所での調停により成立する調停離婚
> ③ 調停不成立の場合に家庭裁判所が調停に代わる審判をして成立する審判離婚
> ④ 家庭裁判所における離婚請求訴訟での裁判による裁判離婚
> ⑤ 離婚請求訴訟中に離婚の合意（和解）がなされた場合に成立する和解離婚

イ）離婚による身分上の効果

　離婚により、婚姻によって生じた夫婦間の様々な法律関係が、将来に向かっ
て解消されることになります。また、父母が離婚しても、親子関係は変わり
はありませんが、子の十分な保護のため、協議により、また協議が調わない
ときは家庭裁判所によって、親権者・監護者が定められます（民法819条・
766条・771条）。さらに、配偶者の血族との姻族関係は消滅し、**婚姻に際し
て改氏した配偶者は、婚姻前の氏に復します（復氏）**。ただし、離婚のとき
から3か月以内に本籍地または住所地の市区町村役場に届け出ることによっ
て、婚姻中に称していた氏をそのまま称することができます（民法767条、
戸籍法25条・77条の2）。

❷　夫婦間の財産関係

　婚姻によって家庭を形成する夫婦には、配偶者として様々な身分上の効果
が生じるとともに、夫婦間の財産関係も形成されることになります。

（1）　夫婦財産制とは

　夫婦財産制は、夫婦の財産関係を決定するための基準を意味します。すな
わち、夫婦の婚姻中の財産関係については、夫婦間に夫婦財産契約（婚姻中
の財産上の権利義務に関する夫婦間の契約）が締結されていれば、それに従
い、夫婦財産契約がない場合は、民法が定める以下のような基準に従い夫婦
間の財産関係が決められます（法定財産制）。

　法定財産制は、次の**夫婦別産制、婚姻費用の分担、日常家事債務の連帯責
任**を主な内容としています。

ア）夫婦別産制とは

　夫婦別産制は、**夫婦の一方が、婚姻前から有する財産や婚姻中に自己の名
で得た財産を、その者の特有財産（その者の所有物）とする制度**です（民法
762条1項）。特有財産の例として、婚姻前から有していた自己の預金で購入

した財産や、相続によって取得した財産などが挙げられます。

　ここで、「自己の名で得た」というのは、財産を取得した名義のみによってではなく、どのように取得したかという実態も加味して判断されます。つまり、夫が婚姻中に得た収入で購入した財産の登記や登録などが夫名義となっていたとしても、それだけで当該財産が夫の特有財産となるということにはなりません。

　なお、**夫婦いずれの所有に属するかが明らかでない財産は、その共有に属するものと推定されます**（民法762条2項）。

イ）婚姻費用の分担

　婚姻生活を維持していくには生計費・医療費・出産費・子の養育費など様々な費用（婚姻費用）が必要です。

　この婚姻費用は、法定財産制の下では配偶者間で分担するものとされています（民法760条）。どのように分担するのかについては、夫婦の所有財産、収入等様々な事情を考慮して夫婦の話し合いで（最終的に話し合いがつかなければ家庭裁判所によって）決められます。

ウ）日常家事債務の連帯責任

a．日常家事債務とは

　民法では、**食料や衣類の購入など日常必要な家事に関して生じた債務は、夫婦が連帯して責任を負う**とされています（民法761条）。夫婦の債務は本来別個のものであり、当然に連帯責任や共同責任が生じるわけではありませんが、**日常の家事**は、夫婦の共同事務です。そこで、夫婦の婚姻費用分担義務（民法760条）に基づいて、日常家事債務は夫婦共同で負担するとされています。

b．日常家事債務の範囲

　何が日常家事に含まれるかは、個々の夫婦について個別具体的に判断されます。一般的には、生活必需品の購入や病気の家族の医療費支出などがこれに当たります。

c. 日常家事債務の範囲を超えて行われた取引の相手方の保護

　一方配偶者の行為が日常家事の範囲を超える場合、当該行為の相手方の保護との関係が問題となります。夫婦は日常家事について生じた債務に関し連帯責任を負いますが、それは、夫婦各自は平等に日常家事を管理する権限があり、それに必要な限りで、相互に相手方配偶者の代理権を有していると考えられるからです。その結果として、**一方の配偶者の行為（取引）により発生した債務を、他方も連帯して責任を負うこととなる**のです。したがって、取引の相手方である第三者において、その行為が当該夫婦の日常家事の範囲に属すると信じるについて正当な理由があるときに限り、民法110条の趣旨の類推により第三者は保護されます。

(2)　離婚による夫婦財産関係への影響

　離婚により夫婦財産関係も、将来に向かって消滅します。そして、夫婦の共有財産をはじめ、帰属不明財産・他方配偶者の寄与分は財産分与に際して考慮されることになります。財産分与は、夫婦別産を根底に、離婚により困窮に陥る配偶者の保護および夫婦の一方の名による蓄財に対する他方の貢献度の評価がその目的です。財産分与は、慰謝料請求とともに、あるいは慰謝料請求も含めて請求することができるとされています。

COLUMN　　財産分与の方法

　離婚をした者の一方は、相手方に対して財産の分与を請求することができます（民法768条1項）。

　財産分与について、当事者間に協議が調わないとき、または協議をすることができないときは、当事者は、家庭裁判所に対して協議に代わる処分を請求することができます（民法768条2項）。家庭裁判所は、当事者双方がその協力によって得た財産の額その他一切の事情を考慮して、分与をさせるべきかどうかならびに分与の額および方法を定めます（民法768条3項）。

　裁判所が財産分与の額を決めるときは、「当事者双方がその協力によって得た財産の額」を基準にするので、婚姻時から別居時までに変化した財産の2分の1が財産分与の対象となることが多く、実務では、これを「2分の1ルール」と呼んでいます。当事者の一方が特別な資格や才覚によって財産を増加させた場合など、2分の1ルールが修正されることが全くないわけではありませんが、現実には修正されることはあまりないといってよいでしょう。

第2節

相続

1 相続とは

(1) 相続とは

　人が死亡すると、生前にその人が持っていた財産は配偶者や子に引き継がれることになります。このように死亡した人（被相続人）の財産を相続人が引き継ぐ（承継という）ことを相続といいます。

　相続される財産には、被相続人に帰属していたすべての財産が含まれます。つまり、不動産・動産・預貯金等のプラスの財産（積極財産）だけではなく、借金のようなマイナスの財産（消極財産）も含まれます。

(2) 相続に関する法的諸問題

　個人を顧客とするビジネスでは、取引の相手方が死亡し、相続が発生した場合、自社の債権債務をどのように取り扱えばよいかが問題となります。

　相続の手続は、遺言書の有無により異なります。遺言のある場合には、原則としてその遺言の執行によります。遺言がない場合には、遺産分割協議により具体的に遺産が分割されるのが一般的です。その前提として、法定相続人を確定する必要があり、その際には相続の承認・限定承認・放棄が問題となります。相続人間で相続財産をどのように分割するかも重要な問題です。

　次に、その相続財産を誰がどのように管理するかが問題となります。例えば、被相続人名義の預金の引出しについて、銀行等の金融機関は、どのような点を確認し、預金の払戻しを行うのかを把握しておく必要があります。保険会社における傷害保険の死亡保険金の支払いについても同様です。

　さらに、相続税の納付が問題となります。そこで、多くの資産を有する者は、一般には生前から相続税対策を講じる必要がありますが、相続税の税額推定の前提としても相続制度を理解しておくことが不可欠です。

❷ 法定相続人と法定相続分

(1) 法定相続人の範囲

　被相続人の財産を承継することのできる者として法律で定められた相続人（法定相続人といいます）の範囲は、次の通りです。

配偶者(夫または妻)は常に相続人となります。(民法890条)	
配偶者以外の相続人について	
①	**第一順位**：被相続人の子（民法887条1項） 子が先に死亡していて孫がいる場合は子に代わって孫が相続します （**代襲相続**）（民法887条2項）。
②	**第二順位**：（被相続人に子がいない場合） 被相続人の直系尊属(親、祖父母)（民法889条1項1号）
③	**第三順位**：（被相続人に子も直系尊属もいない場合） 兄弟姉妹（民法889条1項2号） 兄弟姉妹が先に死亡している場合はその子（被相続人の甥、姪）が代襲相続します（民法889条2項）。

　なお、相続人以外の被相続人の親族が、被相続人の財産の維持または増加について特別の寄与をした場合、相続人に対し、特別寄与料の請求をすることができます（民法1050条）。

(2) 法定相続分

　相続人が複数いる場合に、配偶者と各順位の相続人との間の相続分（法定相続分）は次の通りです。

①	**配偶者と子が相続人である場合**（民法900条1号） 　配偶者＝2分の1　　　　　子＝2分の1
②	**配偶者と直系尊属が相続人である場合**（民法900条2号） 　配偶者＝3分の2　　直系尊属＝3分の1
③	**配偶者と兄弟姉妹が相続人である場合**（民法900条3号） 　配偶者＝4分の3　　兄弟姉妹＝4分の1

　各順位での相続人が2人以上いる場合は、その相続分を人数で均等に分けます。代襲相続が含まれる場合には、本来の相続人の人数で均等に分割し、代襲者はそれをさらに代襲者の人数で均等に分割して相続することになります。

なお、相続による権利の承継は、遺産の分割によるものか否かにかかわらず、法定相続分を超える部分については、登記、登録その他の対抗要件を備えなければ、第三者に対抗することができません（民法899条の2）。

例1）相続人として配偶者と子が3人の場合

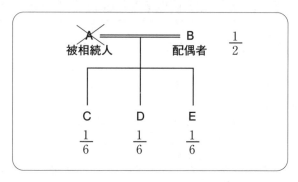

子1人の相続分＝ $\dfrac{1}{2}$ × $\dfrac{1}{3}$ ＝ $\dfrac{1}{6}$

例2）相続人として配偶者と子が3人いたが、子のうちの1人が2人の子を残してすでに死亡している場合

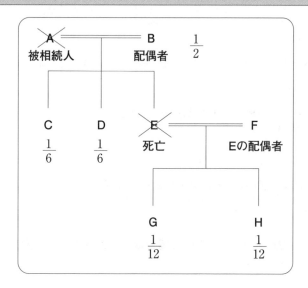

(3) 寄与分

　例えば、農業をしている父親と一緒に長男が長年農業をし、農地を守ってきた場合や、長年病床にあった父親を長女が付きっきりで看護してきたという場合があります。このように、被相続人（この例では父親）の財産を形成し、あるいは維持する上で特別な貢献をした人が相続人の中にいる場合には、相続財産を配分する際に、そうした貢献を考慮しないと、他の相続人との関係で不公平になります。そこで、このような**特別の貢献をした相続人は、相続財産の配分にあたって寄与分として別枠で相続**できます。そして、この寄与分を除いた相続財産を各相続人間で配分します（民法904条の2第1項）。

❸ 法定相続以外の相続方法（遺言による相続）

(1) 遺言とは

　被相続人が自己の財産を法律の規定と異なるように残したいと考えることもあり得ます。そこで、民法では、被相続人の意思を尊重する観点から、**遺言**（「いごん」とも読みます）**をすることによって、各相続人について法定相続分と異なる相続分を指定することが認められています**（民法960条以下）。被相続人が遺言によって自己の財産を処分することを「遺贈」といいます。

　また、相続財産の分割（遺産分割）についても遺言で指定することができます。これも、被相続人の自由な意思を尊重するためのものです。

　遺言があれば、まずその内容が優先されますが、遺言があっても形式に何らかの瑕疵があればその遺言は無効となります。この場合は遺産分割（協議・調停・審判）、法定相続によります。遺言がない場合も同様です。

　遺言をするには、自己の行為の結果を判断できる能力すなわち意思能力があればよく、行為能力は要しません（制限行為能力については、P.56以下を参照）。そこで、民法は、①未成年者については満15歳に達した者（民法961条）、②**成年被後見人**が事理を弁識する能力を一時回復しているとき、2人以上の医師の立会いを受けて（民法973条）、③**被保佐人・被補助人**は常に単独で遺言書を作成できるとしています（民法962条）。

　なお、遺言は、遺言をする者（遺言者）の死亡後に効力を生じるので、遺

言者にその意思を確認するのは困難です。そこで、民法は、遺言者の意思を明確にし、遺言に関する紛争を避けるため、**法律の定める一定の方式に従った遺言でなければ無効であるとしています**（民法967条以下）。

(2)　遺言の方式

遺言の方式は、大別して、一般的に用いられる普通方式と、遺言者が特殊な状況に置かれている場合の例外的な方法である特別方式に分けることができます。以下では、普通方式の遺言の作成方法について説明します。

（遺言の種類）

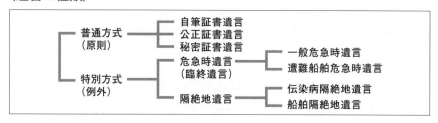

ア）自筆証書遺言

自筆証書遺言は、最も簡単な遺言の方式ですが、後日の紛争を避けるため、**遺言者が遺言書の全文・日付および氏名を自書して、これに押印することが必要です**（民法968条1項）。以下、各要件について、簡単に説明します。

a.　全文自書

全文を自書することを要件とした趣旨は、遺言者の意思を明確にするためです。したがって、遺言者の意思が明確であれば外国語や速記でも構いませんが、ワープロや点字は、本人が自書したものか否かの判断が困難なので無効です。ただし、自筆証書遺言に添付する財産目録については自書でなくても構いません（パソコンによる作成、通帳のコピーの添付等）。この場合、財産目録の各頁に署名押印することが必要です（民法968条2項）。

b.　日付

日付は遺言作成時の遺言能力を判断するためや、複数の遺言が存在した場合の先後関係を判断するために必要とされます。「還暦を迎えた日」や「銀

婚式の夜」という記載も、遺言作成日が特定できるので有効です。しかし、日付の記載がない場合や単に「吉日」とした場合は無効です。

c. 氏名の自書・押印

遺言者を特定するための要件ですから、単に姓または名の自書、ペンネームや芸名などでも、遺言の内容などから本人を特定できれば足ります。また、印は、必ずしも実印でなくてもよく、認め印や指印でも構いません。

d. その他

一通の遺言書が数ページに及ぶ場合、その間に契印（割印）がなかったり、綴じていなかったりしても、一通の遺言と判断できれば有効です。

なお、自筆証書に何らかの変更を加えたときは、遺言者が、その場所を指示し、変更した旨の付記をしてそこに署名をし、変更の場所に押印をすることで有効となります（民法968条3項）。これは、通常の文書の加除訂正に関する慣行（文書欄外に変更の付記をして変更場所と付記場所それぞれに押印をします）とは異なっているので注意を要します。

自筆証書は、証人などの立ち会いも必要なく、遺言したこと自体を秘密にしておくことができます。その反面、容易に作成できるため、方式の不備、偽造・変造や隠匿（遺言が存在すると都合が悪い相続人が隠してしまう）等の危険があり、実際上トラブルも多くあります。

なお、遺言書の偽造・変造の防止のため、**検認**制度があります（P.415参照）。

また、法務局による自筆証書遺言の保管制度が設けられており、この制度により法務局に保管された遺言については、検認は不要です（遺言書保管法2条・11条）。

イ）公正証書遺言

公正証書遺言は、公証人が公正証書で作成する遺言です（民法969条参照）。

なお、聴覚・言語障害者が公正証書遺言をする場合、遺言者は公証人および証人の前で、遺言の趣旨を通訳人の通訳により申述し、または自書して、口授に代えることができ、また公証人は、通訳人の通訳または閲覧により読み聞かせに代えることができます（民法969条の2）。

ウ）秘密証書遺言

　秘密証書遺言は、まず、遺言内容を記載した証書に遺言者が署名押印し、これを封筒に入れて封をした上で、遺言書に押印をしたものと同じ印で封印します。さらに、この封筒を公証人と2名以上の証人の面前に提出し、自己の遺言書である旨等を申述し、公証人が遺言者および証人とともに署名し印を押すことで、有効とされる遺言です（民法970条1項参照）。秘密証書遺言は、遺言内容を秘密にでき、さらに変造等の危険も少ない遺言の方式ですが、手続が煩雑です。

(3)　遺言できる事項

　どのような事項でも遺言に記載すれば法的な効果が発生する（遺言内容を実現できる）というわけではなく、民法では、**法定遺言事項**として、遺言できる内容が一定のものに制限されています。もっとも、民法で規定された事項以外の内容を遺言したからといって、必ずしも遺言自体が無効になるわけではなく、保険金受取人の変更（保険法44条1項・73条1項）や、信託行為（信託法2条2項・3条2号）も遺言ですることができます。

　遺言できる主な事項は、次の通りです。

① 　子の認知(民法781条2項)
② 　未成年後見人・後見監督人の指定(民法839条・848条)
③ 　遺贈(民法964条)・定款(一般社団法人及び一般財団法人に関する法律152条)による財産の処分
④ 　相続人の廃除および廃除の取消しの請求(民法893条・894条)
⑤ 　相続分の指定またはその指定の第三者への委託(民法902条)
⑥ 　遺産分割方法の指定・その指定の第三者への委託(民法908条)
⑦ 　5年以内の遺産分割の禁止(民法908条)
⑧ 　特別受益者の持戻免除(民法903条3項)
⑨ 　相続人相互の担保責任の指定(民法914条)
⑩ 　遺言執行者の指定とその指定の委託(民法1006条1項)
⑪ 　遺留分侵害額の負担に関する指定(民法1047条)

(4) 遺言の撤回

遺言は被相続人の最終の意思を尊重することを目的としていることから、遺言者は別の遺言を書くこと、あるいは目的財産を破棄することにより、**理由のいかんを問わず自由に遺言を撤回することができます**（民法1022条・1024条）。

なお、民法は、2人以上の者が同一の証書で遺言を行うことを禁止しています（民法975条）。これは、2人以上の者が1つの遺言書を作成すると、複雑な法律関係を生じるだけでなく、それぞれが自由に遺言を撤回できなくなり、被相続人の最終意思の尊重という遺言の趣旨に反するからです。

(5) 遺言の検認

被相続人の死亡後に遺言書を発見した場合、公正証書遺言を除き、家庭裁判所の検認を受けなければなりません（民法1004条1項）。これは、遺言書の偽造・変造を防止するためです。また、その遺言に封印がしてあれば、家庭裁判所において、相続人またはその代理人立会いの下で開封手続を行わなければなりません（民法1004条3項）。

遺言の検認の手続を怠ったとしても、そのために遺言が当然に無効とはなりませんが、これを怠った者は過料の制裁に処せられます（民法1005条）。

(6) 遺言の執行

遺言には、認知、相続人の廃除・廃除の取消し、遺贈などのように、その内容を実現するために、一定の行為や手続が必要なものがあります。**遺言内容を実現する行為を遺言の執行といい、遺言を執行する者を遺言執行者**といいます。

遺言執行者は、遺言者が遺言で指定することができるほか、第三者に委託して遺言執行者を指定することもできます（民法1006条1項）。こうした指定がない場合には、家庭裁判所が選任します（民法1010条）。

遺言執行者がその権限内において遺言執行者であることを示してした行為は、相続人に対して直接にその効力を生じます（民法1015条）。

(7) 遺留分とは

ア）遺留分の意味と割合

例えば、被相続人が、数人いる子のうちの一人だけに遺産の全部を相続させる旨の遺言がなされ、それが他の法定相続人の期待に反する場合があります。このような、一定の財産を承継することができるという法定相続人の期待も十分に法的保護に値するものであり、また、被相続人死亡後の遺族の生活保障も看過できません。

そこで、相続財産の一定部分を遺族のために留保する**遺留分**制度が定められています。

遺留分の保障を受けることのできる者（**遺留分権利者**）は、被相続人の法定相続人のうち、配偶者と子・孫など（直系卑属といいます）と直系尊属に限られ、兄弟姉妹は除外されています。遺留分の割合は、相続人の構成によって、次の通り定められています（民法1042条）。

相続人の構成	遺留分
直系尊属のみの場合	3分の1
その他の場合	2分の1

また、遺留分の算定の基礎となる財産には、被相続人が相続開始時に有していた財産のほか、被相続人が推定相続人に生前贈与した価額（相続開始前1年間にしたものもしくは当事者双方が遺留分権利者に損害を加えることを知って贈与したものに限る）や、相続開始前の10年間にした特別受益も算入して計算されます（民法1043条・1044条）。ただし、「中小企業における経営の承継の円滑化に関する法律」により、中小企業経営者が後継者である推定相続人の1人に自己の事業を承継させるために当該企業の株式等を生前贈与した場合等には、①推定相続人全員の合意、②経済産業大臣の確認、③家庭裁判所の許可を経ることによって、当該株式等の価額は遺留分の算定するための財産価額に算入させないことができます。

イ）遺留分侵害額請求権

遺留分を侵害する遺贈や贈与がなされたとしても、遺言が無効になるわけ

ではありません。この場合、遺留分権利者は、受遺者や受贈者に対して、遺留分侵害額に相当する金銭の支払いを請求することができます（民法1046条）。これを**遺留分侵害額請求権**といいます。

④ 相続の承認と放棄

（1） 相続における相続人の意思の尊重

　相続は、被相続人に帰属していた一切の権利義務を相続人が包括的に承継するものであるため、多額の債務を負って死亡した被相続人の債務も、相続人がすべて相続するのが原則です。しかし、相続には、被相続人の残した相続財産によって相続人の生活を保障するという面もあります。そのため、相続の原則を貫いて相続人が被相続人の一切の債務を相続するとすれば、相続人の生活が脅かされ、相続の趣旨に反する結果となる場合があります。そこで、民法は、遺言で被相続人の意思を尊重したのと同様に、相続の承認・限定承認・放棄の制度を設けて、相続人の相続財産を承継しない意思を認めています。すなわち、相続人は、一定期間内に、被相続人の権利義務を全面的に承継する**単純承認**（民法920条・921条）と、相続によって承継した財産の限度で被相続人の債務を弁済することを留保した上で権利義務を承継する**限定承認**（民法922条）、または、相続の開始によって一応生じた相続の効力を相続人が拒絶する**相続の放棄**を選択することができます（民法938条）。

（2） 相続の承認

　相続人が、被相続人の有していた権利義務を無条件で承認し、その一切を継承することを単純承認といいます。次の場合には、民法上、単純承認をしたものとみなされます（法定単純承認、民法921条）。

> ① 相続人が相続財産の全部または一部を処分したとき
> ② 相続人が熟慮期間内に限定承認または相続の放棄をしなかったとき
> ③ 限定承認または相続の放棄をした後であっても、相続財産の全部もしくは一部を隠匿し、私（ひそか）にこれを消費し、または悪意でこれを相続財産の目録中に記載しなかったとき

これに対し、債務の支払いの責任を遺産（積極財産）の限度にとどめ、相続人固有の財産にまで支払いの責任は及ばないと定めるのが「限定承認」の制度です（民法922条）。

限定承認は、被相続人が死亡して、自己が相続人になったことを知ったときから3か月以内に、相続を開始した地の家庭裁判所に申述しなければなりません（民法915条、家事事件手続法201条）。また、**相続人が数人いるときは、全員が一致して限定承認をしなければなりません**（民法923条）。したがって、相続人のうち1人でも反対する者があれば限定承認はできず、債務の負担を免れたい相続人は相続放棄をするしかありません。相続放棄をした者があるときは、それ以外の相続人だけで限定承認の申述をすることができます。なお、相続人のうち一部の者について上述の限定承認の期間が満了した後であっても、他の者は期間内であり、その者が限定承認をしたい場合には、全員（期間を経過した者も含めて）で限定承認の申述をすることができます。

限定承認の申述ができる者（申述権者）は、相続人全員または法定代理人、不在者の財産管理人と共同相続人（相続人中に不在者がある場合）です。

（3） 相続の放棄

相続の放棄とは、相続の開始によって当然発生する相続の効果が、自己に帰属することを一切拒否する相続人の意思表示です。その意思表示は、必ず家庭裁判所への「申述」という方式によってなされることを要し、家庭裁判所がこれを「受理」することによって相続放棄が成立します。この方式によらない相続の放棄は、法律上効力を生じないため（民法915条1項・938条）、相続を放棄したことにはなりません。

相続放棄の手続は次の通りです。

① 申述権者は相続人またはその法定代理人です。相続の放棄は、限定承認と異なり、相続人一人一人が独自で選択することができます。
② 申述書には、本人の真意に基づくことを明らかにするため、本人または代理人の署名押印が必要です。原則として自書することが必要とされていますが、他人に依頼して手続をしてもらうことは差し支えありません。
③ 相続人が自己のため相続の開始があったことを知ったときから3か月以内に、相続を開始した地の家庭裁判所（家事事件手続法201条）に申述しなければ

　相続放棄の申述が家庭裁判所に受理されると、申述した者は初めから相続人とならなかったものとみなされます（民法939条）。

（4）　相続の承認・放棄の期間伸長

　相続人は、相続選択の自由を有し、3か月間の熟慮期間内に相続の承認、放棄、あるいは限定承認のいずれを選択することもできますが、一定の者の請求により、家庭裁判所においてこの期間を伸長することが認められています（民法915条1項但書）。家庭裁判所において伸長が認められた主な例として、次のものが挙げられます。

① 　相続人が海外に旅行中である場合。
② 　相続人が被相続人の住所地から遠隔地に居住している場合。
③ 　相続人中のある者が相続財産を独占していて、他の相続人に財産内容を明らかにしない場合。
④ 　相続財産が各地に散在しているため、それがどれほどあるのか、債務がどのくらいあるのかを調査するのに日時を要する場合。

　相続人が未成年者または成年被後見人など、制限行為能力者である場合には、熟慮期間である3か月の期間は、その法定代理人が制限行為能力者のために相続の開始があったことを知ったときから計算されます（民法917条）。

　また、相続人が数人いる場合、3か月の熟慮期間は各人ごとに進行し、各人によって異なるため、各相続人は個別に一定の期間の伸長を求めるべきとされます。もっとも、1人の申立権者が共同相続人全員のために期間伸長を求めることも認められます。

　申立権者は、相続人、利害関係人（相続の承認または放棄によって相続関係が確定することについて法律上の利害関係を有する者）、検察官です。

　これらの者が、自己のために相続の開始があったことを知ったときから3か月以内に、相続を開始した地の家庭裁判所（家事事件手続法201条）に伸長の申立てを行います。

❺ 遺産分割

「**遺産分割**」とは、被相続人が残した相続財産（遺産）をそれぞれの相続人の相続分に応じて分割することをいいます。被相続人が遺言で、分割の方法を定め、または、これを定めることを第三者に委託したときは、この遺言に従って遺産分割を行う（**指定相続分**、民法908条）ことになります。遺言のない場合あるいはその遺言が無効の場合には、遺産分割協議による方法、遺産分割の調停または審判を申し立てる方法、訴訟による方法で遺産分割を行うことができます。

（1） 遺産分割協議

遺言のない場合は、共同相続人は協議により遺産の分割を行うことができます（民法907条）。この協議を「遺産分割協議」といいます。この**遺産分割協議の成立には、共同相続人全員（相続を放棄した者は含まれません）の合意が必要であり、これに反する遺産分割協議は無効です。**また、遺産の配分方法や相続の割合は、まったく自由に定めることができます。

遺産分割協議が調った場合、遺産分割協議書が作成されます。

（2） 審判分割と訴訟手続による分割

共同相続人間で協議が調わないとき、または協議をすることができないときは、各共同相続人は、家庭裁判所に遺産分割の調停または審判の申立て、あるいは民事訴訟による遺産の分割を請求することができます。もっとも、実際上、訴訟制度が利用されている例は比較的少数です。

ア）審判分割

共同相続人間で協議が調わないとき、または協議をすることができないとき（相続人の一部の者が行方不明その他の事由で事実上協議が不可能である場合や、共同相続人の1人が遺産を独占して協議に応じない場合など）は、各共同相続人は、家庭裁判所に遺産分割の調停または審判の申立てをすることができます（民法907条2項、家事事件手続法別表第二12項）。

審判分割の申立てができる者（申立権者）は、共同相続人、包括受遺者、

相続分の譲受人、相続人の債権者（民法423条）です。なお、調停は相手方の住所地または当事者が合意で定める家庭裁判所（家事事件手続法245条）に、審判は相続開始地（被相続人の最後の住所地）の家庭裁判所（家事事件手続法191条）にそれぞれ申し立てます。

　また、審判分割では、家庭裁判所は、指定相続分あるいは法定相続分を基準に分割割合を決めるのが原則です。しかし、相続人の中に、例えば被相続人から遺贈または生前に贈与を受けていた特別受益者（民法903条）や、労務の提供・療養看護等の方法により、被相続人の財産の維持または増加について特別に寄与した特別寄与者（民法904条の2）がいることもあります。この場合、相続人間の公平を図るために、それらの特別受益分・特別寄与分は相続財産の分配において考慮されます。

イ）訴訟手続による分割

　遺産分割の際には、その前提として相続人の範囲、遺産の範囲等が明確にされている必要があります。また、審判を行うには、特別受益者・特別寄与者の有無・額により修正された具体的な相続分が確定されていなければなりません。そこで、このような点につき争いがあり、相続分を明確にあるいは確定ができない場合には、通常の訴訟手続によることになります。

（3）　遺産分割に関する登記手続

　審判による遺産分割終了後、ある相続人が不動産の所有権を取得した場合は、その単独名義で登記することになります。

　遺産分割の登記をする場合は、登記原因を「相続」、その日付を「被相続人死亡の日」として、所有権移転の登記をします。そして、**この場合には、取得者が単独申請をすることができます**（不動産登記法63条2項）。

　登記申請書には、相続を証する書面（**遺産分割協議書等**）、印鑑証明書を添付し、不動産所在地の登記所に申請します。

（4）　遺産分割の効果

　遺産分割が終了すると、**相続開始の時にさかのぼって**、各相続人が分割さ

れた財産や権利義務を承継したことになります（民法909条）。

　なお、相続では被相続人に帰属していた権利義務を包括的に承継するので、被相続人が多額の債務を抱えて死亡した場合、その債務は、すべて相続人に承継されるのが原則です。したがって、被相続人の相続債務については、債権者の意思を無視して、債務者たる相続人だけで自由に協議分割することはできず、このような協議をしたとしても、債権者はこれには拘束されず、各相続人の（法定）相続分に応じて履行の請求ができます。

　債務について、実際には、各相続人と債権者を交えて特定の相続人に各相続人から債務を集中する債務引受（免責的債務引受または併存的債務引受）が広く行われています（民法470条・472条）。

COLUMN 所有者不明土地問題の解決

　所有者不明土地問題を解決するために、「相続等により取得した土地所有権の国庫への帰属に関する法律」（相続土地国庫帰属法）が制定されています。その規制の概要は、次の通りです。

1　所有者不明土地の発生予防

（1）不動産登記法の改正により、不動産を取得した相続人に対し、その取得を知った日から3年以内に相続登記の申請をすることを義務付け、正当な理由のない申請漏れには過料の罰則が設けられています（不動産登記法76条の2・164条）。

（2）相続土地国庫帰属法の制定により、一定の要件を充たした場合、相続または遺贈（相続人に対する遺贈に限る）により取得した土地を手放して、国庫に帰属させることを可能とする制度が設けられています。

2　所有者不明土地の利用を円滑化する制度

（1）所有者不明土地・建物の管理制度および管理不全土地・建物の管理制度が定められ、財産管理制度が整理されています（民法264条の2〜264条の14）。

（2）不明共有者がいる場合における共有物の利用・処分の円滑化を図るしくみが整備され、共有制度が修正されています（民法249条・251条〜252条の2・

258条・258条の2・262条の2・262条の3等)。

（3）相続開始から10年を経過したときは、個別案件ごとに異なる具体的相続分による分割の利益を消滅させ、画一的な法定相続分で簡明に遺産分割を行うしくみがあり、長期間経過後の遺産分割に関する規定が修正されています（民法904条の3）。

（4）電気、ガスまたは水道水の供給その他これらに類する継続的給付を受けるための導管等の設備を他人の土地に設置する権利を明確化し、隣地所有者不明状態にも対応できるしくみが整備され、相隣関係規定が修正されています（民法209条・213条の2・213条の3等）。

法改正・新法制定

2022年の民法の改正

　子の権利利益を保護する観点から、2022年12月に民法等が改正されました（2024年4月1日施行）。主な改正点は、次の通りです。

1　嫡出の推定が及ぶ範囲の見直しおよびこれに伴う再婚禁止期間の廃止（民法772条等）。

2　嫡出否認をすることができる者の範囲の拡大および出訴期間の延長（民法774条・775条・777条等）。

3　事実に反する認知についてその効力を争うことができる期間の設置（民法786条等）。

4　懲戒権に係る規定の削除、子の監護および教育において子の人格を尊重する義務を規定（民法821条等）（2022年12月16日施行）。

索　引

2024年度ビジネス実務法務検定試験（2・3級）

■試験要項

主　　催	東京商工会議所・各地商工会議所
出題範囲	各級公式テキスト（2024年度版）の基礎知識と、それを理解した上での応用力を問います。　※2023年12月1日現在成立している法律に準拠し、出題いたします。
合格基準	100点満点とし、70点以上をもって合格とします。
受験料（税込）	2級　7,700円　3級　5,500円

試験方式	IBT	CBT
概　　要	受験者ご自身のパソコン・インターネット環境を利用し、受験いただく試験方式です。受験日時は所定の試験期間・開始時間から選んでお申込みいただきます。	各地のテストセンターにお越しいただき、備え付けのパソコンで受験いただく試験方式です。受験日時は所定の試験期間・開始時間から選んでお申込みいただきます。 ※受験料の他にCBT利用料2,200円（税込）が別途発生します。
試験期間	■第55回　【申込期間】5月17日(金)〜 5月28日(火) 　　　　　　【試験期間】6月21日(金)〜 7月 8日(月) ■第56回　【申込期間】9月20日(金)〜10月 1日(火) 　　　　　　【試験期間】10月25日(金)〜11月11日(月)	
申込方法	インターネット受付のみ ※申込時にはメールアドレスが必要です。	
試験時間	90分 ※別に試験開始前に本人確認、受験環境の確認等を行います。	
受験場所	自宅や会社等（必要な機材含め、受験者ご自身でご手配いただく必要があります）	全国各地のテストセンター

お問合せ

東京商工会議所　検定センター
https://kentei.tokyo-cci.or.jp

《東京商工会議所主催》
ビジネス実務法務検定試験®
公式1級・2級・3級通信講座

随時開講

本試験を実施する東京商工会議所が主催する公式通信講座は、以下のような特色ある教材により本試験の合格を強力にサポートします。

ビジネス実務法務検定試験公式通信教材の特徴

1級講座のポイント

- ●1級検定試験と同じ「ケーススタディ」を採用していますので、実践力を養えます。
- ●ケースごとに「解答作成上のポイント」を設け、設問に対する具体的な解答の仕方を学習することができます。
- ●添削課題は、最近の検定試験の出題傾向に基づき作成しています。
- ●弁護士等の実務家の添削指導により、自身の弱点や得点UPのポイントを知り、検定試験問題への対応力を身につけることができます。

2級講座のポイント

- ●3級の重要ポイントを簡潔に記載し、2級合格に必要な知識の習得を基本からサポートします。
- ●公式テキストの説明をよりわかりやすくかつ詳細に解説し、検定試験合格に必要な「基礎知識とそれを理解した上での応用力」を身につけることができます。
- ●リポート問題は、テキスト1冊ごとに、実際の検定試験レベルの問題を1回出題しており、検定試験への対応力が身につきます。

3級講座のポイント

- ●ゼロから学習しようとする方でも理解しやすいように、公式テキストの内容をわかりやすく解説します。
- ●「理解力UP」「Q&A」などの通信講座オリジナルのコラムで具体的な事例等を盛り込み、ビジネスシーンをイメージしながら学習できます。
- ●リポート問題は、テキスト1冊ごとに、実際の検定試験レベルの問題を1回出題しており、検定試験への対応力が身につきます。

業種・職種を問わず管理職として知っておきたい知識をWEBで診断

ビジネスマネジャー BasicTest®
概　要

マネジメント知識の習得度を WEB で客観的に測定できる診断ツールです。

インターネット環境さえあれば，24 時間 365 日

いつでも好きな時間に好きな場所から受験することが可能です。

昇進・昇格の判断に，中途採用試験に，管理職・管理職候補者への

研修の一環に利用するなど，様々な場面で活用できます。

🏢 企業の活用方法・メリット

ポイント 1　管理職・管理職候補者を対象とした能力測定や研修後の効果測定として導入できる

ポイント 2　いつでも利用ができ，すぐに結果を確認することができる

ポイント 3　管理職・管理職候補者全員が受験することで，社内の共通言語や共通認識を一致させることができる

試験概要

受験料	4,400円 (税込)	制限時間	60分（出題数60問） ※開始後の一時中断には対応しておりません。
試験方法	インターネットを通じパソコンを利用しての個別Web試験です。 ※あらかじめ受験するパソコンの動作環境を体験版で確認し、推奨された環境下での受験となります。		
合格基準	スコアで表示（上限100点）		
申込期間	インターネットにて24時間受付しています。 ※毎月第1火曜日5:00～9:00は定期メンテナンスのためご利用できません。		
テキスト 問題集	ビジネスマネジャー検定試験®公式テキスト 4th edition 　　　　　　　　　　　　　　　　　　　　　3,245 円(税込) ビジネスマネジャー検定試験®公式問題集2024年版 　　　　　　　　　　　　　　　　　　　　　2,750 円(税込)		

試験問題は，択一方式による選択式

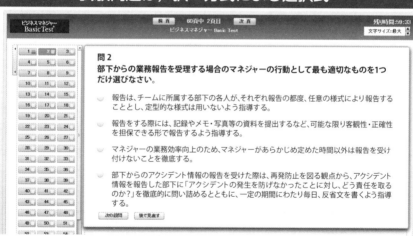

※ 画像はビジネスマネジャーBasicTestの試験問題例です。

試験問題について

公式テキストに掲載されている内容を問います。出題範囲は，基本的に公式テキストに準じますが，最近の時事問題などからも出題する場合があります。

試験終了後，得点にかかわらず，認定証（スコアレポート）を印刷することができます。

詳しくは、下部 WEB サイトよりお問い合わせください。

ビジネスマネジャー
BasicTest®
主催 東京商工会議所

東京商工会議所 検定センター

検定試験公式サイト

ビジネスマネジャー Q

https://kentei.tokyo-cci.or.jp/bijimane/basic-test/about/

ビジネス実務法務検定試験3級公式テキスト〔2024年度版〕

1998年 3月20日	初版第1刷発行	2010年 6月 5日	新版第2刷発行
2000年 3月15日	第2版1刷発行	2011年 2月 1日	新版第1刷発行
2001年 3月15日	三訂版1刷発行	2011年 7月 1日	新版第2刷発行
2002年 3月25日	新版第1刷発行	2012年 1月31日	新版第1刷発行
2002年 9月20日	新版第2刷発行	2012年 6月25日	新版第2刷発行
2003年 3月25日	新版第1刷発行	2013年 1月31日	新版第1刷発行
2003年 7月 1日	新版第2刷発行	2013年 6月25日	新版第2刷発行
2004年 1月31日	新版第1刷発行	2014年 1月31日	新版第1刷発行
2004年 6月 1日	新版第2刷発行	2014年 6月15日	新版第2刷発行
2004年 9月30日	新版第3刷発行	2014年 9月15日	新版第3刷発行
2005年 2月10日	新版第1刷発行	2015年 1月31日	新版第1刷発行
2005年 5月15日	新版第2刷発行	2015年 7月31日	新版第2刷発行
2005年 9月25日	新版第3刷発行	2016年 1月31日	新版第1刷発行
2005年10月25日	新版第4刷発行	2016年 7月31日	新版第2刷発行
2006年 2月 1日	新版第1刷発行	2017年 1月31日	新版第1刷発行
2006年 5月31日	新版第2刷発行	2017年 9月15日	新版第2刷発行
2006年 9月25日	新版第3刷発行	2018年 1月31日	新版第1刷発行
2007年 2月10日	新版第1刷発行	2018年 9月15日	新版第2刷発行
2007年 5月15日	新版第2刷発行	2019年 1月31日	新版第1刷発行
2007年 9月15日	新版第3刷発行	2019年 8月25日	新版第2刷発行
2008年 2月10日	新版第1刷発行	2020年 1月31日	新版第1刷発行
2008年 5月20日	新版第2刷発行	2021年 1月31日	新版第1刷発行
2008年 9月25日	新版第3刷発行	2022年 1月31日	新版第1刷発行
2009年 2月10日	新版第1刷発行	2023年 1月31日	新版第1刷発行
2009年 5月31日	新版第2刷発行	2024年 1月31日	新版第1刷発行
2010年 2月 1日	新版第1刷発行		

編　　　者　　東京商工会議所
発　行　者　　湊元 良明
発　行　所　　東京商工会議所
　　　　　　　検定センター
　　　　　　　〒100-0005
　　　　　　　東京都千代田区丸の内3-2-2（丸の内二重橋ビル）

協　　　力　　（株）ワールド・ヒューマン・リソーシス

発　売　元　　（株）中央経済グループパブリッシング
　　　　　　　〒101-0051 東京都千代田区神田神保町1-35
　　　　　　　TEL（03）3293-3381
　　　　　　　FAX（03）3291-4437

印　刷　所　　中央精版印刷（株）